Les Incas

ou La Destruction de l'Empire du Pérou
- Œuvre complète : Tome I – Tome II -
version illustrée

Jean-François MARMONTEL

Alicia Éditions

Accordez à tous la tolérance civile, non en approuvant tout comme indifférent, mais en souffrant avec patience tout ce que Dieu souffre, et en tâchant de ramener les hommes par une douce persuasion.

— Fénelon, *Direction pour la conscience d'un Roi.*

Table des matières

Préface de l'auteur 7

TOME I

Chapitre I 19
Chapitre II 22
Chapitre III 27
Chapitre IV 31
Chapitre V 34
Chapitre VI 38
Chapitre VII 44
Chapitre VIII 48
Chapitre IX 54
Chapitre X 59
Chapitre XI 65
Chapitre XII 71
Chapitre XIII 80
Chapitre XIV 85
Chapitre XV 90
Chapitre XVI 94
Chapitre XVII 99
Chapitre XVIII 104
Chapitre XIX 110
Chapitre XX 115
Chapitre XXI 122
Chapitre XXII 127
Chapitre XXIII 134
Chapitre XXIV 138
Chapitre XXV 143

TOME II

Chapitre XXVI 151
Chapitre XXVII 156
Chapitre XXVIII 161

Chapitre XXIX	168
Chapitre XXX	172
Chapitre XXXI	177
Chapitre XXXII	181
Chapitre XXXIII	185
Chapitre XXXIV	190
Chapitre XXXV	196
Chapitre XXXVI	202
Chapitre XXXVII	207
Chapitre XXXVIII	210
Chapitre XXXIX	215
Chapitre XL	218
Chapitre XLI	224
Chapitre XLII	230
Chapitre XLIII	236
Chapitre XLIV	242
Chapitre XLV	246
Chapitre XLVI	254
Chapitre XLVII	261
Chapitre XLVIII	264
Chapitre XLIX	269
Chapitre L	276
Chapitre LI	283
Chapitre LII	290
Chapitre LIII	294

Préface de l'auteur

Toutes les nations ont eu leurs brigands et leurs fanatiques, leurs temps de barbarie, leurs accès de fureur. Les plus estimables sont celles qui s'en accusent. Les Espagnols ont eu cette fierté, digne de leur caractère.

Jamais l'histoire n'a rien tracé de plus touchant, de plus terrible, que les malheurs du nouveau monde, dans le livre de Las-Casas. Cet apôtre de l'Inde, ce vertueux prélat, ce témoin qu'a rendu célèbre sa sincérité courageuse, compare les Indiens à des agneaux, et les Espagnols à des tigres, à des loups dévorants, à des lions pressés d'une longue faim.

Tout ce qu'il dit dans son livre, il l'avait dit aux rois, au conseil de Castille, au milieu d'une cour vendue à ces brigands qu'il accusait. Jamais on n'a blâmé son zèle ; on l'a même honoré : preuve bien éclatante que les crimes qu'il dénonçait, n'étaient ni permis par le prince, ni avoués par la nation. On sait que la volonté d'Isabelle, de Ferdinand, de Ximenès, de Charles-Quint, fut constamment de ménager les Indiens ; c'est ce qu'attestent toutes les ordonnances, tous les règlements faits pour eux.

Quant à ces crimes, dont l'Espagne s'est lavée, en les publiant elle-même et en les dévouant au blâme, on va voir que partout ailleurs les mêmes circonstances auraient trouvé des hommes capables des mêmes excès.

Les peuples de la zone tempérée, transplantés entre les tropiques, ne peuvent, sous un ciel brûlant, soutenir de rudes travaux. Il fallait donc, ou renoncer à conquérir le nouveau monde, ou se borner à un commerce paisible avec les Indiens, ou les contraindre par la force de travailler à la fouille des mines et à la culture des champs.

Pour renoncer à la conquête, il eût fallu une sagesse que les peuples n'ont jamais eue, et que les rois ont rarement. Se borner à un libre échange de secours mutuels eût été le plus juste : par de nouveaux besoins et de nouveaux plaisirs, l'indien serait devenu plus laborieux, plus actif, et la douceur eût obtenu de lui ce que n'a pu la violence. Mais le fort, à l'égard du faible, dédaigne ces ménagements : l'égalité le blesse ; il domine, il commande, il veut recevoir sans donner. Chacun, en abordant aux Indes, était pressé de s'enrichir ; et l'échange était un moyen trop lent pour leur impatience. L'équité naturelle avait beau leur crier : « *Si vous ne pouvez pas vous-mêmes tirer du sein d'une terre sauvage les productions, les métaux, les richesses qu'elle renferme, abandonnez-la ; soyez pauvres, et ne soyez pas inhumains.* »

Fainéants et avares, ils voulurent avoir, dans leur oisiveté superbe, des esclaves et des trésors. Les Portugais avaient déjà trouvé l'affreuse ressource des nègres ; les Espagnols ne l'avaient pas ; les Indiens, naturellement faibles, accoutumés à vivre de peu, sans désirs, presque sans besoins, amollis dans l'oisiveté, regardaient comme intolérables les travaux qu'on leur imposait ; leur patience se lassait et s'épuisait avec leur force ; la fuite, leur seule défense, les dérobait à l'oppression ; il fallut donc les asservir. Voilà tout naturellement les premiers pas de la tyrannie.

Il s'agit de voir à présent par quels degrés elle parvint à ces excès d'horreur qui ont fait frémir la nature ; et pour remonter à la source, il faut se rappeler d'abord que l'ancien monde, encore plongé dans les ténèbres de l'ignorance et de la superstition, était si étonné de la découverte du nouveau, qu'il ne pouvait se persuader que celui-ci lui ressemblât.

On disputait dans les écoles si les Indiens étaient des hommes ou des singes. Il y eut une bulle de Rome pour décider la question.

Il faut se rappeler aussi que les castillans qui passèrent dans l'Inde avec Christophe Colomb, étaient la lie de la nation, le rebut de la populace. La misère, l'avidité, la dissolution, la débauche, un courage déterminé, mais sans frein comme sans pudeur, mêlé d'orgueil et de bassesse, formaient le caractère de cette soldatesque, indigne de porter les drapeaux et le nom d'un peuple noble et généreux.

À la tête de ces hommes perdus, marchaient des volontaires sans discipline et sans mœurs, qui ne connaissaient d'honneur que celui de la bravoure, de droit que celui de l'épée, d'objet digne de leurs travaux que le pillage et le butin ; et ce fut à ces hommes que l'amiral Colomb eut la malheureuse imprudence d'abandonner les peuples qui se livraient à lui.

Les habitants de l'île Haïti avaient reçu les castillans comme des dieux. Enchantés de les voir, empressés à leur plaire, ils venaient leur offrir leurs biens avec la plus naïve joie et un respect qui tenait du culte. Il dépendait des castillans d'en être toujours adorés. Mais Colomb voulut aller lui-même porter à la cour d'Espagne la nouvelle de ses succès. Il partit, et laissa dans l'île, au milieu des Indiens, une troupe de scélérats, qui leur prirent de force leurs filles et leurs femmes, en abusèrent à leurs yeux, et par toute sorte d'indignités, leur ayant donné le courage du désespoir, se firent massacrer.

Colomb, à son retour, apprit leur mort : elle était juste ; il aurait dû la pardonner, il la vengea par une perfidie. Il tendit un piège au cacique qui avait délivré l'île de ces brigands, le fit prendre par trahison, le fit embarquer pour l'Espagne. Toute l'île se souleva ; mais une multitude d'hommes nus, sans discipline et sans armes, ne put tenir contre des hommes vaillants, aguerris, bien armés : le plus grand nombre des insulaires fut égorgé, le reste prit la fuite, ou subit le joug des vainqueurs. Ce fut là que Colomb apprit aux Espagnols à faire poursuivre et dévorer les Indiens par des chiens affamés, qu'on exerçait à cette chasse.

Les Indiens, assujettis, gémirent quelque temps sous les dures lois que les vainqueurs leur imposèrent.

Enfin excédés, rebutés, ils se sauvèrent sur les montagnes. Les Espagnols les poursuivirent, et en tuèrent un grand nombre ; mais ce massacre ne remédiait point à la nécessité pressante où l'on était réduit : plus de cultivateurs, et dès-lors plus de subsistance. On distribua aux Espagnols des terres, que les Indiens furent chargés de cultiver pour eux. La contrainte fut effroyable ; Colomb voulut la modérer ; sa sévérité révolta une partie de sa troupe ; les coupables, selon l'usage, noircirent leur accusateur, et le perdirent à la cour.

Celui qui vint prendre la place de Colomb, et qui le renvoya en Espagne chargé de fers, pour avoir voulu mettre un frein à la licence, se garda bien de l'imiter : il vit que le plus sûr moyen de s'attacher des hommes ennemis de toute discipline, c'était de donner un champ libre au désordre et au brigandage, dont il partagerait le fruit. Ce fut là sa conduite.

De la corvée à la servitude le passage est facile : ce tyran le franchit. Les malheureux insulaires, dont on fit le dénombrement, furent divisés par classes, et distribués comme un bétail dans les possessions espagnoles, pour travailler aux mines et cultiver les champs. Réduits au plus dur esclavage, ils y succombaient tous, et l'île allait être déserte.

La cour, informée de la dureté impitoyable du gouverneur, le rappela ; et par un événement qu'on regarde comme une vengeance du ciel, à peine fut-il embarqué, qu'il périt à la vue de l'île. Vingt-un navires, chargés de l'énorme quantité d'or qu'il avait fait tirer des mines, furent abîmés avec lui. Jamais l'océan, dit l'histoire, n'avait englouti tant de richesses ; j'ajouterai, ni un plus méchant homme.

Son successeur fut plus adroit, et ne fut pas moins inhumain. La liberté avait été rendue aux insulaires ; et dès-lors le travail des mines et leur produit avaient cessé. Le nouveau tyran écrivit à Isabelle, calomnia les Indiens, leur fit un crime de s'enfuir à l'approche des Espagnols, et d'aimer mieux être vagabonds que de vivre avec des chrétiens, pour se faire enseigner leur loi ; comme s'ils eussent été obligés de deviner, observe Las-Casas, qu'il y avait une loi nouvelle.

La reine donna dans le piège. Elle ne savait pas qu'en s'éloignant des Espagnols, les Indiens fuyaient de cruels oppresseurs ; elle ne savait pas que, pour aller chercher et servir ces maîtres barbares, il fallait que les Indiens quittassent leurs cabanes, leurs femmes, leurs enfants, laissassent leurs terres incultes, et se rendissent au lieu marqué à travers des déserts immenses, exposés à périr de fatigue et de faim. Elle ordonna qu'on les obligerait à vivre en société et en commerce avec les Espagnols, et que chacun de leurs caciques serait tenu de fournir un certain nombre d'hommes, pour les travaux qu'on leur imposerait.

Il n'en fallut pas davantage. C'est la méthode des tyrans subalternes, pour s'assurer l'impunité, de surprendre des ordres vagues, qui servent au besoin de sauvegarde au crime, comme l'ayant autorisé. Le gouverneur s'étant délivré, par la plus noire trahison, du seul peuple de l'île qui pouvait se défendre, tout le reste fut opprimé ; et dans les mines de Cibao il en périt un si grand nombre, que l'île fut bientôt changée en solitude. Ce fut là comme le modèle de la conduite des Espagnols dans tous les pays du nouveau monde. De l'exemple on fit un usage, et de l'usage un droit de tout exterminer.

Or, que dans ces contrées, comme partout ailleurs, le fort ait subjugué le faible ; que pour avoir de l'or on ait versé du sang ; que la paresse et la cupidité aient fait réduire en servitude des peuples enclins au repos, pour les forcer aux travaux les plus durs, ce sont des vérités stériles. On sait que l'amour des richesses et de l'oisiveté engendre les brigands ; on sait que dans l'éloignement les lois sont sans appui, l'autorité sans force, la discipline sans vigueur ; que les rois qu'on trompe de près, on les trompe encore mieux de loin ; qu'il est aisé d'en obtenir, par le mensonge et la surprise, des ordres dont ils frémiraient, s'ils en prévoyaient les abus.

Mais ce qui n'est pas dans la nature des hommes même les plus pervers, c'est ce qu'on va lire. La plume m'est tombée de la main plus d'une fois en le transcrivant ; mais je supplie le lecteur de se faire un moment la violence que je me suis faite. Il m'importe, avant d'exposer le dessein de mon ouvrage, que l'objet en soit bien connu. C'est Bartolomé de Las-Casas qui raconte ce qu'il a vu, et qui parle au conseil des Indes.

« Les Espagnols, montés sur de beaux chevaux, armés de lances et d'épées, n'avaient que du mépris pour des ennemis si mal équipés ; ils en faisaient impunément d'horribles boucheries ; ils ouvraient le ventre aux femmes enceintes, pour faire périr leur fruit avec elles ; ils faisaient entre eux des gageures, à qui fendrait un homme avec le plus d'adresse d'un seul coup d'épée, ou à qui lui enlèverait la tête de meilleure grâce de dessus les épaules ; ils arrachaient les enfants des bras de leur mère, et leur brisaient la tête en les lançant contre des rochers...

Pour faire mourir les principaux d'entre ces nations, ils élevaient un petit échafaud soutenu de fourches et de perches. Après les y avoir étendus, ils y allumaient un petit feu, pour faire mourir lentement ces malheureux, qui rendaient l'âme avec d'horribles hurlements, pleins de rage et de désespoir. Je vis un jour quatre ou cinq des plus illustres de ces insulaires qu'on brûlait de la sorte ; mais comme les cris effroyables qu'ils jetaient dans les tourments étaient incommodes à un capitaine Espagnol, et l'empêchaient de dormir, il commanda qu'on les étranglât promptement. Un officier, dont je connais le nom, et dont on connaît les parents à Séville, leur mit un bâillon à la bouche, pour les empêcher de crier, et pour avoir le plaisir de les faire griller à son aise, jusqu'à ce qu'ils eussent rendu l'âme dans ce tourment.

J'ai été témoin oculaire de toutes ces cruautés, et d'une infinité d'autres que je passe sous silence. »

Le volume d'où j'ai tiré cet amas d'abominations, n'est qu'un recueil de récits tout semblables ; et quand on a lu ce qui s'est passé dans l'île espagnole, on sait ce qui s'est pratiqué dans toutes les îles du golfe, sur les côtes qui l'environnent, au Mexique et dans le Pérou.

Quelle fut la cause de tant d'horreurs dont la nature est épouvantée ? Le fanatisme. Il en est seul capable ; elles n'appartiennent qu'à lui. Par le fanatisme, j'entends l'esprit d'intolérance et de persécution, l'esprit de haine et de vengeance, pour la cause d'un dieu que l'on croit irrité, et dont on se fait les ministres. Cet esprit régnait en Espagne, et il avait passé en Amérique avec les premiers conquérants. Mais comme si on eût craint qu'il ne se ralentît, on fit un dogme de ses maximes, un précepte de ses fureurs. Ce qui d'abord n'était qu'une opinion, fut réduit en système. Un pape y mit le sceau de la puissance apostolique, dont l'étendue était alors sans bornes : il traça une ligne d'un pôle à l'autre, et de sa pleine autorité, il partagea le nouveau monde entre deux couronnes exclusivement.

Il réservait au Portugal tout l'orient de la ligne tracée, donnait tout l'occident à l'Espagne, et autorisait ses rois à subjuguer, *avec l'aide de la divine clémence*, et amener à la foi chrétienne les habitants de toutes les îles et terre ferme qui seraient de ce côté-là. La bulle est de l'année 1493, la première du pontificat d'Alexandre VI.

Or on va voir quel fut le système élevé sur cette base, et que de tous les crimes des Borgia, cette bulle fut le plus grand.

Le droit de subjuguer les Indiens une fois établi, on envoya d'Espagne en Amérique une formule, pour les sommer de se rendre. Dans cette formule, approuvée, et vraisemblablement dictée par des docteurs en théologie, il était dit que Dieu avait donné le gouvernement et la souveraineté du monde à un homme appelé Pierre ; qu'à lui seul avait été attribué le nom de *pape*, qui signifie *grand et admirable*, parce qu'il est père et gardien de tous les hommes ; que ceux qui vivaient en ce temps-là lui obéissaient, et l'avaient reconnu pour le maître du monde ; qu'au même titre, l'un de ses successeurs avait fait donation aux rois de Castille de ces îles et terre ferme de la mer océane ; que tous les peuples auxquels cette donation avait été notifiée, s'étaient soumis au pouvoir de ces rois, et avaient embrassé le christianisme de bonne volonté, sans condition ni récompense.

« *Si vous faites de même, ajoutait l'Espagnol qui parlait dans cette formule, vous vous en trouverez bien, comme presque tous les habitants des autres îles s'en sont bien trouvés…*

Mais, au contraire, si vous ne le faites pas, ou si, par malice, vous apportez du retardement à le faire, je vous déclare et vous assure qu'avec l'aide de Dieu, je vous ferai la guerre à toute outrance ; que je vous attaquerai de toutes parts et de toutes mes forces ; que je vous assujettirai sous le joug de l'obéissance de l'église et du roi.

Je prendrai vos femmes et vos enfants, je les rendrai esclaves, je les vendrai ou les emploierai suivant la volonté du roi ; j'enlèverai vos biens, et vous ferai tous les maux imaginables, comme à des sujets rebelles et désobéissants ; et je proteste que les massacres et tous les maux qui en résulteront ne viendront que de votre faute, et non de celle du roi, ni de la mienne, ni des seigneurs qui sont venus avec moi. »

Ainsi fut réduit en système le droit d'asservir, d'opprimer, d'exterminer les Indiens ; et toutes les fois que cette grande cause fut débattue devant les rois d'Espagne, le conseil vit en même temps des théologiens réclamer, au nom du ciel, les droits de la nature, et des théologiens opposer à ces droits l'intérêt de la foi, l'exemple des hébreux, celui des grecs et des romains, et l'autorité d'Aristote, lequel décidait, disait-on, que les Indiens étaient nés pour être esclaves des castillans.

Or, dès qu'une question de cette importance dégénère en controverse, on sent quelle est, dans les conseils, l'incertitude et l'irrésolution sur le parti que l'on doit prendre, et combien le plus violent a davantage sur le plus modéré. La cause de la justice et de la vérité n'a pour elle que leurs amis, et c'est le petit nombre ; la cause des passions a pour elle tous les hommes qu'elle intéresse ou qu'elle peut intéresser, d'autant plus ardents à saisir l'opinion favorable au désordre, qu'elle les sauve de la honte, leur assure l'impunité et les délivre du remords.

C'est cette opinion, combinée avec l'orgueil et l'avarice, qui, dans l'âme des castillans, ferma, pour ainsi dire, tout accès à l'humanité ; en sorte que les Indiens ne furent à leurs yeux qu'une espèce de bêtes brutes, condamnées par la nature à obéir et à souffrir ; qu'une race impie et rebelle, qui, par ses erreurs et ses crimes, méritait tous les maux dont on l'accablerait ; en un mot, que les ennemis d'un dieu qui demandait vengeance, et auquel on se croyait sûr de plaire en les exterminant.

Je laisse à la cupidité, à la licence, à la débauche, toute la part qu'elles ont eue aux forfaits de cette conquête ; je n'en réserve au fanatisme que ce qui lui est propre, la cruauté froide et tranquille, l'atrocité qui se complaît dans l'excès des maux qu'elle invente, la rage aiguisée à plaisir. Est-il concevable en effet que la douceur, la patience, l'humilité des Indiens, l'accueil si tendre et si touchant qu'ils avaient fait aux Espagnols, ne les eussent point désarmés, si le fanatisme ne fût venu les endurcir et les pousser au crime ? Et à quelle autre cause imputer leur furie ? Le brigandage, sans mélange de superstition, peut-il aller jusqu'à déchirer les entrailles aux femmes enceintes, jusqu'à égorger les vieillards et les enfants à la mamelle, jusqu'à se faire un jeu d'un massacre inutile, et une émulation diabolique de la rage des phalaris ? La nature, dans ses erreurs, peut quelquefois produire un semblable monstre ; mais des troupes d'hommes atroces pour le plaisir de l'être, des colonies d'hommes-tigres passent les bornes de la nature. Les forcenés ! En égorgeant, en faisant brûler tout un peuple, ils invoquaient Dieu et ses saints ! Ils élevaient treize gibets et y attachaient treize Indiens, en l'honneur, disaient-ils, de Jésus-Christ et des douze apôtres ! Était-ce impiété, ou fanatisme ?

Il n'y a point de milieu ; et l'on sait bien que les Espagnols, dans ce temps-là comme dans celui-ci, n'étaient rien moins que des impies. J'ai donc eu raison d'attribuer au fanatisme ce que toute la malice du cœur humain n'eût jamais fait sans lui ; et à qui se refuserait encore à l'évidence, je demanderais si les Espagnols, en guerre avec des catholiques, en auraient donné la chair à dévorer à leurs chiens ? S'ils auraient tenu boucherie ouverte des membres de Jésus-Christ ?

Les partisans du fanatisme s'efforcent de le confondre avec la religion : c'est là leur sophisme éternel. Les vrais amis de la religion la séparent du fanatisme, et tâchent de la délivrer de ce serpent caché et nourri dans son sein. Tel est le dessein qui m'anime.

Ceux qui pensent que la victoire est décidée sans retour en faveur de la vérité, que le fanatisme est aux abois, que les autels qu'il embrassait ne sont plus pour lui un asile, regarderont mon ouvrage comme tardif et superflu : fasse le ciel qu'ils aient raison ! Je serais indigne de défendre une si belle cause, si j'étais jaloux du succès qu'elle aurait eu avant moi et sans moi. Je sais que l'esprit dominant de l'Europe n'a jamais été si modéré ; mais je répète ici ce que j'ai déjà dit, *qu'il faut prendre le temps où les eaux sont basses pour travailler aux digues.*

Le but de cet ouvrage est donc, et je l'annonce sans détour, de contribuer, si je le puis, à faire détester de plus en plus ce fanatisme destructeur ; d'empêcher, autant qu'il est en moi, qu'on ne le confonde jamais avec une religion compatissante et charitable, et d'inspirer pour elle autant de vénération et d'amour, que de haine et d'exécration pour son plus cruel ennemi.

J'ai mis sur la scène, d'après l'histoire, des fourbes et des fanatiques ; mais je leur ai opposé de vrais chrétiens. Bartolomé de Las-Casas est le modèle de ceux que je révère : c'est en lui que j'ai voulu peindre la foi, la piété, le zèle pur et tendre, enfin l'esprit du christianisme dans toute sa simplicité. Fernand de Lucques, Davila, Vincent de Valverde, Requelme, sont les exemples du fanatisme qui dénature l'homme et qui pervertit le chrétien : c'est en eux que j'ai mis ce zèle absurde, atroce, impitoyable, que la religion désavoue, et qui, s'il était pris pour elle, la ferait détester. Voilà, je crois, mon intention assez clairement exposée, pour convaincre de mauvaise foi ceux qui feraient semblant de s'y être mépris.

Quant à la forme de cet ouvrage, considéré comme une production littéraire, je ne sais, je l'avoue, comment le définir. Il y a trop de vérité pour un roman, et pas assez pour une histoire. Je n'ai certainement pas eu la prétention de faire un poème. Dans mon plan, l'action principale n'occupe que très peu d'espace : tout s'y rapporte, mais de loin. C'est donc moins le tissu d'une fable, que le fil d'un simple récit, dont tout le fond est historique, et auquel j'ai entremêlé quelques fictions compatibles avec la vérité des faits.

Je n'écris point pour le petit nombre ; être utile à la multitude est le but que je me propose. C'est mon excuse auprès de ceux qui me reprocheraient d'avoir trop insisté sur des vérités familières pour eux, mais qui ne le sont pas encore assez pour tout le monde. C'est aussi la raison qui m'a fait essayer de répandre quelqu'agrément dans mes récits et dans mon style : car la première condition, pour être utile en écrivant, c'est d'être lu.

Je n'ai eu pour les témoignages, ni du respect ni du mépris. Rien de moins fidèle sans doute que les récits qu'on nous a faits de la conquête de l'Amérique. J'en ai pris ce qui m'a paru vraisemblable et intéressant.

Qu'on ne m'accuse pas d'avoir flatté les Indiens : le bien que j'en ai dit, leurs destructeurs l'ont dit eux-mêmes ; ils n'auraient pas voulu exagérer le crime de les avoir exterminés.

Les Indiens en général étaient faibles d'esprit et de corps, je l'avoue ; mais lorsque, pour les avilir, on leur refuse à tous jusqu'à ce courage d'instinct qui brave la douleur et méprise la mort, on est injuste assurément. Sans être lâche on peut trembler devant des hommes que l'on prend pour des dieux, et devant des armes que l'on prend pour la foudre. Ceux qui ont accusé les Indiens d'une timidité puérile, auraient dû faire attention que les romains tremblèrent devant des éléphants.

Du reste, si j'avais voulu exagérer un peu la force ou le courage des Indiens, j'aurais bien pu me le permettre ; mais, lorsqu'on pense à faire plaindre le faible opprimé par le fort, quel intérêt peut-on avoir de dissimuler sa faiblesse ? J'ai dit quel est l'objet de mon ouvrage ; et l'on sent bien que pour le remplir, je n'avais besoin que d'opposer des colombes à des vautours.

Jean-François Marmontel
Historiographe – Membre de l'Académie Française

TOME I

Huascar emmené par Quisquis et Chalcuchimac.

Chapitre I

L'empire du Mexique était détruit, celui du Pérou fleurissait encore ; mais, en mourant, l'un de ses monarques l'avait partagé entre ses deux fils. Cuzco avait son roi, Quito avait le sien. Le fier Huascar, roi de Cuzco, avait été cruellement blessé d'un partage qui lui enlevait la plus belle de ses provinces, et ne voyait dans Atahualpa qu'un usurpateur de ses droits. Cependant un reste de vénération pour la mémoire du roi son père, réprimait son ressentiment ; et au sein d'une paix trompeuse et peu durable, tout l'empire allait célébrer la grande fête du soleil.

Le jour marqué pour cette fête, était celui où le dieu des incas, le soleil, en s'éloignant du nord, passait sur l'équateur, et se reposait, disait-on, sur les colonnes de ses temples. La joie universelle annonce l'arrivée de ce beau jour ; mais c'est surtout dans les murs de Quito, dans ses délicieux vallons, que cette sainte joie éclate.

De tous les climats de la terre, aucun ne reçoit du soleil une si favorable et si douce influence ; aucun peuple aussi ne lui rend un hommage plus solennel.

Le roi, les incas et le peuple, sur le vestibule du temple où son image est adorée, attendent son lever dans un religieux silence. Déjà l'étoile de Vénus, que les Indiens nomment *l'astre à la brillante chevelure*, et qu'ils révèrent comme le favori du soleil, donne le signal du matin. À peine ses feux argentés étincellent sur l'horizon, un doux frémissement se fait entendre autour du temple. Bientôt l'azur du ciel pâlit vers l'orient ; des flots de pourpre et d'or peu à peu s'y répandent ; la pourpre à son tour se dissipe ; l'or seul, comme une mer brillante, inonde les plaines du ciel. L'œil attentif des Indiens observe ces gradations, et leur émotion s'accroit à chaque nuance nouvelle. On dirait que la naissance du jour est un prodige nouveau pour eux ; et leur attente est aussi timide que si elle était incertaine.

Soudain la lumière à grands flots s'élance de l'horizon vers les voûtes du firmament ; l'astre qui la répand s'élève, et la cime du Cayambur est couronnée de ses rayons. C'est alors que le temple s'ouvre, et que l'image du soleil, en lames d'or, placée au fond du sanctuaire, devient elle-même resplendissante à l'aspect du dieu qui la frappe de son immortelle clarté. Tout se prosterne, tout l'adore ; et le pontife, au milieu des incas et du chœur des vierges sacrées, entonne l'hymne solennelle, l'hymne auguste, qu'au même instant des millions de voix répètent, et qui, de montagne en montagne, retentit des sommets de Pambamarca jusque par-delà le Potose.

Chœur des incas :

Âme de l'univers, toi, qui du haut des cieux ne cesses de verser au sein de la nature, dans un océan de lumière, la chaleur, et la vie, et la fécondité ; soleil, reçois les vœux de tes enfants et d'un peuple heureux qui t'adore.

Le pontife, *seul* :

Ô roi, dont le trône sublime brille d'un éclat immortel, avec quelle imposante majesté tu domines dans le vaste empire des airs ! Quand tu parais dans ta splendeur, et que tu agites sur ta tête ton diadème étincelant, tu es l'orgueil du ciel et l'amour de la terre. Que sont-ils devenus, ces feux qui parsemaient les voiles de la nuit ?

Ont-ils pu soutenir un rayon de ta gloire ? Si tu ne t'éloignais pour leur céder la place, ils resteraient ensevelis dans l'abîme de ta lumière ; ils seraient dans le ciel comme s'ils n'étaient pas.

Chœur des vierges :

Ô délices du monde ! Heureuses les épouses qui forment ta céleste cour ! Que ton réveil est beau ! Quelle magnificence dans l'appareil de ton lever !

Quel charme répand ta présence ! Les compagnes de ton sommeil soulèvent les rideaux de pourpre du pavillon où tu reposes, et tes premiers regards dissipent l'immense obscurité des cieux.

Ô ! Quelle dut être la joie de la nature, lorsque tu l'éclairas pour la première fois ! Elle s'en souvient ; et jamais elle ne te revoit sans ce tressaillement qu'éprouve une fille tendre au retour d'un père adoré, dont l'absence l'a fait languir.

Le pontife, seul :

Âme de l'univers ! Sans toi le vaste océan n'était qu'une masse immobile et glacée, la terre qu'un stérile amas de sable et de limon, l'air qu'un espace ténébreux. Tu pénétras les éléments de ta chaleur vive et féconde ; l'air devint fluide et subtil, les ondes souples et mobiles, la terre fertile et vivante ; tout s'anima, tout s'embellit : ces éléments, qu'un froid repos tenait dans l'engourdissement, firent une heureuse alliance : le feu se glisse au sein de l'onde ; l'onde, divisée en vapeurs, s'exhale et se filtre dans l'air ; l'air dépose au sein de la terre les germes précieux de la fécondité ; la terre enfante et reproduit sans cesse les fruits de cet amour, sans cesse renaissant, que tes rayons ont allumé.

Chœur des Incas :

Âme de l'univers ! Ô soleil ! Es-tu seul l'auteur de tous les biens que tu nous fais ? N'es-tu que le ministre d'une cause première, d'une intelligence au-dessus de toi ? Si tu n'obéis qu'à ta volonté, reçois nos vœux reconnaissants ; mais si tu accomplis la loi d'un être invisible et suprême, fais passer nos vœux jusqu'à lui : il doit se plaire à être adoré dans sa plus éclatante image.

Le peuple :

Âme de l'univers, père de Manco, père de nos rois, ô soleil, protège ton peuple, et fais prospérer tes enfants.

Chapitre II

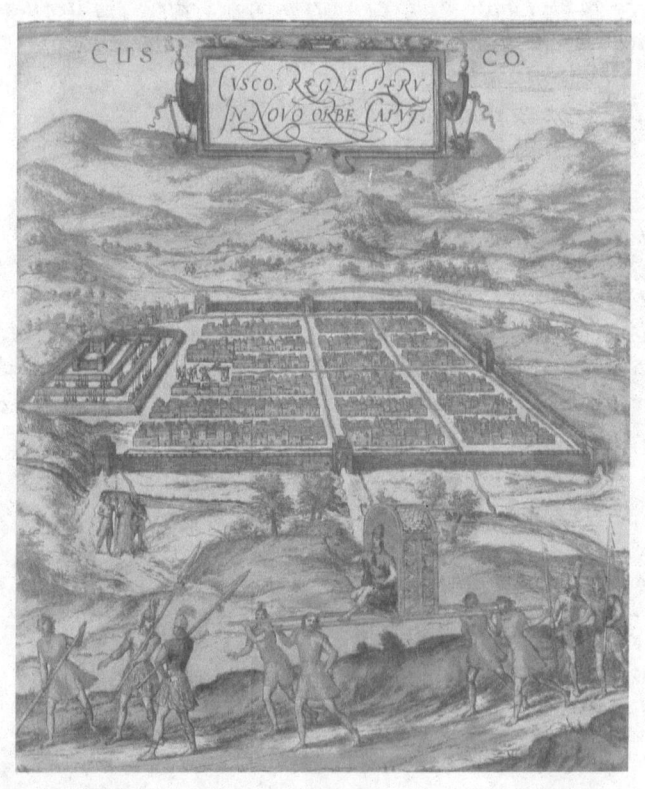

Le premier des incas, fondateur de Cuzco, avait institué, en l'honneur du soleil, quatre fêtes, qui répondaient aux quatre saisons de l'année ; mais elles rappelaient à l'homme des objets plus intéressants, la naissance, le mariage, la paternité, et la mort.

La fête qu'on célébrait alors était celle de la naissance ; et les cérémonies de cette fête consacraient l'autorité des lois, l'état des citoyens, l'ordre et la sûreté publique.

D'abord il se forme autour de l'inca vingt cercles de jeunes époux, qui lui présentent, dans des corbeilles, les enfants nouvellement nés. Le monarque leur donne le salut paternel.

« *Enfants, dit-il, votre père commun, le fils du soleil, vous salue. Puisse le don de la vie vous être cher jusqu'à la fin ! Puissiez-vous ne jamais pleurer le moment de votre naissance !*

Croissez, pour m'aider à vous faire tout le bien qui dépend de moi, et à vous épargner ou adoucir les maux qui dépendent de la nature. »

Alors les dépositaires des lois en déploient le livre auguste. Ce livre est composé de cordons de mille couleurs ; des nœuds en sont les caractères, et ils suffisent à exprimer des lois simples comme les mœurs et les intérêts de ces peuples. Le pontife en fait la lecture ; le prince et les sujets entendent de sa bouche quels sont leurs devoirs et leurs droits.

La première de ces lois leur prescrit le culte. Ce n'est qu'un tribut solennel de reconnaissance et d'amour : rien d'inhumain, rien de pénible ; des prières, des vœux, quelques offrandes pures ; des fêtes où la piété se concilie avec la joie : tel est ce culte, la plus douce erreur, la plus excusable, sans doute, où pût s'égarer la raison.

La seconde loi s'adresse au monarque : elle lui fait un devoir d'être équitable comme le soleil, qui dispense à tous sa lumière ; d'étendre comme lui son heureuse influence, et de communiquer à ce qui l'environne sa bienfaisante activité ; de voyager dans son empire, car la terre fleurit sous les pas d'un bon roi ; d'être accessible et populaire, afin que, sous son règne, l'homme injuste ne dise pas : *que m'importent les cris du faible ?* De ne point détourner la vue à l'approche des malheureux ; car s'il est affligé d'en voir, il se reprochera d'en faire : et celui-là craint d'être bon, qui ne veut pas être attendri.

Elle lui recommande un amour généreux, un saint respect pour la vérité, guide et conseil de la justice ; et un mépris mêlé d'horreur pour le mensonge, complice de l'iniquité. Elle l'exhorte à conquérir, à dominer par les bienfaits, à épargner le sang des hommes, à user de ménagement et de patience envers les rebelles, de clémence envers les vaincus.

La même loi s'adresse encore à la famille des incas : elle les oblige à donner l'exemple de l'obéissance et du zèle à user, avec modestie, des privilèges de leur rang, à fuir l'orgueil et la mollesse ; car l'homme oisif pèse à la terre, et l'orgueilleux la fait gémir.

La troisième imposait aux peuples le plus inviolable respect pour la famille du soleil, une obéissance sans borne envers celui de ses enfants qui régnait sur eux en son nom, un dévouement religieux au bien commun de son empire.

Après cette loi, venait celle qui cimentait les nœuds du sang et de l'hymen, et qui, sur des peines sévères, assurait la foi conjugale et l'autorité paternelle, les deux supports des bonnes mœurs.

La loi du partage des terres prescrivait aussi le tribut. De trois parties égales du terrain cultivé, l'une appartenait au soleil, l'autre à l'inca, et l'autre au peuple. Chaque famille avait son apanage ; et plus elle croissait en nombre, plus on étendait les limites du champ qui devait la nourrir.

C'est à ces biens que se bornaient les richesses d'un peuple heureux. Il possédait en abondance les plus précieux des métaux ; mais il les réservait pour décorer ses temples et les palais de ses rois. L'homme, en naissant, doté par la patrie, vivait riche de son travail, et rendait en mourant ce qu'il avait reçu. Si le peuple, pour vivre dans une douce aisance, n'avait pas assez de ses biens, ceux du soleil y suppléaient.

Ces biens n'étaient point engloutis par le luxe du sacerdoce ; il n'en restait dans les mains pures des saints ministres des autels, que ce qu'en exigeaient les besoins de la vie : non que la loi leur en fixât l'usage, mais leur piété modeste et simple ne voyait rien que d'avilissant dans le faste et dans la mollesse ; ils avaient mis leur dignité dans l'innocence et la vertu.

La loi du tribut n'exigeait que le travail et l'industrie. Ce tribut se payait d'abord à la nature : jusqu'à cinq lustres accomplis, le fils se devait à son père, et l'aidait dans tous ses travaux. Les champs des orphelins, des veuves, des infirmes, étaient cultivés par le peuple. Au nombre des infirmités était comprise la vieillesse : les pères qui avaient la douleur de survivre à leurs enfants, ne languissaient pas sans secours ; la jeunesse de leur tribu était pour eux une famille : la loi les consolait du malheur de vieillir. Quand le soldat était sous les armes, on cultivait pour lui son champ ; ses enfants jouissaient du droit des orphelins, sa femme de celui des veuves ; et s'il mourait dans les combats, l'état lui-même prenait pour eux les soins d'un père et d'un époux.

Le peuple cultivait d'abord le domaine du soleil, puis l'héritage de la veuve, de l'orphelin et de l'infirme ; après cela, chacun vaquait à la culture de son champ. Les terres de l'inca terminaient les travaux : le peuple s'y rendait en foule, et c'était pour lui une fête. Paré comme aux jours solennels, il remplissait l'air de ses chants.

La tâche des travaux publics était distribuée avec une équité qui la rendait légère. Aucun n'en était dispensé ; tous y apportaient le même zèle. Les temples et les forteresses, les ponts d'osier qui traversaient les fleuves, les voies publiques, qui s'étendaient du centre de l'empire jusqu'à ses frontières, étaient des monuments, non pas de servitude, mais d'obéissance et d'amour. Ils ajoutaient à ce tribut celui des armes, dont on faisait d'effrayants amas pour la guerre : c'étaient des haches, des massues, des lances, des flèches, des arcs, de frêles boucliers : vaine défense, hélas ! Contre ces foudres de l'Europe qu'ils virent bientôt éclater !

Tout, dans les mœurs, était réduit en lois : ces lois punissaient la paresse et l'oisiveté comme celles d'Athènes ; mais, en imposant le travail, elles écartaient l'indigence ; et l'homme, forcé d'être utile, pouvait du moins espérer d'être heureux.

Elles protégeaient la pudeur, comme une chose inviolable et sainte ; la liberté, comme le droit le plus sacré de la nature ; l'innocence, l'honneur, le repos domestique, comme des dons du ciel qu'il fallait révérer.

La loi qui faisait grâce aux enfants encore dans l'âge de l'innocence, portait sa rigueur sur les pères, et punissait en eux le vice qu'ils avaient nourri, ou qu'ils n'avaient point étouffé. Mais jamais le crime des pères ne retombait sur les enfants : le fils du coupable puni, le remplaçait sans honte et sans reproche ; on ne lui en retraçait l'exemple que pour l'instruire à l'éviter.

Ce fut partout le caractère de la théocratie d'exagérer la rigueur des peines : mais chez un peuple laborieux, occupé, satisfait de son égalité, sûr d'un bien-être simple et doux, sans ambition, sans envie, exempt de nos besoins fantasques et de nos vices raffinés, ami de l'ordre, qui n'était que le bonheur public distribué sur tous, attaché par reconnaissance au gouvernement juste et sage qui faisait sa félicité, l'habitude des bonnes mœurs rendait les lois comme inutiles : elles étaient préservatives, et presque jamais vengeresses.

On en voyait l'exemple dans cette loi terrible, qui regardait la violation du vœu des vierges du soleil. Ô ! Comment, chez un peuple si modéré, si doux, pouvait-il exister une loi si cruelle ?

Le fanatisme ne croit jamais venger assez le dieu dont il est le ministre ; et c'était lui qui, chez ce peuple, le plus humain qui fût au monde, avait prononcé cette loi. Pour expier l'injure d'un amour sacrilège, et apaiser un dieu jaloux, non-seulement il avait voulu que l'infidèle prêtresse fût ensevelie vivante, et le séducteur dévoué au supplice le plus honteux ; il enveloppait dans le crime la famille des criminels : pères, mères, frères et sœurs, jusqu'aux enfants à la mamelle, tout devait périr dans les flammes ; le lieu même de la naissance des deux impies devait être à jamais désert.

Aussi, quand le pontife, en prononçant la loi, nomma le crime, et dit quelle en serait la peine, il frissonna glacé d'horreur ; son front pâlit, ses cheveux blancs se hérissèrent sur sa tête, et ses regards, attachés à la terre, n'osèrent de longtemps se tourner vers le ciel.

Après la lecture des lois, le monarque levant les mains :

« *Ô soleil, dit-il, ô mon père ! Si je violais tes lois saintes, cesse de m'éclairer ; commande au ministre de ta colère, au terrible Illapa, de me réduire en poudre, et à l'oubli de m'effacer de la mémoire des mortels.*

Mais si je suis fidèle à ce dépôt sacré, fais que mon peuple, en m'imitant, m'épargne la douleur de te venger moi-même ; car le plus triste des devoirs d'un monarque, c'est de punir. »

Alors les incas, les caciques, les juges, les vieillards députés du peuple, renouvellent tous la promesse de vivre et de mourir fidèles au culte et aux lois du soleil.

Les surveillants s'avancent à leur tour : leur titre annonce l'importance des fonctions dont ils sont chargés : ce sont les envoyés du prince, qui, revêtus d'un caractère aussi inviolable que la majesté même, vont observer dans les provinces les dépositaires des lois, voir si le peuple n'est point foulé ; et au faible à qui le puissant a fait injure ou violence, à l'indigent qu'on abandonne, à l'homme affligé qui gémit, ils demandent :

« *Quel est le sujet de ta plainte ?*

Qui cause ta peine et tes pleurs ? »

Ils s'avancent donc, et ils jurent, à la face du soleil, d'être équitables comme lui. L'inca les embrasse, et leur dit :

« *Tuteurs du peuple, c'est à vous que son bonheur est confié.*

Soleil, ajoute-t-il, reçois le serment des tuteurs du peuple.

Punis-moi, si je cesse de protéger en eux la droiture et la vigilance ; punis-moi, si je leur pardonne la faiblesse ou l'iniquité. »

Chapitre III

Un nouveau spectacle succède : c'est l'élite de la jeunesse ; des chœurs de filles et de garçons, tous d'une beauté singulière, tenant dans leurs mains des guirlandes, dont ils viennent orner les colonnes sacrées, en dansant à l'entour, et chantant les louanges du soleil et de ses enfants.

Leur robe, d'un tissu léger, formé du duvet d'un arbuste qui croît dans ces riches vallons, est égale en blancheur aux neiges des montagnes : ses plis flottants laissent à la beauté toute la gloire de ses charmes ; mais la pudeur, dans ces heureux climats, tient lieu de voile à la nature : le mystère est enfant du vice ; et ce n'est point aux yeux de l'innocence que l'innocence doit rougir.

Dans leur danse autour des colonnes, ils s'entrelacent de leurs guirlandes, et cette chaîne mystérieuse exprime les douceurs de la société, dont les lois forment les liens. Mais déjà l'ombre des colonnes s'est retirée vers leur base ; elle s'abrège encore, et va s'évanouir.

Alors éclatent de nouveau les chants d'adoration et de réjouissance ; et l'inca, tombant à genoux au pied de celle des colonnes où le trône d'or de son père étincelle de mille feux :

« *Source intarissable de tous les biens, ô soleil, dit-il ; ô mon père ! Il n'est pas au pouvoir de tes enfants de te faire aucun don qui ne vienne de toi.*

L'offrande même de tes bienfaits est inutile à ton bonheur comme à ta gloire : tu n'as besoin, pour ranimer ton incorruptible lumière, ni des vapeurs de nos libations, ni des parfums de nos sacrifices. Les moissons abondantes que ta chaleur mûrit, les fruits que tes rayons colorent, les troupeaux à qui tu prépares les sucs des herbes et des fleurs, ne sont des trésors que pour nous : les répandre, c'est t'imiter : c'est le vieillard infirme, la veuve et l'orphelin qui les reçoivent en ton nom ; c'est dans leur sein, comme sur un autel, que nous devons en déposer l'hommage.

Ne vois donc le tribut que je vais t'offrir, que comme un signe solennel de reconnaissance et d'amour : pour moi, c'est un engagement ; pour les malheureux, c'est un titre, et le garant inviolable des droits qu'ils ont à mes bienfaits. »

Tout le peuple, à ces mots, rend grâces au soleil, qui lui donne de si bons rois ; et le monarque, précédé du pontife, des prêtres et des vierges sacrées, va dans le temple offrir au dieu le sacrifice accoutumé.

Sur le vestibule du temple, se présentèrent aux yeux du prince trois jeunes vierges, nouvellement choisies, que leurs parents venaient consacrer au soleil. Un léger tissu de coton les dérobait aux regards des profanes. La nature, dans ces climats, n'avait jamais rien formé de si beau.

Les trois incas, leurs pères, les menaient par la main ; et leurs mères, à leur côté, tenaient le bout de la ceinture, signe et gage sacré de la chaste pudeur dont leur sagesse avait pris soin. Le roi, les saluant d'un air religieux, les introduit dans le temple ; le grand-prêtre les suit, et le temple est fermé. D'abord les trois vierges s'inclinent devant l'image de leur époux, et au même instant le grand-prêtre détache le voile qui les couvre. Le voile tombe ; et que d'attraits il expose à l'éclat du jour ! Le monarque se crut ravi dans la cour du soleil son père ; il crut voir les femmes célestes, avec qui ce dieu bienfaisant se délasse du soin d'éclairer l'univers.

Deux de ces filles charmantes avaient la sérénité du bonheur peinte sur le visage, et leur cœur, tout plein de leur gloire, ne mêlait au doux sentiment d'une piété tendre et pure, l'amertume d'aucun regret ; l'autre, et la plus belle des trois, quoiqu'avec la même candeur et la même innocence qu'elles, laissait voir la mélancolie et la tristesse dans ses yeux. Cora, (c'était le nom de la jeune indienne) avant de prononcer le vœu qui la détachait des mortels, saisit les mains de son père, et les baisant avec ardeur, ne laissa échapper d'abord qu'un timide et profond soupir ; mais bientôt, relevant ses beaux yeux sur sa mère, elle se jette dans ses bras, elle inonde son sein de larmes, et s'écrie douloureusement :

« *Ah ! Ma mère !* »

Ses parents, aveuglés par une piété cruelle, ne virent dans l'émotion et dans les regrets de leur fille que l'attendrissement de ses derniers adieux, et le combat d'un cœur qui se détache de tout ce qu'il a de plus cher ; elle-même n'attribua qu'à la force des nœuds du sang, et au pouvoir de la nature, la douleur qu'elle ressentait.

« *Ô le plus tendre et le meilleur des pères !*
Ô mère mille fois plus chère que la vie !
Il faut vous quitter pour jamais. »

Elle ne croyait pas sentir d'autres regrets : le prêtre y fut trompé comme elle ; et il lui laissa consommer son téméraire et cruel dévouement.

Cependant, lorsqu'on fit entendre à ces trois jeunes vierges la loi qui attachait des peines si terribles à l'infraction de leur vœu, les deux compagnes de Cora l'écoutèrent sans trouble, et presque sans émotion ; elle seule, par un instinct qui lui présageait son malheur, sentit son cœur saisi d'effroi : on vit ses couleurs s'effacer, ses yeux se couvrir d'un nuage, les roses même de sa bouche pâlir, se faner et s'éteindre ; et ses lèvres tremblèrent en prononçant le vœu que son cœur devait abjurer.

Ce pressentiment n'éclaira ni ses parents, ni le pontife. On soutint sa faiblesse, on apaisa son trouble, on l'enivra de la gloire d'avoir un dieu pour époux ; et Cora suivit ses compagnes dans l'inviolable asile des épouses du soleil.

Alors le temple fut ouvert ; et les incas, ministres des autels, commencèrent le sacrifice. Ce sacrifice est innocent et pur. Ce n'est plus ce culte féroce, qui arrosait de sang humain les forêts de ces bords sauvages, lorsqu'une mère déchirait elle-même les entrailles de ses enfants sur l'autel du lion, du tigre ou du vautour. L'offrande agréable au soleil, ce sont les prémices des fruits, des moissons et des animaux, que la nature a destinés à servir d'aliments à l'homme. Une faible partie de cette offrande est consumée sur l'autel ; le reste est réservé au festin solennel que le soleil donne à son peuple.

Sous un portique de feuillages dont le temple est environné, le roi, les incas, les caciques se distribuent parmi la foule, pour présider aux tables où le peuple est assis. La première est celle des veuves, des orphelins et des vieillards ; l'inca l'honore de sa présence, comme père des malheureux.

Tito Zoraï, son fils aîné, y est assis à sa droite. Ce jeune prince, dont la beauté annonce une origine céleste, a rempli son troisième lustre : il est dans l'âge où se fait l'épreuve du courage et de la vertu. Son père, qui en fait ses délices, s'applaudit de le voir croître et s'élever sous ses yeux : jeune encore lui-même, il espère laisser un sage sur le trône. Hélas ! Son espérance est vaine ; les pleurs de son vertueux fils n'arroseront point son tombeau.

Chapitre IV

Au festin succèdent les jeux. C'est là que les jeunes incas, destinés à donner l'exemple du courage et de la constance, s'exercent dans l'art des combats.

Ils commencent, au son des conques, par la flèche et le javelot ; et le vainqueur, dès qu'il est proclamé, voit le héros qui lui a donné le jour s'avancer vers lui plein de joie, et lui tendre les bras, en lui disant :

« *Mon fils, tu me rappelles ma jeunesse, et tu honores mes vieux ans.* »

Vient ensuite la lutte ; et c'est là que l'on voit tout ce que l'habitude peut donner de ressort et d'énergie à la nature ; c'est là qu'on voit des combattants agiles et robustes, s'élancer, se saisir, se presser tour-à-tour ; plier, se raffermir, et redoubler d'efforts pour s'enlever ou pour s'abattre ; s'échapper, pour reprendre haleine ; revoler au combat, se serrer de nouveau des nœuds de leurs bras vigoureux ; tour-à-tour immobiles, tour-à-tour chancelants, tomber, se rouler, se débattre, et arroser l'herbe flétrie des ruisseaux de sueur dont ils sont inondés. Le combat, longtemps incertain, fait flotter l'âme de leurs parents, entre la crainte et l'espérance. La victoire enfin se déclare ; mais les vieillards, en décernant le prix du combat aux vainqueurs, ne dédaignent pas de donner aux vaincus quelques louanges consolantes : car ils savent que la louange est, dans les âmes généreuses, le germe et l'aliment de l'émulation.

Dans le nombre de ceux à qui leur adversaire avait fait plier les genoux, était le fils même du roi, et son successeur à l'empire, le sensible et fier Zoraï. Aucun des prix n'a honoré ses mains ; il en verse des larmes de dépit et de honte. L'un des vieillards s'en aperçoit, et lui dit, pour le consoler :

« *Prince, le soleil notre père est juste ; il donne la force et l'adresse à ceux qui doivent obéir, l'intelligence et la sagesse à celui qui doit commander.* »

Le monarque entendit ces paroles.

« *Vieillard, dit-il, laisse mon fils s'affliger et rougir de se trouver plus faible et moins adroit que ses rivaux. Le crois-tu fait pour languir sur le trône, et pour vieillir dans le repos ?* »

Le jeune prince, à cette voix, jeta un coup-d'œil de reproche sur le vieillard qui l'avait flatté, et se précipita aux genoux de son père, qui le serrant tendrement dans ses bras, lui dit :

« *Mon fils, la plus juste et la plus impérieuse des lois, c'est l'exemple. Vous ne serez jamais servi avec plus de zèle et d'ardeur que lorsque, pour vous obéir, on n'aura qu'à vous imiter.* »

Après qu'on eut laissé respirer les lutteurs, on vit cette illustre jeunesse se disposer au combat de la course. C'est leur épreuve la plus pénible. La lice est de cinq mille pas. Le terme est un voile de pourpre que le vainqueur doit enlever. Dans l'intervalle de la barrière au terme, le peuple, rangé en deux lignes, appelle des yeux les combattants.

Le signal est donné ; ils partent tous ensemble ; et des deux côtés de la lice, on voit les pères et les mères animer leurs enfants du geste et de la voix. Aucun ne donne à ses parents la douleur de le voir succomber dans sa course ; ils remplissent tous leur carrière, et presque tous en même temps. Zoraï avait devancé le plus grand nombre de ses rivaux. Un seul, le même qui l'avait vaincu au combat de la lutte, avait sur lui quelqu'avantage, et n'était qu'à cent pas du terme.

« *Non, s'écria le prince, tu n'auras pas la gloire de me vaincre une seconde fois.* »

Aussitôt, ranimant ses forces, il s'élance, le passe, et lui enlève le prix. Ceux qui l'ont suivi de plus près ont quelque part à son triomphe. De ce nombre étaient les vainqueurs aux exercices de la lutte, de la flèche et du javelot. Zoraï s'avance à leur tête, tenant en main la lance où flotte suspendu le trophée de sa victoire, et avec eux il se présente devant le cercle des vieillards. Ceux-ci les jugent, et les proclament dignes du nom d'*incas*, de vrais fils du soleil.

Alors leurs mères et leurs sœurs viennent, d'un air tendre et modeste, attacher à leurs pieds agiles, au-lieu de la tresse d'écorce qui fait les sandales du peuple, une natte de laine plus légère et plus douce, dont elles ont fait le tissu. Ils vont, de là, conduits par les vieillards, se prosterner devant le roi, qui, du haut de son trône d'or, environné de sa famille, les reçoit avec la majesté d'un dieu et la tendre bonté d'un père. Son fils, en qualité de vainqueur dans le plus pénible des jeux, tombe le premier à ses pieds.

Le monarque s'efforce de ne montrer pour lui ni préférence, ni faiblesse : mais la nature le trahit ; et en lui attachant le bandeau des incas, ses mains tremblent, son cœur s'émeut et s'attendrit ; il laisse échapper quelques larmes ; le front du jeune prince en est arrosé ; il les sent, il en est saisi, et de ses mains il presse les genoux paternels. Ces larmes d'amour et de joie sont la seule distinction que l'héritier du trône obtient sur ses émules. L'inca leur donne de sa main la marque la plus glorieuse de noblesse et de dignité : il leur perce l'oreille, et y suspend un anneau d'or ; faveur réservée à leur race, mais que n'obtient jamais celui qui trahit sa naissance, et qui n'en a pas les vertus.

Enfin, le roi prend la parole, et s'adressant aux nouveaux incas :

« *Le plus sage des rois, leur dit-il, Manco, votre aïeul et le mien, fut aussi le plus vigilant, le plus courageux des mortels.*

Quand le soleil, son père, l'envoya fonder cet empire, il lui dit :

« *Prends-moi pour exemple : je me lève, et ce n'est pas pour moi ; je répands ma lumière, et ce n'est pas pour moi ; je remplis ma vaste carrière, je la marque par mes bienfaits, l'univers en jouit, et je ne me réserve que la douceur de l'en voir jouir : va, sois heureux, si tu peux l'être ; mais songe à faire des heureux.* »

Incas, fils du soleil, voilà votre leçon.

Quand il plaira à votre père, que vous soyez heureux sans fatigue et sans trouble, il vous rappellera vers lui. Jusque-là, sachez que la vie est une course laborieuse, que vos vertus doivent rendre utile, non pas à vous, mais à ce monde où vous passez. Le lâche s'endort sur la route ; il faut que la mort, par pitié, lui vienne abréger son travail. L'homme courageux supporte le sien, et d'un pas sûr et libre il arrive au terme où la mort, la mère du repos, l'attend.

Ô toi, mon fils, dit-il au prince, tu vois cet astre qui va finir son cours : que de biens, depuis son aurore, n'a-t-il pas faits à la nature ! Ce qui lui ressemble le plus sur la terre, c'est un bon roi. »

À ces mots il se lève, et marche, accompagné de sa famille et de son peuple, pour aller avec le pontife, sur le vestibule du temple, observer le front du soleil, à son couchant, et en recueillir les oracles.

Chapitre V

Le peuple et la cour elle-même se tiennent en silence au-delà du parvis. Le roi seul monte les degrés du vestibule où l'attend le grand-prêtre, qui ne doit révéler qu'à lui les secrets du sombre avenir.

Le ciel était serein, l'air calme et sans vapeurs ; et l'on eût pris dans ce moment l'horizon du couchant pour celui de l'aurore. Mais bientôt, du sein de la mer Pacifique, s'élève au-dessus de Palmar, un nuage pareil à des vagues sanglantes, présage épouvantable dans ce jour solennel. Le grand-prêtre en frémit ; cependant il espère qu'avant le coucher du soleil ces vapeurs vont se dissiper. Elles redoublent, elles s'entassent comme les sommets des montagnes, et en s'élevant, elles semblent défier le dieu qui s'avance, de rompre la vaste barrière qu'elles opposent à son cours. Il descend avec majesté ; et des rayons qui l'environnent, perçant de tous côtés ces flots de pourpre, il les entr'ouvre ; mais soudain l'abîme est comblé. Vingt fois il écarte les vagues, qui vingt fois retombent sur lui. Submergé, renaissant, il épuise les traits de sa défaillante lumière ; et lassé du combat, il reste enseveli comme dans une mer de sang.

Un signe encore plus terrible se manifeste dans le ciel : c'est un de ces astres que l'on croyait errants, avant que l'œil perçant de l'astronomie eût démêlé leur route dans l'immensité de l'espace.

Une comète, semblable à un dragon qui vomit des feux, et dont la brûlante crinière se hérisse autour de sa tête, paraît venir de l'orient, et voler après le soleil. Ce n'est dans le céleste azur qu'une étincelle aux yeux du peuple ; mais le grand-prêtre, plus attentif, y croit distinguer tous les traits de ce monstre prodigieux : il lui voit respirer la flamme ; il lui voit secouer ses ailes embrasées ; il voit sa brûlante prunelle suivre, du haut des cieux, la trace du soleil, dans l'ardeur de l'atteindre et de le dévorer. Mais, dissimulant la terreur dont ce prodige le pénètre :

« *Prince, dit-il au roi, suivez-moi dans le temple* »

Et là, recueilli en lui-même, après avoir été quelque temps immobile et en silence devant l'inca, il lui parle en ces mots :

« *Digne fils du dieu que je sers, si l'avenir était inévitable, ce dieu bienfaisant nous épargnerait la douleur de le prévoir ; et sans nous affliger d'avance du pressentiment de nos maux, il laisserait à l'esprit humain son aveuglement salutaire, et au temps son obscurité. Puisqu'il daigne nous éclairer, ce n'est pas inutilement ; et les malheurs qu'il nous annonce, peuvent encore se détourner.*

Ne vous effrayez point de ceux qui vous menacent. Ils sont affreux, s'il en faut croire les signes que je viens d'observer dans le ciel. Ces signes ne s'accordent pas : l'un me dit que c'est du couchant que doit venir une guerre sanglante ; l'autre m'annonce un ennemi terrible, qui fond sur nous de l'orient ; mais l'un et l'autre est un avis de ce dieu qui veille sur nous.

Prince, armez-vous donc de constance. Être innocent et courageux, ne pas mériter son malheur, et le souffrir ; voilà la tâche que la nature impose à l'homme : le reste est au-dessus de nous. »

Le prêtre, consterné, n'en dit pas davantage ; et le monarque, renfermant la tristesse au fond de son cœur, sortit du temple, et se montra au peuple avec un front calme et serein.

« *Notre dieu, lui dit-il, sera toujours le même : il veille au sort de son empire, et il protège ses enfants.* »

Alors on lui vint annoncer que des infortunés, chassés de leur patrie, lui demandaient l'hospitalité.

« *Qu'ils paraissent, répond l'inca : jamais les malheureux ne trouveront mon cœur inaccessible, ni mon palais fermé pour eux.* »

Les étrangers s'avancent : c'est le triste débris de la famille de Moctezuma, fuyant le joug des Espagnols, et qui, de rivage en rivage, cherche un refuge impénétrable aux poursuites de ses tyrans.

Un jeune cacique se présente à la tête de ces illustres fugitifs. À sa démarche, à sa noble assurance, on reconnaît en lui, tout suppliant qu'il est, l'habitude de commander. Un chagrin profond et cruel paraît empreint sur son visage ; mais sa beauté, quoique ternie, est touchante dans sa langueur ; en intéressant, elle étonne ; et l'altération de ses traits annonce moins l'abattement, que la souffrance d'une âme fière et indignée de son malheur.

L'inca lui dit :

« *Jeune étranger, apprenez-moi qui vous êtes, d'où vous venez, et quel coup du sort vous fait chercher un asile en ces lieux ?*

— *Inca, lui répond Orozimbo, (c'était le nom du Mexicain) tu vois en nous les déplorables restes d'un empire, au moins aussi vaste, aussi florissant que le tien. Cet empire est détruit.*

Le sort ne nous laissait que la fuite ou que l'esclavage ; nous avons préféré la fuite. Deux hivers nous ont vu errants sur les montagnes. Las de vivre dans les forêts et parmi les bêtes féroces, nous avons pris la résolution d'aller chercher des hommes moins malheureux que nous, et moins cruels que nos tyrans.

Il y a trois mois qu'à la merci des flots, nous parcourons, à travers mille écueils, les détours d'un rivage immense. Les maux que nous avons soufferts nous auraient accablés ; le bruit de tes vertus a soutenu notre espérance. On te dit juste et bienfaisant, nous venons éprouver si la renommée en impose.

Après toi, notre unique ressource, celle qui, dans le malheur, ne manque jamais qu'à des lâches, c'est le courage de mourir.

— *Etrangers, reprit le monarque, vous n'aurez pas en vain mis votre confiance en moi. Venez dans mon palais vous reposer, et réparer vos forces.*

Je suis impatient d'entendre le récit de votre infortune ; mais je désire encore plus de vous la faire oublier. »

Le cacique et ses compagnons, conduits au palais de l'inca, y sont servis avec respect ; mais il défend qu'on étale à leurs yeux une vaine magnificence ; car l'ostentation de la prospérité est une insulte pour les malheureux. Un bain pur, des vêtements frais, une table abondante et simple, des asiles pour le sommeil, où règne un tranquille silence, sont les premiers secours de l'hospitalité qu'exerce envers eux ce monarque.

Le lendemain il les reçoit au milieu de sa famille, vertueuse et paisible cour ; il les fait asseoir autour de son trône, et parlant au jeune Orozimbo avec tous les ménagements que l'on doit aux infortunés, il l'invite à soulager son cœur du poids accablant de ses peines, en lui racontant ses malheurs.

« *Le souvenir en est cruel, dit le cacique mexicain, avec un triste et profond soupir ; mais je te dois l'effort d'en retracer l'affreuse image.*

Ecoute-moi, généreux prince ; et puisse l'exemple de ma patrie t'apprendre à garantir ces bords du fléau qui l'a ravagée ! »

À ces mots, le silence règne dans l'assemblée des incas ; et le cacique reprend ainsi.

Chapitre VI

*Représentation de Moctezuma II dans l'*Historia de la conquista de México *d'Antonio Solis (1715).*

Enfants du soleil, vous savez la route qu'il suit tous les ans. Il est à présent sur vos têtes ; il y a trois lunes qu'il se levait de même sur le pays où je suis né. Ce pays s'appelé Mexique. Il avait pour roi Moctezuma, dont nous sommes les neveux.

Moctezuma avait des vertus, un cœur droit, généreux, fidèle. Mais trop souvent, du sein de la prospérité naissent l'orgueil et l'indolence. Après avoir oublié qu'il était homme, il oublia qu'il était roi. Sa dureté superbe éloigna ses amis ; sa faiblesse et son imprudence le livrèrent aux mains d'un ennemi perfide, et causèrent tous ses malheurs. Vingt caciques, tous possesseurs d'autant de fertiles provinces, étaient réunis sous ses lois.

Trop puissant et trop absolu, il abusa de sa fortune ; ou plutôt ses flatteurs, dont il avait fait ses ministres, en abusèrent en son nom ; et de ses provinces foulées, les unes, secouant le joug, avaient repris leur liberté ; d'autres, plus faibles ou plus timides, gémissaient en silence, et, pour se déclarer rebelles, attendaient qu'il fût malheureux ; lorsqu'on apprit que vers l'aurore, dans une enceinte où le rivage se courbe et embrasse la mer, une race d'hommes, qu'on prenait pour des dieux, étaient venus de l'orient sur des châteaux ailés, d'où partaient l'éclair et la foudre ; que de ces forteresses flottantes sur les eaux, dès qu'elles touchaient le rivage, on voyait s'élancer des animaux terribles, qui portaient sur leurs dos ces hommes immortels.

Mille autres témoins assuraient que le quadrupède et l'homme n'étaient qu'un ; que ses pas rapides devançaient les vents ; que ses regards lançaient la mort, et une mort inévitable ; que ses deux têtes, d'homme et de bête farouche, dévoraient tout ce que le feu de ses regards avait épargné ; et que la pointe de nos flèches s'émoussait sur la dure écaille dont tout son corps était couvert.

Ces bruits répandaient l'épouvante. Un cri d'alarme universel retentit jusqu'à Mexico : (c'était le siège de l'empire) Moctezuma en parut troublé ; mais la même faiblesse qui lui faisait tout craindre, lui fit d'abord tout négliger.

Il sut que ces brigands avides se laissaient apaiser par de riches offrandes ; il espéra les adoucir. Il député vers eux deux hommes honorés parmi nous, Pilpatoé et Teutilé, l'un blanchi dans les camps, l'autre dans les conseils. Douze caciques (j'étais du nombre) accompagnaient cette ambassade ; deux cents Indiens nous suivaient, chargés de riches présents ; vingt captifs, choisis parmi ceux que l'on engraissait dans nos temples pour être immolés à nos dieux, terminaient ce nombreux cortège.

Nous arrivons au camp des Espagnols (car c'est ainsi que ces brigands se nomment) et quel est notre étonnement, en voyant que cinq cents hommes épouvantaient des nations ! Oui, je l'avoue à notre honte, ils n'étaient que cinq cents, ce n'étaient que des hommes ; et des millions d'hommes tremblaient. Nous parûmes devant leur chef ... Ah ! Le perfide ! Sous quel air majestueux et tranquille il sut déguiser sa noirceur !

Pilpatoé, en l'abordant, le salue, et lui parle ainsi :

« *Le monarque du Mexique, le puissant Moctezuma, nous envoie te saluer, et savoir de toi qui tu es, d'où tu viens, et ce que tu veux. Si tu es un dieu propice et bienfaisant, voilà des parfums et de l'or. Si tu es un Dieu méchant et sanguinaire, voilà des victimes. Si tu es un homme, voilà des fruits pour te nourrir, des vêtements pour ton usage, et des plumes pour te parer.*

— Non, nous ne sommes point des dieux, nous répondit Cortés (car tel était son nom) mais, par une faveur du ciel, qui dispense à son gré la force, l'intelligence et le courage, nous avons sur les Indiens des avantages et des droits que vous reconnaîtrez vous-mêmes. Je reçois vos présents, je retiens vos captifs, pour m'obéir et me servir, non pour être offerts en victimes ; car mon dieu est un dieu de paix, qui ne se nourrit point de sang.

Vous voyez l'autel que nos mains lui ont élevé ; soyez témoin du culte que nous allons lui rendre. Pour la première fois il descend sur ces bords. »

L'autel était simple et rustique ; un feuillage, en forme de temple, l'environnait de son ombre ; un vase d'or en faisait l'ornement ; un pain léger, d'une extrême blancheur, et quelques gouttes d'une liqueur que nous prîmes d'abord pour du sang, mais qui n'est que le jus d'un fruit délicieux, étaient l'offrande du sacrifice. Ce culte n'avait à nos yeux rien d'effrayant, rien de terrible ; te l'avouerai-je cependant ? Soit par la force de l'exemple, soit par le charme des paroles que proférait le sacrificateur, et par l'ascendant invincible que leur dieu prenait sur nos dieux, le respect de ces étrangers, prosternés devant leur autel, nous frappa, nous saisit de crainte.

Après le sacrifice, on nous fit avancer sous les pavillons de Cortés. Il nous reçut avec cet air d'assurance et d'autorité d'un maître absolu qui commande.

« *Mexicains, nous dit-il, le vrai dieu, le dieu que j'adore, le seul que l'on doit adorer, puisqu'il a créé l'univers, qu'il le gouverne et le soutient,* vient de descendre sur ces bords ; et il commande à vos idoles de s'anéantir devant lui. C'est lui qui nous envoie pour abolir leur culte, et pour vous enseigner le sien. Renversez vos autels sanglants, rasez vos temples abominables, et cessez d'outrager le ciel par des offrandes qu'il abhorre ; ou voyez en nous ses vengeurs. »*

Pilpatoé lui répondit, que, si le dieu qu'il nous annonçait était le dieu de la nature entière, il avait l'empire des cœurs comme celui des éléments ; qu'il n'avait tenu qu'à lui d'être plutôt connu et adoré dans ces contrées ; qu'il était bien sûr qu'à sa voix le monde se prosternerait ; que c'était le supposer faible, que de s'armer pour sa défense ; que celui qui n'a qu'à vouloir, n'avait pas besoin de secours ; et que c'était en faire un homme et s'ériger soi-même en dieu, que de s'établir son vengeur. Il ajouta, que si ces étrangers, plus éclairés, plus sages et plus heureux que nous, venaient, par la seule puissance de l'exemple et de la raison, nous détromper et nous instruire, nous croirions qu'en effet un dieu se servait de leur entremise ; mais que la menace et la violence étaient les armes du mensonge, indignes de la vérité.

Cortés, étonné, répliqua que les desseins de son dieu étaient impénétrables ; qu'il n'en devait pas compte aux hommes ; qu'il commandait, et que c'était à nous d'adorer et d'obéir.

Il nous assura cependant qu'il n'emploierait jamais la force qu'à l'appui de la vérité. Il ne doutait pas, disait-il, que Moctezuma et tous les sages de ses conseils et de sa cour, ne reconnussent aisément combien monstrueux et barbare était le culte des idoles qu'on arrosait de sang humain ; mais le peuple, endurci, aveuglé par ses prêtres, et accoutumé dès l'enfance à trembler devant ses faux dieux, avait besoin qu'on le forçât, par une heureuse violence, à laisser tomber le bandeau de l'ignorance et de l'erreur.

Alors on servit un festin. Cortés nous admit à sa table. Il nous vit regarder avec inquiétude les viandes qu'on nous présentait ; car nous savions qu'on avait égorgé un grand nombre de nos amis. Il pénétra notre pensée, et nous lui en fîmes l'aveu.

« *Non, dit-il, cet usage impie est en horreur parmi nous ; et ni la faim la plus cruelle, ni la plus dévorante soif ne vaincraient notre répugnance pour la chair et le sang humain...* »

Quelle répugnance, grands dieux ! Ils ne dévorent pas les hommes ; mais les en égorgent-ils moins ? Et qu'importe lequel des deux, du vautour ou du meurtrier, aura bu le sang innocent ?

Au sortir du festin, nous eûmes le spectacle de leurs exercices guerriers. Les cruels ! On voit bien qu'ils sont nés pour détruire. Quel art profond ils en ont fait ! Ils s'élancèrent, à nos yeux, sur ces animaux redoutables, que, d'une main, ils savent gouverner, tandis que l'autre fait voler autour d'eux un glaive étincelant et rapide comme l'éclair.

Imaginez, s'il est possible, l'avantage prodigieux que leur donne sur nous la fougue, la vitesse, la force de ces animaux, fiers esclaves de l'homme, et qui combattent sous lui !

Mais cet avantage étonnant l'est moins que celui de leurs armes ; puisses-tu ne jamais connaître l'usage qu'ils ont fait du feu, et d'un métal dur et tranchant, qu'ils méprisent, les insensés ! Et auquel ils préfèrent l'or, inutile à notre défense.

Puisses-tu ne jamais entendre cette foudroyante machine, dont on fit l'essai devant nous. Le tonnerre du ciel n'est pas plus effrayant, lorsqu'il roule sur les nuages. Inca, c'est le génie de la destruction qui leur a fait ce don fatal. Et ce ne serait encore rien, sans l'intelligence et l'accord de leurs mouvements imprévus, pour l'attaque et pour la défense. Cet art de marcher sans se rompre, de se déployer à propos, de se rallier au besoin, cet art, changé en habitude, est ce qui les rend invincibles. Nous défions la mort ; nous la bravons comme eux ; nous ne savons pas la donner ... À ces mots le jeune cacique, laissant tomber sa tête sur ses genoux, et de ses mains cachant ses larmes : « *Pardonne, dit-il à l'inca, une rage, hélas ! Impuissante. Il est des maux contre lesquels jamais le cœur ne s'endurcit.* »

Avant de nous congédier, Cortés, en échange de l'or, des perles, des tissus qu'on lui avait offerts, nous fit quelques présents futiles, mais que leur nouveauté nous rendit précieux.

« *Je ne vous ai parlé, jusqu'à présent, ajouta-t-il, qu'au nom du dieu qui m'a choisi pour renverser vos idoles, et pour lui élever des temples sur les débris de leurs autels ; mais vous voyez encore en moi le ministre d'un roi puissant, d'un roi, qui, vers les bords d'où le soleil se lève, règne sur des états plus vastes, plus riches et plus florissants que l'empire de Moctezuma. Il veut bien cependant l'avoir pour allié. Dites à Moctezuma que je viens à sa cour pour lui offrir cette alliance, et que Charles d'Autriche, monarque d'Orient, ne doute pas qu'on ne lui rende, dans la personne de son ministre, tout ce qu'on doit à la majesté et à l'amitié d'un grand Roi.* »

Pilpatoé lui répondit encore, que si son maître était si riche et si puissant, on s'étonnait qu'il envoyât chercher si loin des alliés et des amis ; que Moctezuma serait sans doute honoré de cette ambassade ;

mais qu'il fallait du moins attendre son aveu, pour pénétrer dans ses états.

« *Exposez-lui, nous dit Cortés, que, pour le voir, j'ai traversé les mers ; que l'honneur de mon Roi exige qu'il m'entende ; que, sans lui faire injure, il ne peut refuser de me recevoir dans sa cour ; et que je serais trop indigne de ce titre d'ambassadeur, dont je suis revêtu, si je m'en retournais chargé de ses mépris, sans en avoir tiré vengeance.* »

Chapitre VII

La réponse de Moctezuma ne se fit pas longtemps attendre. Il crut, par de nouveaux présents, adoucir le refus qu'il faisait à Cortés de le laisser pénétrer plus avant. Mais Cortés reçut les présents, et persista dans sa demande.

Il avait su quelle était la haine des caciques pour Moctezuma ; il leur avait promis d'abaisser son orgueil, d'assurer leur indépendance ; et déjà reçu en ami dans le palais de Zampola, nous le trouvâmes environné d'une foule de rois, tous vassaux de l'empire, dont il avait formé sa cour.

« Vous voyez, lui dit Teutilé, avec quelle magnificence Moctezuma répond à l'amitié d'un Roi qui veut bien rechercher la sienne. Mais les mœurs, les usages, les lois de son empire ne lui permettent rien de plus ; et à moins de vous déclarer ses ennemis, vous ne pouvez tarder à quitter ce rivage. »

Cortés, à ces mots, regardant les caciques, ses alliés, avec un air riant et fier, sembla vouloir les rassurer ; et puis, composant son visage :

« *Rendez-vous, nous dit-il, demain, au port, où mes vaisseaux m'attendent ; vous y apprendrez ma résolution.* »

À l'instant quelques-uns des siens, la frayeur peinte dans les yeux, vinrent lui parler en secret. Il écoute, et soudain, avec emportement, il nous ordonne de le suivre. Il marche au temple, où l'on menait de jeunes captifs, destinés à être immolés à nos dieux ; car c'était l'une de nos fêtes. Il arrive, au moment qu'on livrait les victimes aux mains du sacrificateur.

« *Arrêtez, dit-il, arrêtez, hommes stupides et féroces. Vous offensez le ciel en croyant l'honorer.* »

À ces mots, s'élançant lui-même entre le prêtre et les victimes, il commande qu'on les dégage, et qu'on les garde auprès de lui.

Tout le peuple était assemblé ; les prêtres, indignés, criaient au sacrilège, et demandaient vengeance pour leurs dieux outragés ; un murmure confus, élevé dans la foule, annonçait un soulèvement ; Cortés n'attend pas qu'il éclate. Accompagné de quelques-uns des siens, il monte, et force le cacique à monter les degrés du temple ; et là, saisissant d'une main ce prince interdit et tremblant, et de l'autre levant sur lui son glaive prêt à le percer :

« *Bas les armes ! dit-il au peuple, d'une voix forte et menaçante, ou je frappe, et je vais commander à l'instant qu'on égorge tout sans pitié.* »

Le fer levé sur le cacique, la voix de Cortés, sa menace, son étonnante résolution glacent tous les esprits ; et la rumeur est étouffée. Comment ne pas craindre celui qui brave impunément les dieux ? À son courage, à sa fierté, il paraissait un dieu lui-même. Il se fait amener les sacrificateurs, qui s'étaient retirés à l'ombre des autels.

« *Hé bien ! dit-il, est-ce ainsi que vos dieux vous défendent, vous et leur temple ? Qui les retient ? Qui les enchaîne ? Je ne suis qu'un mortel ; que ne m'écrasent-ils, puisque j'ose les insulter ? Allez, vos dieux sont impuissants ; ils ne sont rien que les fantômes du délire et de la frayeur. Des dieux avides de carnage, et nourris de chair et de sang ! Pouvez-vous bien y croire ? Et si vous y croyez, pouvez-vous adorer les plus méchants des êtres ? Abjurez ce culte exécrable, et renoncez, pour le vrai dieu, à ces idoles monstrueuses, que vous nous allez voir briser.* »

Il dit, et profitant de la terreur profonde dont tout le peuple était frappé, il commande à sa troupe de renverser nos dieux du haut de leurs autels, et de les rouler hors du temple.

À ce comble d'impiété, nous espérions tous que le temple s'écroulerait sur les profanateurs. Le temple resta immobile ; et nos dieux, renversés, roulés dans la poussière, se laissèrent fouler aux pieds.

L'étranger, alors, reprenant une sérénité tranquille :

« *Peuple, dit-il, voilà vos dieux. C'est à ces simulacres vains que vous avez sacrifié des millions de vos semblables. Ouvrez les yeux, et frémissez.* »

Ensuite il fit venir les jeunes Indiens, arrachés de la main des prêtres.

« *Mes enfants, leur dit-il, vivez ; donnez la vie à d'autres hommes ; rendez-la douce, tranquille, heureuse à ceux dont vous l'avez reçue ; et gardez-en le sacrifice pour le moment où votre prince, votre patrie et vos amis vous le demanderont dans les combats.*

Vous voyez, reprit-il, en nous adressant la parole, que j'ai quelque raison de vouloir pénétrer jusqu'à la cour de Moctezuma.

À demain. Rendez-vous au port ; vous jugerez s'il est prudent qu'il persiste dans ses refus. »

Inca, tu ne peux concevoir la révolution soudaine qui se fit dans tous les esprits, quand le peuple fut assuré de la ruine de ses dieux. Imagine-toi des esclaves flétris, courbés dès leur naissance sous les chaînes de leurs tyrans, et qui, tout-à-coup délivrés de cette longue servitude, respirent, soulagés d'un fardeau accablant : tel fut le peuple de Zampola. D'abord un reste de frayeur troublait et réprimait sa joie. Il semblait craindre que la vengeance de ses dieux ne fût qu'assoupie, et ne vînt à se réveiller. Mais quand il les vit mutilés, et dispersés hors de leur temple, il se livra à des transports qui firent bien voir que son culte n'avait jamais été que celui de la crainte, et qu'il détestait dans son cœur les dieux que sa bouche implorait.

« *Sans doute, dit l'inca ; et il n'est pas dans l'homme, d'aimer, d'adorer autre chose qu'un être juste et bienfaisant, tel que vous l'annonçaient, que l'adoraient eux-mêmes ces étrangers, dont je conçois une autre opinion que vous.* »

Ce sont des tigres, dit le cacique, qui adorent un tigre comme eux. Ils nous annoncent un dieu de paix, un dieu propice et débonnaire ; c'est un piège qu'ils tendent à la crédulité. Leur dieu est cruel, implacable, et mille fois plus altéré de sang que tous les dieux qu'il a vaincus. Apprends que, sous nos yeux, ils lui ont immolé plus d'un million de victimes ; qu'en son nom ils ont fait couler des flots de larmes et de sang ; qu'il n'en est point rassasié, et qu'il leur en demande encore. Mais laisse-moi poursuivre ; tu vas bientôt connaître et détester ces imposteurs.

Le lendemain on nous mena au port, où était la flotte de Cortés ; et l'on nous dit de l'y attendre. Mille pensées nous agitaient. Ce que nous avions vu la veille, ce que nous avions entendu, l'ascendant que prenait cet homme inconcevable sur l'esprit des caciques et sur l'âme des peuples, l'apparence de ses vertus, la puissance de sa parole, la chute de nos dieux, le triomphe du sien, tout nous plongeait dans des réflexions accablantes sur l'avenir.

Cependant, du haut du rivage, nous admirions ces canots immenses, dont la structure était un prodige pour nous. Leurs larges flancs sont un assemblage de bois solides, qu'on a courbés et façonnés comme des joncs flexibles ; leurs ailes sont des tissus d'écorce, suspendus à des tiges d'arbres aussi élevés que nos cèdres ; ces tissus, flottants dans les airs, se laissent enfler par les vents. Ainsi c'est aux vents qu'obéit cette forteresse mouvante ; une seule rame, attachée à l'extrémité du canot, lui sert à diriger son cours.

Comme nous étions occupés de cette effrayante industrie, Cortés arrive, accompagné des siens.

À l'instant ses soldats se jettent sur les barques. Nous croyons les voir s'éloigner ; mais cette fausse joie est tout-à-coup suivie de la plus profonde douleur. Nous voyons dépouiller ces vastes édifices : bois, métaux, voiles et cordages, on enlève tout ; et Cortés, donnant l'exemple à sa troupe, s'élance, la flamme à la main, embrase l'un de ses canots, et les fait tous réduire en cendre.

Tandis que la flamme ondoyante les enveloppe et les consume, Cortés, avec une tranquillité insultante, nous regarde, et nous parle ainsi :

« *Tant que j'aurais eu le moyen de m'éloigner de ce rivage, Moctezuma aurait pu douter si je persisterais dans ma résolution.*

Mexicains, dites-lui ce que vous avez vu ; et qu'il se prépare à me recevoir en ami, ou en ennemi. »

Ce fut avec cette arrogance qu'il nous renvoya consternés.

Chapitre VIII

Moctezuma attendait notre retour avec impatience. Il assembla ses ministres et ses prêtres pour nous entendre. La présence des prêtres nous fit dissimuler l'humiliation et l'opprobre dont le dieu de Cortés avait couvert nos dieux ; tout le reste fut exposé dans un récit fidèle et simple, et quelques figures tracées nous aidèrent à faire entendre ce qui ne pouvait s'exprimer. Le monarque nous écoutait avec cet étonnement stupide, qui semble interdire à l'âme la pensée et la volonté.

« Ces étrangers, dit-il, ont sur nous, je l'avoue, un ascendant qui m'épouvante. Tout ce que vous m'en racontez, me semble tenir du prodige ; et j'y vois quelque chose au-dessus de l'humain.

— Ils sont plus éclairés, sans doute, et plus industrieux que nous, lui dit Pilpatoé ; mais toutes leurs lumières ne les rendent pas immortels. La fatigue, la faim, le sommeil, la douleur, tous les besoins, tous les maux de la vie sont faits pour eux comme pour nous. Leur âme s'écoule avec leur sang par la piqûre d'une flèche, comme celle d'un indien : c'est ce que je voulais savoir ; le reste est de peu d'importance. »

Moctezuma, à qui ce discours devait inspirer du courage, n'en parut point touché. Il regardait les prêtres, et il semblait chercher à lire dans leurs yeux.

Alors le pontife se lève, et d'un air imposant :

« *Seigneur, dit-il à Moctezuma, ne vous étonnez pas de la faiblesse de* nos dieux et de la décadence où tombe leur empire. Nous avons évoqué le puissant dieu du mal, le formidable Telcalépulca. Il nous est apparu sur le faîte du temple, dans les ténèbres de la nuit, au milieu des nuages que sillonnait la foudre. Sa tête énorme touchait au ciel ; ses bras, qui s'étendaient du midi jusqu'au nord, semblaient envelopper la terre ; sa bouche était remplie du venin de la peste, qu'elle menaçait d'exhaler ; dans ses yeux sombres et cavés pétillait le feu dévorant de la famine et de la rage ; il tenait d'une main les trois dards de la guerre, de l'autre il secouait les chaînes de la captivité. Sa voix, pareille au bruit des vents et des tempêtes, nous a fait entendre ces mots :

On me dédaigne ; on ne fait plus couler sur mes autels que le sang de quelques victimes, que l'on néglige d'engraisser.

Qu'est devenu le temps où vingt mille captifs étaient égorgés dans mon temple ? Ses voûtes ne retentissaient que de gémissements et de cris douloureux, qui remplissaient mon cœur de joie ; mes autels nageaient dans le sang ; mon parvis regorgeait d'offrandes.

Moctezuma a-t-il oublié que je suis Telcalépulca, et que tous les fléaux du ciel sont les ministres de ma colère ? Qu'il laisse tous les autres dieux languir, tomber de défaillance ; leur indulgence les expose au mépris : en le souffrant ils l'encouragent ; mais c'est le comble de l'imprudence de négliger le dieu du mal. »

Epouvanté d'un tel prodige, Moctezuma ordonne à l'instant que, parmi les captifs, on en choisisse mille pour les immoler à ce dieu ; que dans son temple tout abonde pour les engraisser à la hâte ; et qu'il en soit fait incessamment un sacrifice solennel.

À ce récit, l'inca s'écrie en frémissant :

« Quoi ! Dans un jour, mille victimes ! »

Que veux-tu, lui dit le cacique ? Tant de calamités ont affligé la terre ; que l'homme, faible et malheureux, a regardé le dieu du mal comme le plus puissant des dieux ; et pour le désarmer, il croit devoir lui rendre un culte barbare et sanglant, un culte enfin qui lui ressemble. Je te l'ai dit, ces étrangers lui sacrifient comme nous. Et à quelle autre divinité offriraient-ils tant d'homicides ? C'est là le secret qu'ils nous cachent ; et c'est par-là, sans doute, qu'ils gagnent la faveur de ce dieu altéré de larmes et de sang. »

L'indolent et faible monarque croyait avoir pourvu à tout, en ordonnant ce sacrifice ; mais son ennemi s'avançait. Vainqueur de nos voisins, et secondé par les vaincus, il parut avec une armée.

Ce fut alors que Moctezuma ne dissimula plus son découragement.

Il voulut essayer encore avec les Espagnols la force des bienfaits ; il leur offrit de partager avec eux ses trésors immenses, et de faire pour eux les frais d'une nouvelle flotte, s'ils voulaient s'éloigner : misérable ressource !

C'était leur montrer sa faiblesse, accroître leur orgueil, et irriter encore leur insatiable avarice.

Aussi Cortés, plus obstiné et plus arrogant que jamais, déclara-t-il qu'en vain l'on croyait l'éblouir par des présents qu'il méprisait ; que l'or n'effaçait point les taches que faisait l'injure ; et que l'affront qu'il avait reçu, ne se lavait que dans le sang.

Cette ville superbe, qui n'est plus que ruines, la malheureuse Mexico, s'élevait au milieu d'un lac, comme sortant du sein des eaux ; on y arrivait par des digues, qu'on pouvait couper aisément ; celle par où venait Cortés, traversait la ville où régnait mon père ; et pour disputer ce passage, mon père ne demandait que l'aveu de Moctezuma ; il ne put l'obtenir : il fallut recevoir ces étrangers comme nos maîtres, nous humilier devant eux...

Ô combien je frémis ! Combien je détestai l'ordre absolu qui nous forçait à cet abaissement ! Quel vice, dans un roi, qu'un excès de faiblesse ! Il vient lui-même, désarmé, au-devant de ses ennemis, s'efforçant de cacher sa honte sous sa vaine magnificence ; il les reçoit avec toutes les marques de la joie et de l'amitié, les comble de présents, les invite à loger dans le palais du roi son père ; et inaccessible pour nous, n'est plus visible que pour eux. Cortés, le plus dissimulé des hommes, le flatte, l'éblouit, gagne sa confiance, et l'attire (adresse incroyable !) dans ce palais changé en forteresse, qu'ils occupaient, lui et les siens.

Ah ! C'est ici, s'écria le cacique, le comble de la perfidie, de l'insolence et de l'outrage.

Au milieu de sa ville, au milieu de son peuple, et dans le palais de son père, Moctezuma lui-même est retenu captif, en otage, par ces brigands. Ils font plus, et pour achever d'abattre et d'avilir son âme, ils l'enchaînent comme un esclave, ou plutôt comme un criminel. Moctezuma, que son orgueil et son courage avaient abandonné, tendit les mains, et sans se plaindre, reçut ces liens flétrissants. Il porta la bassesse jusqu'à se réjouir, lorsqu'on daigna l'en délivrer.

Honteux de sa faiblesse, il voulut la cacher à son peuple, à sa cour, à ses ministres même.

Il dit qu'il venait d'expier, par une peine volontaire, la mort de quelques-uns des soldats de Cortés, tués dans les champs de Zampola ; il permit que, devant ses yeux, on fît brûler vifs ceux des siens qui avaient puni leur insolence. Je vis ce brave Colpoca, qui, dans l'émeute de ces brigands, en avait tué deux de sa main, et qui s'était montré à nous, de la droite portant la tête d'un castillan, et de la gauche la flèche encore sanglante dont il l'avait percé ; je le vis, ce brave homme, à qui jamais la peur n'avait fait baisser la paupière, cet homme tel, que si le Mexique en avait eu vingt comme lui, le Mexique eût été sauvé ; je le vis périr dans les flammes : Cortés l'y fit jeter vivant. Regarde ce jeune homme qui pleure en m'écoutant ; c'est son frère : il allait se brûler avec lui ; je le retins, et je lui dis :

« Que fais-tu ? Tu nous abandonnes ! Tu veux mourir ; et tu n'es pas vengé ! ».

Moctezuma dévora tout, les affronts et les violences ; il se loua de la bonté, de la noblesse de Cortés ; il feignit d'être heureux et libre, au milieu de ses gardes, qui le faisaient trembler, et qu'il appelait ses amis. Le malheureux invitait son peuple à venir leur donner des fêtes, et sa cour à les honorer.

Le bien de son empire, le maintien de la paix, l'avantage de cette alliance, qui déguisait sa servitude, les avis secrets de ses dieux, il mit tout en usage pour nous en imposer. Il voulut même paraître libre à ceux dont il était l'esclave. Il prévenait leur volonté pour se dispenser de la suivre, et s'imposait les plus dures lois, de peur qu'on ne les lui dictât. À l'avarice de ses maîtres il prodiguait des monceaux d'or. Il offrit de rendre à leur prince un hommage que leur orgueil eût à peine exigé de lui. Il croyait donner à cet acte de faiblesse et de dépendance l'apparence de la justice et de la magnanimité ; et il se consolait de s'avilir lui-même, pourvu qu'on ne vît pas qu'il y était forcé. Ses dieux, qui le trompaient, qui l'avaient tous trahi, furent les seuls qu'il défendit avec une noble constance ; tout le reste, l'honneur, la liberté, les biens de son peuple et de sa couronne, tout fut abandonné à ses insolents oppresseurs.

Il espérait qu'à la fin, comblés de ses présents, adoucis par ses complaisances, rassasiés de notre honte et de leur gloire, ils consentiraient à nous délivrer d'eux. Ils le promirent ; et le ciel sembla vouloir les y contraindre : car on apprit que de nouveaux brigands, partis des mêmes régions, venaient leur ravir leur conquête ; et Cortés, obligé de les aller combattre, ne pouvait laisser dans nos murs qu'un très-petit nombre des siens.

Mais tel était l'étonnement, l'abattement de Moctezuma, que ce petit nombre suffit pour le retenir parmi eux. On le pressa de consentir à sa délivrance ; il en fut offensé. Il dit qu'il n'était point captif ; que sa conduite était volontaire, et plus sage qu'on ne pensait ; qu'il lui en avait assez coûté pour s'attacher de tels amis, et qu'il ne voulait pas s'exposer au reproche de leur avoir manqué de foi.

« J'ai leur parole, ajouta-t-il, qu'après s'être assurés de la nouvelle flotte, ils vont s'éloigner de ces bords. »

Moctezuma était si frappé de cette illusion, que toute la scélératesse du crime dont tu vas frémir, put à peine le détromper. On célébrait l'une de nos fêtes ; et il était d'usage, dans ces solennités, de rendre hommage aux dieux par des danses publiques. La fleur de la jeune noblesse s'y distinguait par sa magnificence ; et Moctezuma, sur la foi de la paix, voulut que ces brigands, qu'il appelait ses hôtes, fussent présents à ce spectacle. Ils étaient en petit nombre, mais ils étaient armés ; et nous étions sans armes comme sans défiance. Qu'on s'imagine voir des lynx, des léopards errants autour d'un pâturage, où bondit un faible troupeau de chevreuils ou de daims paisibles. La soif du sang qui les dévore, s'irrite sourdement au fond de leurs entrailles ; ils approchent sans bruit, dissimulant leur rage ; mais leurs regards avides la décèlent ; et tout-à-coup, s'y abandonnant, ils s'élancent sur le troupeau, dont ils font un carnage horrible. Tels on voyait les castillans témoins de nos paisibles jeux, nous entourer, nous observer avec des yeux où l'avarice étincelait comme une fièvre ardente. L'or, les perles, les diamants dont nous étions parés, viles richesses qu'ils adorent, allumèrent en eux cette ardeur furieuse pour laquelle rien n'est sacré. Éperdus, forcenés, se donnant l'un à l'autre le signal du meurtre et de la rapine, ils tirent le glaive ; et fondant sur les Indiens, ils égorgent tout ce que la frayeur, l'épouvante et la fuite ne dérobent pas à leurs coups. Maîtres de ce champ de carnage, on les voyait dépouiller leur proie, et s'applaudir de leur butin, aussi peu sensibles aux plaintes des mourants, que le sont les bêtes féroces au cri des animaux tremblants qu'elles déchirent, et dont elles boivent le sang.

Après ce crime atroce, il fallait, ou périr, ou nous délivrer de ces traîtres. Moctezuma eut beau colorer la noirceur de leur attentat ; on ne l'écouta plus : l'emportement du peuple et sa fureur étaient au comble. Il vint au palais de mon père le supplier de prendre sa défense, et de l'aider à délivrer son roi.

Ô mon père ! Si la valeur, la prudence, la fermeté avaient pu sauver ta patrie, qui mieux que toi, eût mérité d'en être le libérateur ? Sous lui le trouble et le tumulte font place à l'ordre et au conseil. À la tête du peuple, il force l'ennemi à se retirer dans l'enceinte du palais qui lui sert d'asile, le réduit à ne plus paraître, et l'assiège de toutes parts. Alors on nous annonce le retour de Cortés.

Chapitre IX

Cet heureux brigand, délivré d'un rival qui venait lui disputer sa proie, avait tiré de nouvelles forces du parti opposé au sien. Plus fier que jamais, il arrive, il s'avance ; un silence morne l'étonne en entrant dans nos murs. Il pénètre avec défiance jusqu'aux portes de son palais, et s'y enferme avec ses compagnons.

Mon père les suivait des yeux ; il entendit leurs cris de joie.

« *Demain, dit-il, demain, si le ciel nous seconde, nous changerons ces cris en des cris de douleur.* »

En effet, dès le jour suivant, tout le peuple fut sous les armes, et mon père ordonna l'assaut. Inca, ce moment fut terrible. S'il ne nous eût fallu franchir que des murs hérissés de lances et d'épées, ce péril ne serait pas digne d'être rappelé ; mais peins-toi un mur de feu, un rempart foudroyant, d'où partaient sans cesse, à travers des tourbillons de fumée et de flamme, une grêle homicide et d'horribles tonnerres, dont tous les coups étaient marqués par un vide affreux dans nos rangs. Ce vide était rempli ; nos Indiens, couverts du sang de leurs amis, qui rejaillissait autour d'eux, marchaient sur des monceaux de morts. C'était le courage effréné de la haine, de la vengeance et du désespoir réunis. On travaillait obstinément à briser les murs et les portes ; on se faisait, avec des lances, des échelons pour s'élever ; les Indiens blessés servaient, en expirant, de degrés à leurs compagnons, pour atteindre au haut des murailles ; le trouble, l'effroi, l'épouvante régnaient au-dedans, la fureur au-dehors.

C'en était fait, si le soleil, en nous dérobant sa lumière, n'eût pas terminé le combat.

La nuit, des flèches enflammées embrasèrent les toits de ce palais funeste ; l'horreur de l'incendie en écarta le sommeil ; et tandis qu'au milieu des siens, Cortés travaillait à l'éteindre, nous prîmes un peu de repos. Mais l'aurore du jour suivant nous vit les armes à la main.

L'ennemi sort ; la ville entière devient un champ de bataille. Notre sang l'inonda ; mais nous vîmes aussi, et avec des transports de joie, couler celui des castillans. La nuit fit cesser le carnage. L'ennemi rentra dans ses murs.

Il fallut donner quelques jours aux devoirs de la sépulture ; et l'ennemi les employa à construire des tours mouvantes, pour combattre à l'abri d'une grêle de pierres qu'on lui lançait du haut des toits. Cependant mon père appliquait tous ses soins à éviter, dans le combat, ce désordre qui nous perdait ; à donner à nos mouvements plus d'accord et d'intelligence ; à établir ses postes, disposer ses attaques, ménager pas à pas une retraite à ses troupes, et l'interdire à l'ennemi.

La ville, bâtie au milieu d'un lac, était coupée de canaux, dont les ponts, faciles à rompre, pouvaient laisser après nous de larges fossés à franchir. C'est surtout de cet avantage qu'il voulait qu'on sût profiter.

« *Ô mes enfants, nous disait-il, gardez-vous de cette ardeur aveugle, qui vous ôte la liberté d'agir ensemble et de concert. La foule est toujours faible ; et dans les flots pressés d'un peuple qui charge en tumulte, le nombre nuit à la valeur. Observez dans vos mouvements l'ordre que je vous ai prescrit ; je vous réponds de la victoire. Elle coûtera cher ; mais ce n'est pas ici le moment de nous ménager.*

Il serait indigne de nous de fuir, dans les combats, la mort qui nous attend sous nos toits, dans les bras de nos enfants et de nos femmes. Mais la liberté, la vengeance, la gloire d'avoir bien servi votre patrie et votre roi, vous ne les trouverez qu'avec moi, au milieu de vos ennemis terrassés. »

Enfin, du palais de Cortés, on vit sortir ces tours pleines d'hommes armés, que traînaient de fiers quadrupèdes, et dont la cime chancelante lançait de rapides feux. Mais des pierres énormes, tombant du haut des toits, les eurent bientôt fracassées. On combattit à découvert, sans trouble et sans confusion. Le meurtre était affreux, mais tranquille. À travers l'incendie de nos palais, où l'ennemi portait la flamme, la fureur marchait en silence ; la mort s'avançait à pas lents. Chaque tranchée était un poste, attaqué, défendu avec acharnement.

L'avantage des armes, de ces armes terribles qui sont l'image de la foudre, était le seul qu'eût l'ennemi sur nous ; mais quel nombre, ou quelle valeur peut compenser cet avantage ? Ce fut ce qui rendit douteux le succès d'un combat si long et si sanglant. L'ennemi nous céda la place, mais plutôt lassé que vaincu.

Mon père, en nous montrant parmi les morts quarante de ces furieux, nous faisait espérer d'exterminer le reste.

« *Encore deux combats comme celui-ci, nous disait-il, et le Mexique est délivré.* »

Le peuple regardait d'un œil avide les castillans étendus à ses pieds. « *Ils ne sont pas immortels.* » disait-il, en comptant leurs blessures. Chacun s'attribuait la gloire d'avoir porté l'un de ces coups.

Encouragé par ce spectacle, on attendit avec impatience l'assaut remis au lendemain. Il fut tel que les assièges ne pouvaient plus le soutenir. On approchait des murs ; on allait bientôt les franchir, et gagner la première enceinte. Cortés alors, désespère, força Moctezuma à paraître, pour nous ordonner de cesser. Moctezuma se montre, et, du haut des murailles il fait signe de l'écouter.

Sa présence suspend l'assaut. Le peuple, saisi de respect, se prosterne, et prête silence. Le monarque éleva la voix : il remercia ses sujets d'avoir tenté sa délivrance ; mais il leur dit qu'il était libre, et au milieu de ses amis.

« *Du reste, ils consentent, dit-il, à se retirer dès demain, pourvu qu'à l'instant même l'on mette bas les armes, et que, pour signe de la paix, on cesse toute hostilité. Je le veux, je vous le commande. Obéissez à votre Roi.* »

La multitude, à cette voix, était incertaine et flottante. Mon père la détermina.

« *Si tu es libre, grand Roi, dit-il à Moctezuma, sors de ta prison, et viens régner sur nous. Jusque-là nous n'écoutons point un malheureux prince, qu'on force à se trahir lui-même.*

Non, peuple, ce n'est pas votre roi qui vous parle ; c'est un captif que l'on menace, et qui subit la loi de la nécessité.

Sa bouche demande la paix ; son cœur implore la vengeance.

Vengez-le donc, sans écouter ce que lui dictent ses tyrans. »

À ces mots l'assaut recommence. On crie au roi de s'éloigner. L'ennemi l'arrête, et l'expose à nos coups. Mon père, qui tremble pour lui, veut détourner l'attaque … Il n'est plus temps. Une pierre fatale a frappé Moctezuma. Il chancelle, et tombe expirant dans les bras de ses ennemis.

En le voyant tomber, le peuple jette un cri de douleur, s'épouvante et s'enfuit, comme chargé d'un parricide. Bientôt l'ennemi nous renvoie son corps pâle et défiguré. Une multitude éplorée accourt, s'empresse, l'environne, et détestant la main qui l'a frappé, remplit l'air de ses hurlements, et baigne son roi de ses larmes.

Les caciques s'assemblent, et mon père est élu pour succéder à Moctezuma. Alors un nouveau plan d'attaque et de défense achève de déconcerter et d'effrayer nos ennemis.

Mon père, aux assauts meurtriers, préféra les lenteurs d'un siège. Dans une enceinte inaccessible au feu des Espagnols, il les fit entourer de tranchées et de remparts. Les travaux avançaient. Cortés s'en épouvante ; et il médite sa retraite.

C'était le moment décisif. Il lui fallait, pour s'échapper, repasser sur l'une des digues dont le lac était traversé ; et mon père, ayant bien prévu que Cortés choisirait les ombres de la nuit pour favoriser son passage, fit rompre les ponts de la digue, la borda d'une multitude de canots remplis d'Indiens, habiles à tirer de l'arc et de la fronde ; et à la tête de ses caciques, il voulut lui-même charger la colonne des ennemis. Tout fut exécuté, mais avec trop d'ardeur. Des canots on voulut s'élancer sur la digue. Cette imprudence coûta la vie à une foule d'Indiens.

Deux cents des soldats de Cortés et mille de ses alliés tombèrent sous nos coups ; un pont volant sauva le reste ; et quand le jour vint éclairer le carnage de la nuit, on trouva ceux des castillans dont la mort nous avait vengés ; on les trouva chargés de l'or qu'ils étaient venus nous ravir, et dont le poids les avait accablés. Ainsi l'or une fois fut utile à notre défense.

Dans ce combat, où le lac du Mexique avait été rougi de sang, mon père avait reçu deux blessures mortelles. À son heure dernière il m'appela, et il me dit :

« *Mon fils, tu vois le fruit d'un mauvais règne. Ces brigands reviendront plus forts, secondés de ces mêmes peuples que Moctezuma a fait gémir.*

Hélas ! Je prévois, en mourant, la ruine de ma patrie, moins malheureux de ne pas lui survivre, et d'avoir fait, jusqu'au dernier soupir, ce que j'ai pu pour la sauver.

Défends-la comme moi, défends-la même sans espérance ; et sois le dernier à combattre sur ses débris. »

À ces mots, je me sentis presser entre ses bras ; et de ses lèvres éteintes m'ayant donné le baiser paternel, il expira.

Ce souvenir cruel et tendre émut si vivement le héros Mexicain, que sa voix en fut étouffée ; et les incas, les yeux attachés sur un fils si vertueux et si sensible, attendirent en silence que son cœur se fût soulagé.

Chapitre X

Pour succéder à mon vertueux père, reprit Orozimbo, le choix des caciques tomba sur le jeune Guatimozin, son neveu, mon ami, le plus vaillant des hommes. Hélas ! Il se montra bien digne de ce choix ; mais le sort trahit son courage.

Cortés revint au bord du lac avec des forces redoutables. À mille castillans sa fortune avait joint plus de cent mille auxiliaires : telle était l'ardeur de nos peuples à voler au-devant du joug. L'épouvante se répandit dans toutes les villes voisines. Les unes se rangèrent du côté de Cortés, et prirent les armes pour lui ; d'autres se trouvèrent désertes ; et leurs habitants éperdus, ou se sauvèrent dans nos murs, ou s'enfuirent vers les montagnes.

Dans peu, sur le lac du Mexique, nous vîmes lancer une flotte semblable à celle qui, sur nos bords, avait apporté ces brigands. La multitude de nos canots eut beau l'environner et l'assaillir de toutes parts ; brisés, engloutis par le choc de ces barques énormes, ils faisaient périr avec eux les Mexicains dons ils étaient chargés.

Le génie et l'activité de notre jeune roi firent des efforts inouïs, pour suppléer à l'avantage que les barques des ennemis avaient sur nos frêles canots. Son ardeur, son intelligence se signalèrent encore plus à la défense de nos digues. Dans les travaux, dans les dangers, partout et sans cesse présent, il était l'âme de son peuple. Le feu de son courage enflammait tous les cœurs. Les obstacles qu'il opposa aux approches des castillans, lassèrent enfin leur constance. Effrayés des travaux et des périls d'un long siège, ils nous proposèrent la paix. Tout le peuple la demandait ; le roi y consentait lui-même ; la famine qui nous pressait y disposait tous les esprits ; les prêtres, au nom de leurs dieux, furent les seuls qui s'y opposèrent. Ils avaient abattu l'âme de Moctezuma ; ils flattèrent imprudemment l'audace de Guatimozin. Une ombre de péril les avait d'abord consternés, une apparence de succès les rendit aussi arrogants qu'ils avaient été lâches.

Sur la foi d'un oracle, nous refusâmes la paix. Crédulité fatale ! Un dieu plus fort que tous nos dieux, démentit leur vaine promesse. Il fit descendre des montagnes les peuples les plus indomptés ; il changea leur féroce orgueil en un zèle ardent et docile ; et Cortés n'eut pas plutôt vu grossir son camp de leurs fiers bataillons, qu'il résolut de nous livrer l'assaut.

Le passage sur les trois digues fut ouvert, malgré les efforts d'un courage déterminé. L'ennemi pénétra jusque dans nos murs, s'y établit parmi des ruines. Il s'avança, précédé du carnage que faisaient devant lui ses foudroyantes armes ; et, par trois routes opposées, parvenu enfin jusqu'au centre de cette ville, où, depuis trois jours, régnaient l'épouvante et la mort...

À ces mots il s'interrompit par un frémissement de rage. « *Ô souvenir affreux !* » s'écria-t-il ; et ses yeux semblaient indignés de voir encore la lumière. L'inca tâchait de le calmer.

Ah ! reprit le malheureux prince, tu vas juger toi-même si ma douleur est juste ! Je combattais près de mon roi ; j'avais quitté le palais de mes pères ; et dans ce palais assiégé, j'avais abandonné ma sœur, une sœur adorée, à qui moi-même j'étais plus cher que la lumière du jour. Pour sa garde et pour sa défense, j'avais laissé, à la tête de quelques Indiens, le brave Télasco, le fidèle ami de mon cœur, celui de tous les hommes que j'ai le plus aimé, à qui ma sœur était promise.

Ce digne ami se défendait avec tout le courage de l'amour et du désespoir ; il l'inspirait à ses soldats ; chacun d'eux semblait, comme lui, protéger les jours d'une amante. Aucune de leurs flèches ne partait en vain ; le vestibule du palais était inondé de sang ; la mort en défendait l'approche.

Mais des palais voisins, que l'ennemi avait embrasés, l'incendie atteint celui-ci. Les assièges y sont enveloppés d'un tourbillon de fumée ; la flamme perce à travers ce nuage ; elle s'attache aux lambris de cèdre, et s'y répand à flots pressés.

Le péril de ma sœur occupe seul mon ami ; il la cherche au milieu de l'embrasement ; et dans ce palais solitaire, dont ses soldats, de tous côtés, défendent l'enceinte, il appelé, avec des cris perçants, sa chère Amazili. Il la trouve éperdue, courant échevelée, et le cherchant pour l'embrasser, avant de périr dans les feux.

« *Ô chère moitié de mon âme ! lui dit-il, en la saisissant, et en la serrant dans ses bras, il faut mourir, ou être esclaves. Choisis : nous n'avons qu'un instant.*

— Il *faut mourir, lui répondit ma sœur.* »

Aussitôt il tire une flèche de son carquois, pour se percer le cœur.

« *Arrête ! lui dit-elle, arrête ! Commence par moi : je me défie de ma main, et je veux mourir de la tienne.* »

À ces mots, tombant dans ses bras, et approchant sa bouche de celle de son amant, pour y laisser son dernier soupir, elle lui découvre son sein. Ah ! Quel mortel, dans ce moment, n'eût pas manqué de courage ! Mon ami tremblant la regarde, et rencontre des yeux dont la langueur eût désarmé le dieu du mal. Il détourne les siens, et relève le bras sur elle ; son bras tremblant retombe sans frapper. Trois fois son amante l'implore, et trois fois sa main se refuse à percer ce cœur dont il est adoré. Ce combat lui donne le temps de changer de résolution.

« *Non, non, dit-il, je ne puis achever.*

— *Et ne vois-tu pas, lui dit-elle, les flammes qui nous environnent, et devant nous l'esclavage et la honte, si nous ne savons pas mourir ?*

— *Je vois aussi, dit-il, la liberté, la gloire, si nous pouvons nous échapper.* »

Alors appelant ses soldats :

« *Amis, leur dit-il, suivez-moi ; je vais vous ouvrir un passage.* »

Il fait environner ma sœur, commande que les portes du palais soient ouvertes, et s'élance à travers la foule des ennemis épouvantés.

Celui qui m'a peint ce combat en frémissait lui-même. Un énorme rocher, qui se détache et roule du haut des monts au sein des mers, chasse les vagues mugissantes, et s'ouvre à grand bruit un abîme à travers les flots courroucés. Tel, en sortant du palais de mon père, se présenta le formidable Télasco. Les flots d'ennemis qu'il avait écartés, en retombant sur lui, allaient l'accabler sous le nombre. Il les repousse encore ; une lourde massue, qu'il fait voler autour de lui, brise les lances et les glaives, et, comme un tourbillon rapide, renverse tout ce qu'elle atteint. Au milieu d'un rempart de morts, mon ami, couvert de blessures, et le corps sillonné de ruisseaux de sang, se défend et combat jusqu'à l'épuisement du peu de forces qui lui restent. Enfin, ses bras laissent tomber la massue et le bouclier ; bientôt il chancelle, il succombe… Il respirait encore.

Il fut pris vivant ; et ma sœur suivit le sort de mon ami. Est-il mort ? A-t-elle eu la force et le malheur de lui survivre ? C'est ce que je n'ai pu savoir. Peut-être, ô ciel ! Dans ce moment, il gémit sous les coups d'un maître inflexible. Ma sœur, peut-être… Ah ! Loin de moi cette épouvantable pensée : elle rallume en vain toute ma rage, et fait le tourment de mon cœur.

L'inca, qui lui voyait étouffer ses soupirs et dévorer ses larmes, le pressait d'interrompre ce récit désolant. Non, dit le cacique, achevons ; puisque j'ai pu survivre à mes malheurs, je dois avoir la force d'en soutenir l'image.

Tous nos postes forcés livraient la ville en proie à nos vainqueurs. Le roi n'avait plus pour asile que son palais, où sa noblesse lui offrait de s'ensevelir. Il voulut, dans l'espoir de rallier sur les montagnes les Indiens que la frayeur et la fuite avaient dispersés, il voulut s'échapper lui-même, pour revenir assiéger à son tour, et accabler nos ennemis. Il traversait le lac ; et pour favoriser sa fuite, nos canots occupaient la flotte de Cortés par un combat désespéré. Monarque infortuné !

Tout le sang prodigué pour lui ne put le sauver : il fut pris… C'est encore ici que mon courage m'abandonne. Alors un délire stupide se saisissant d'Orozimbo, sa langue parut se glacer, sa bouche entr'ouverte et ses yeux immobiles marquaient l'épouvante et l'horreur. Sa voix enfin s'ouvre un passage ; il s'écrie : « *Ô Guatimozin ! Ô le plus magnanime, ô le meilleur des rois ! Un brasier, des charbons ardents !…* » C'est sur ce lit qu'ils l'étendirent.

« *Ô barbarie atroce !* » s'écrie à ce récit l'inca, saisi d'horreur.

Attends, dit le cacique, attends ; tu vas mieux les connaître. Tandis que le feu pénétrait jusqu'à la moelle des os, Cortés, d'un œil tranquille, observait les progrès de la douleur ; et il disait au roi :

« *Si tu es las de souffrir, déclare où tu as caché tes trésors.* »

Soit qu'il n'eût rien caché, soit qu'il trouvât honteux de céder à la violence, le héros du Mexique honora sa patrie par sa constance dans les tourments. Il attache un œil indigné sur le tyran, et il lui dit :

« *Homme féroce et sanguinaire, connais-tu pour moi de supplice égal à celui de te voir ?* »

Il ne lui échappa ni plainte, ni prière, ni aucun mot qui implorât une humiliante pitié.

Sur le brasier était aussi un fidèle ami de ce prince. Cet ami, plus faible, avait peine à résister à la douleur ; et prêt à succomber, il tournait vers son maître des regards plaintifs et touchants.

« Et moi, lui dit Guatimozin, suis-je sur un lit de roses ? ».

Ces paroles étouffèrent le soupir au fond de son cœur.

Tu frémis, Inca ; ce n'est rien que tout ce que tu viens d'entendre. Tu n'as vu ces brigands que dans l'ardeur du carnage. Pour en juger, il faut les voir au sein de la paix, au milieu des peuples qu'ils ont désarmés, dont les uns vont au-devant d'eux avec une joie ingénue, et les autres d'un air timide et suppliant ; qui leur présentent de plein gré ce qu'ils ont de plus précieux ; qui s'empressent à les servir, à les loger dans leurs cabanes ; qui supportent pour eux les travaux les plus rudes ; qui courbent le dos sans se plaindre sous le faix dont ils les accablent, sous les coups dont ils les meurtrissent ; qui se laissent flétrir, avec un fer brûlant, des marques de la servitude ; c'est là que s'est montrée la cruauté des castillans. Tout ce que tu peux concevoir des excès de la tyrannie et des rigueurs de l'esclavage, n'approche pas encore des maux que ces hommes dénaturés font souffrir aux plus doux des hommes.

Ceux-ci, épouvantés par le supplice de leur roi, par le saccagement de leur ville et de leurs campagnes, ne s'occupaient qu'à fléchir les vainqueurs ; ils opposaient la douceur des agneaux à la férocité des tigres ; leurs caresses, leurs larmes, l'abandon volontaire du peu de bien qu'ils possédaient, une obéissance muette, une aveugle soumission, le dernier et le plus pénible de tous les sacrifices que l'homme puisse faire à l'homme, celui de sa liberté, rien n'adoucit ces cœurs farouches. Si leurs esclaves surchargés, dans une longue et pénible route, osent gémir sous le fardeau, un châtiment soudain leur impose silence ; et s'ils succombent sous l'excès du travail et de la misère, un bras impitoyable achève de leur arracher le dernier soupir.

« Cruels ! disent ces innocents, que vous avons-nous fait ?

Notre vie n'est employée qu'à vous servir ; pourquoi nous l'arracher ?

Epargnez du moins nos enfants et nos femmes. »

Les monstres sont sourds à ces plaintes. *De l'or, de l'or*, c'est leur cri de rage : on ne peut les en assouvir. Un peuple en vain se hâte d'apporter à leurs pieds le peu qu'il a de ce métal funeste. Ce n'est jamais assez ; et tandis qu'à genoux, les mains au ciel, les yeux en pleurs, il proteste qu'il n'en a plus, on l'enchaîne, on le livre à d'horribles tourments, pour l'obliger à découvrir ce qu'il peut en avoir encore. Leur avarice a inventé des tortures inconcevables et des supplices inouïs. Ingénieuse à compliquer et à prolonger les douleurs, elle donne à la mort mille formes horribles, que la mort ne connaissait pas.

Mais ce qui révolte le plus de leur atrocité, c'est sa froideur tranquille. La nature est muette dans ces cœurs endurcis. Autour des bûchers, où la flamme dévore une famille entière, au milieu d'un hameau dont les toits embrasés fondent sur les femmes enceintes, sur les faibles vieillards, sur les enfants à la mamelle, au pied des échafauds où un feu lent consume le fils et la mère, déchirés avant de mourir ; on les voit, ces hommes féroces, on les voit, riants et moqueurs, se réjouir et insulter aux victimes de leur furie.

Inca, ne nous reproche point d'avoir vu tant de maux, sans mourir de douleur, ajouta le cacique, en versant des ruisseaux de larmes, et d'une voix entrecoupée par les sanglots qui l'étouffaient : si nous supportons nos malheurs, si nous vivons, si nous fuyons notre déplorable patrie, c'est pour lui chercher des vengeurs.

« *Ah ! Vous en méritez sans doute, lui dit l'inca, en l'embrassant. Je sens vos maux, je les partage. Si je ne puis les réparer, j'espère au moins les adoucir. Demeurez parmi nous, illustres malheureux, et que ma cour soit votre asile. Hélas ! Si j'en crois des présages qui commencent à s'avérer, le temps approche où j'aurai besoin de votre expérience et de votre courage.*

— *Ah ! s'écrièrent les caciques, la vie est l'unique bien que le destin nous laisse : généreux prince, elle est à toi, et tu peux en être prodigue : sans toi, le désespoir en eût déjà tranché le cours.* »

Chapitre XI

Tandis que la paix, la justice, l'humanité régnaient encore dans ces régions fortunées, sous les lois des fils du soleil ; la tyrannie des castillans s'étendait comme un incendie : la ruine et la solitude en marquaient partout les progrès. Le nord de l'Amérique était dévasté ; le midi commençait à l'être. En vain ce pieux solitaire, cet ami courageux et tendre des malheureux Indiens, Bartolomé de Las-Casas, avait fait retentir le cri de la nature jusqu'au fond de l'âme des rois ; une pitié stérile, une volonté faible de remédier à tant de maux, fut tout ce qu'il obtint.

On fit des lois : ces lois, sans force, ne purent de si loin réprimer la licence ; la cupidité secoua le frein qu'on voulait lui donner ; et sous des rois qui condamnaient l'oppression et l'esclavage, l'indien fut toujours esclave, l'Espagnol toujours oppresseur. Bartolomé, s'humiliant devant l'éternelle sagesse, pleurait au bord de l'Ozama, dans une retraite profonde, l'impuissance de ses efforts.

Cependant l'isthme était en proie au plus inhumain des tyrans. Ce barbare était Davila. Sa cruauté l'avait rendu l'effroi des peuples des montagnes qui joignent les deux Amériques. À travers les rochers, les forêts et les précipices, ses soldats, ses chiens dévorants furent lancés contre les sauvages. Pour les détruire, il n'en coûta que la peine de les poursuivre, et celle de les égorger.

Ainsi fut ouvert le passage de l'océan du nord à la mer Pacifique. Là, de nouveaux bords se découvrent ; et l'ambition des conquêtes y voit un champ vaste à courir. Balboa, digne précurseur du sanguinaire Davila, a déjà voulu pénétrer dans ces régions du midi ; et des flots de sang indien ont inondé les bords où il a tenté de descendre. Après lui, de nouveaux brigands ont risqué de plus longues courses ; mais la constance ou la fortune leur a manqué dans ces travaux.

Il fallait que, pour la ruine de cette partie du nouveau monde, la nature eût formé un homme d'une résolution, d'une intrépidité à l'épreuve de tous les maux ; un homme endurci au travail, à la misère, à la souffrance ; qui sût manquer de tout, et se passer de tout ; s'animer contre les périls, se roidir contre les obstacles, s'affermir encore sous les coups de la plus dure adversité. Cet homme étonnant fut Francisco Pizarro ; et cette force d'âme, que rien ne put dompter, n'était pas sa seule vertu. Ennemi du luxe et du faste, simple et grand, noble et populaire, sévère quand il le fallait, indulgent lorsqu'il pouvait l'être, et modérant, par la douceur d'un commerce libre et facile, la rigueur de la discipline et le poids de l'autorité, prodigue de sa propre vie, attachant un grand prix à celle d'un soldat, libéral, généreux, sensible, il n'avait point pour lui cette cupidité qui déshonorait ses pareils : l'ambition de s'illustrer, la gloire d'avoir entrepris et fait une immense conquête, étaient plus dignes de son cœur. Il vit entasser à ses pieds des monceaux d'or dans des flots de sang ; cet or ne l'éblouit jamais ; il ne se plut qu'à le répandre. Sobre et frugal pendant sa vie, on le trouva pauvre à sa mort. Tel fut l'homme que la fortune avait tiré de l'état le plus vil, pour en faire le conquérant du plus riche empire du monde.

Connu, par sa bravoure, du vice-roi de l'isthme, il en obtint le droit d'aller chercher, par delà l'équateur, des régions nouvelles et de nouveaux trésors. Un seul des vaisseaux qui restaient de la flotte de Balboa, lui suffit pour son entreprise. Il l'arme au port de Panama ; et le bruit s'en répand bientôt jusqu'à l'île espagnole, à cette île fameuse par la conquête de Colomb, et dont on avait fait depuis le siège de la tyrannie.

Au nom de Pizarro, une fière jeunesse demande à s'aller joindre à lui. Leur chef, Alonso de Molina, magnanime et vaillant jeune homme, mais d'un courage trop bouillant et d'un naturel trop sensible, avait gagné, par sa candeur, l'estime et l'amitié du vertueux Las-Casas. Il voulut, avant de partir, l'embrasser, et lui dire adieu.

« *Hé, quoi ! lui dit le solitaire, l'avarice des castillans n'est donc pas encore assouvie ; et vous allez chercher pour eux de nouveaux bords à ravager !*

— *Le ciel m'est témoin, répondit Alonso, que c'est la gloire qui me conduit.*

— *La gloire ! Ah ! reprit l'homme juste, en est-il pour les assassins ? En est-il à tomber sur un troupeau timide d'hommes nus, faibles, désarmés ; à les égorger sans péril, avec une cruauté lâche ? Votre gloire est celle du vautour, lorsqu'il déchire la colombe. Non, mon ami, je vous le dis, la honte et la douleur dans l'âme, rien ne peut effacer l'opprobre dont se couvrent les castillans. Ils trahissent leur dieu, leur prince, leur patrie ; et leur avarice insensée se trompe, en croyant s'assouvir.*

Hélas ! S'ils avaient bien voulu ménager leur conquête, l'Inde serait heureuse, l'Espagne serait opulente ; mais, par l'abus honteux qu'ils font de la victoire, ils auront épuisé l'Espagne et ruiné l'Inde sans fruit.

— *Hé bien, voici, lui dit Alonso, le moment de les éclairer. Je ne connais Francisco Pizarro que par sa renommée ; mais on me l'a peint généreux. Il est digne peut-être, ô mon ami, d'entendre de votre bouche la voix de l'humanité.*

Pourquoi ne demandez-vous pas à le suivre dans sa conquête ? Venez. Vos conseils, votre zèle vous rendront respectable et cher à mes compagnons comme à moi. »

Aux instances d'Alonso, Bartolomé s'émeut ; il sent réveiller dans son cœur son activité bienfaisante ; et l'espoir d'être utile aux hommes ranime son ardeur. Mais la réflexion, la triste prévoyance le découragent de nouveau.

« *Molina, dit-il au jeune homme, vous connaissez mon cœur. Je ne verrai jamais patiemment faire du mal aux Indiens ; je parlerais pour eux sans ménagement et sans crainte ; et vous-même, peut-être, exposé à la haine de ceux que j'aurais offensés, vous vous plaindriez de mon zèle.*

— *Venez, lui dit Alonso ; et ne pensons qu'au bien que votre présence peut faire. Qui sait les crimes et les maux que vous épargnerez au monde ? Et quel reproche ne vous feriez-vous pas, de n'avoir eu qu'à vous montrer, pour sauver des millions d'hommes, et de ne l'avoir pas voulu ?*

— *C'en est assez, lui dit Las-Casas. Je ne vous laisserai pas croire que j'aie renoncé, par faiblesse, à l'espérance d'être utile à ces infortunés. Je vous suivrai.*

Fasse le ciel que Pizarro daigne m'entendre ! »

Ils partent ensemble ; et bientôt le vaisseau qui les a reçus, aborde au rivage de l'isthme. On y débarque à l'embouchure du fleuve Des Lézards ; et pour le remonter, on s'élance sur des canots.

Chacun de ces canots, formé du creux d'un cèdre, porte vingt rameurs Indiens, qu'un farouche Espagnol commande. Mais ces rameurs, animés par les cris d'une jeunesse impatiente, redoublent en vain leurs efforts ; le fleuve leur oppose tant de rapidité, qu'ils ont peine à le vaincre, et ne vont contre le torrent qu'avec une extrême lenteur. Celui qui les commande, semble leur faire un crime de la violence des eaux. Leur corps, ruisselant de sueur, est meurtri de verges sanglantes. Hors d'haleine et presque aux abois, ils souffrent leurs maux sans se plaindre ; seulement des larmes muettes tombent sur leur rame, et se mêlent avec les gouttes de sueur qu'on voit distiller de leur sein ; et quelquefois ils lèvent, sur celui qui les frappe, un regard douloureux et tendre, qui semble implorer sa pitié.

Las-Casas, témoin de tant de barbarie, éprouve le tourment d'un père, qui voit déchirer ses enfants.

« *Cessez, cruels, dit-il, cessez de tourmenter ces malheureux, qui se consument en efforts pour votre service. Voulez-vous les voir expirer ? Ils sont hommes ; ils sont vos frères ; ils sont enfants du même dieu que vous.* »

Alors s'adressant au plus jeune et au plus faible des rameurs :

« *Mon ami, lui dit-il, respirez un moment ; je vais ramer à votre place.* »

Les jeunes Espagnols, touchés de ce spectacle, s'empressèrent tous à l'envi de soulager les Indiens. Ceux-ci tendaient les mains à l'homme bienfaisant qui leur procurait ce relâche, le comblaient de bénédictions, et lui donnaient ce tendre nom de père qu'il avait si bien mérité !

Alors Molina, s'approchant de Las-Casas, lui dit tout bas, avec un mouvement de joie :

« *Hé bien, mon père, vous repentez-vous à présent de nous avoir suivis ?* »

Bartolomé le regarda d'un œil où la tendre compassion et la tristesse étaient peintes, et ne lui répondit que par un profond soupir.

Il est un village, connu sous le nom de Crucès, où le fleuve cesse d'être navigable. Ce fut là qu'obligé de quitter les canots, on suivit, à travers les bois, une longue et pénible route. Mais toute pénible qu'elle est, la fatigue en est adoucie, quand, du haut des coteaux, le regard se promène sur des vallons que la nature se plaît à parer de ses mains ; où la variété des arbres et des fruits, la multitude des oiseaux peints des couleurs les plus brillantes, forment un coup-d'œil enchanteur. Hélas ! Dans ces climats si beaux, tout ce qui respire est heureux ; l'homme opprimé, souffrant et misérable, y gémit seul sous le joug de l'homme, et remplit de ses plaintes les antres solitaires qui le cachent à son tyran.

De montagne en montagne, on s'élève, on parvient jusqu'au sommet qui les domine, et d'où la vue au loin, s'étend vers l'un et l'autre bord, sur l'immense abîme des eaux. Delà se découvrent à la fois, d'un côté l'océan du nord, de l'autre la mer Pacifique, dont la surface, dans le lointain, s'unit avec l'azur du ciel.

« *Compagnons, leur dit Molina, saluons cette mer, cette terre inconnue, où nous allons porter la gloire de nos armes. Si Magellan s'est rendu immortel, pour avoir seulement reconnu ces pays immenses, quelle sera la renommée de ceux qui les auront soumis ?* »

Il descend la montagne, et bientôt, approchant des murs où Davila commande, il lui fait annoncer cent jeunes castillans, qui viennent s'offrir à Pizarro, pour aller chercher avec lui la gloire et les dangers.

Le farouche tyran de l'isthme était plongé dans la douleur. Il venait de perdre son fils unique à la poursuite des sauvages.

« *Soyez les bienvenus, dit-il aux jeunes castillans ; et prenez part à la désolation d'un père, dont ces féroces Indiens ont dévoré le fils. Oui, les cruels l'ont dévoré, ce fils, mon unique espérance. Ah ! Tout leur sang peut-il jamais rassasier ma fureur ? Poursuivez, massacrez cette race impie et funeste.*

S'il en échappe un seul, je ne me croirai point vengé. »

Francisco Pizarro fit un accueil plus doux aux nouveaux compagnons que lui amenait la fortune. Il les reçut sur son vaisseau, avec cet air plein de franchise et d'affabilité qui lui gagnaient les cœurs ; et après les éloges qu'il devait à leur zèle, il leur présenta ses amis.

« *Voilà, dit-il, le généreux Diego de Almagro et le pieux Fernand de Lucques, qui consacrent, à mon exemple, leur fortune à cette entreprise ; Diego de Almagro, assez connu par sa valeur, et Fernand par les dignités qu'il remplit dans le sacerdoce. Près de lui vous voyez Valverde, zèle ministre des autels : c'est lui qui sera parmi nous l'interprète du ciel, l'organe de la foi, l'apôtre de la vérité, chez ces nations idolâtres. Ce guerrier est Salcédo, noble et vaillant jeune homme : c'est à ses mains que l'étendard de la Castille est confié, et c'est lui qui nous conduira dans le chemin de la victoire.*

Vous voyez dans Ruiz un savant pilote, à qui cette mer est connue, et qui le premier a tenté d'en parcourir les écueils, sous l'intrépide Balboa. »

Il leur nomma de même avec éloge Peralte, Ribéra, Séraluze, Aléon, Candie, Oristan, Salamon, et tous ceux qui l'accompagnaient. Alonso lui nomme à son tour les castillans qu'il lui amène, tels que le jeune et beau Mendoce, l'audacieux Alvar, le bouillant et fougueux Penate, et

Valasquès plus froidement superbe, et le magnanime Moscose, et Moralès, qui le premier devait périr en abordant. Infortuné jeune homme ! Tu portais dans tes yeux le courage d'un immortel. Pizarro en connaît un grand nombre ; ou par leur renommée, ou par celle de leurs aïeux. Il leur témoigne à tous combien il est sensible à l'honneur de les commander. Ses regards s'attachent enfin sur l'humble et pieux solitaire qu'il voit à côté d'Alonso.

« *Est-ce encore là, demande-t-il, un messager de la foi, que son zèle engage à nous suivre ?* »

Au nom de Las-Casas, au nom de ce héros de la religion et de l'humanité, que l'Espagne avait honoré du nom de *protecteur de l'Inde*, Pizarro est saisi de respect, et se prosternant devant lui, croit adorer la vertu même.

« *Est-ce vous, lui dit-il, vénérable et pieux mortel, est-ce vous qui venez bénir et partager nos travaux ? Quel présage pour moi de la faveur du ciel, et du succès de mon entreprise !*

— Vaillant et généreux Pizarro, lui répondit le solitaire, le seul témoignage assuré de la faveur du ciel est dans le cœur de l'homme juste. Méritez-la par vos vertus ; et n'enviez point aux méchants des succès dont le ciel s'irrite. La gloire d'être humain, sensible et bienfaisant, sera pure, et d'autant plus belle, que vous aurez peu de rivaux. »

Le conquistador Diego de Almagro, Domingo Mesa, 1873.

Chapitre XII

Le vaisseau, pour mettre à la voile, attendait un vent favorable. On fit des vœux pour l'obtenir.

Le plus auguste de nos mystères fut célébré sur la poupe, par ce même Fernand de Lucques, intéressé avec Diego de Almagro dans les risques de l'entreprise, et comme lui associé dans le partage du butin... Ô superstition ! Ce prêtre sacrilège, pour rendre les autels garants de ses vils intérêts, suspend le divin sacrifice, au moment de le consommer ; et tenant dans ses mains la victime pure et céleste, il se tourne vers l'assistance. Sur son front chauve et sillonné de rides, l'austérité paraît empreinte ; il soulève un sourcil épais dont son œil morne est ombragé ; et d'une voix semblable à celle qui, du creux des autels, prononçait les oracles :

« *Venez, Pizarro, et vous Almagro, venez,* dit-il, *sceller du sang d'un dieu notre illustre et sainte alliance.* »

Alors rompant l'hostie en trois, il s'en réserve une partie, et en donnant une à chacun de ses associés interdits et tremblants :

« *Ainsi,* dit-il, *soit partagée la dépouille des Indiens.* »

Tel fut leur serment mutuel, tel fut le pacte de l'avarice. Bartolomé en fut épouvanté.

Le même jour on tint conseil ; et là, on entendit Pizarro exposer son plan, ses moyens, ses mesures et ses ressources. Fernand de Lucques, chargé du soin de pourvoir aux besoins de la flotte, devait rester à Panama, tandis qu'Almagro voyagerait sans cesse du port de l'isthme aux bords où l'on allait descendre, et y amènerait les secours : rien n'avait été négligé ; et la prudence de Francisco Pizarro, en prévoyant tous les obstacles, semblait les avoir aplanis : tel fut l'éloge unanime qu'elle reçut dans le conseil.

Mais Las-Casas, qui, dans ce plan, voyait les Indiens vassaux des castillans, ou plutôt leurs esclaves, destinés aux plus durs travaux, ne put renfermer sa douleur. Il demande à parler ; on lui prête silence ; et, la tristesse dans les yeux :

« *J'entends, dit-il, qu'on se propose de distribuer les Indiens comme de vils troupeaux. On l'a fait dans les îles ; les îles ne sont plus que d'effrayantes solitudes. Des millions d'infortunés ont péri sous le joug. Suivrez-vous cet exemple, et ferez-vous périr de même les peuples de ces bords ?* »

Chacun s'empressa de répondre, qu'on les ménagerait.

« *Il n'en est qu'un moyen, continua le solitaire : c'est de ne laisser à personne le pouvoir de les opprimer. Qu'ils soient sujets, mais sujets libres. Le même roi, la même loi, et, comme je l'espère, le même dieu que nous ; mais jamais d'autre dépendance : voilà leur droit, que je réclame au nom de la nature, et à la face du ciel.*

— *Vertueux Las-Casas, lui répondit Pizarro, vos vœux et les miens sont d'accord. Faire adorer mon dieu, faire obéir mon roi, imposer à ces peuples un tribut modéré, établir entre eux et l'Espagne un commerce utile pour eux, autant qu'avantageux pour elle ; voilà ce que je me propose. Fasse le ciel, que, sans user de contrainte et de violence, je puisse l'obtenir !*

— *Je vous en suis garant, reprit vivement Las-Casas. Mais Pizarro, promettez-moi que, si ces peuples sont dociles, s'ils souscrivent à des lois justes, s'ils ne demandent qu'à s'instruire, ils seront libres comme nous ; que leurs jours, leurs biens, leur repos, seront protégés par vos armes ; que l'honnêteté, la pudeur, la timide et faible innocence, auront en vous un défenseur, un vengeur.*

— *Je vous le promets.*

— *Que vous ne souffrirez jamais qu'on les arrache à leur patrie, qu'on les condamne à des travaux, qu'on exige d'eux, par la crainte, la menace et les châtiments, au-delà du tribut imposé par vous-même.*

— *Telle est ma résolution.*

— *Hé bien, jurez-le donc au dieu que vous avez reçu, et que tous vos amis le jurent.* »

À ce discours un bruit confus se répandit dans l'assemblée ; et Fernand de Lucques prenant la parole :

« Quoi, dit-il à Bartolomé, jurer à dieu de ménager des barbares qui le blasphèment, qui brûlent devant les idoles un encens qui n'est dû qu'à lui ! Jurons plutôt de les exterminer, s'ils osent défendre leurs temples, et s'ils refusent d'adorer le dieu que nous leur annonçons.

L'Amérique nous appartient au même titre que Canaan appartenait aux hébreux : le droit du glaive qu'ils avaient sur l'idolâtre Amalécite, nous l'avons sur des infidèles, plus aveuglés, plus abrutis dans leurs détestables erreurs. Ils se plaignent qu'on leur impose un trop rigoureux esclavage ; mais eux-mêmes sont-ils plus doux, plus humains envers leurs captifs ? Sur des autels rougis de sang, ils leur déchirent les entrailles ; ils se partagent, par lambeaux, leurs membres encore palpitants ; ils les dévorent, les barbares ; ils en sont les vivants tombeaux. Et c'est pour cette race impie qu'on parle avec tant de chaleur !

Si les châtiments les effraient, qu'ils cessent de nous dérober cet or stérile dans leurs mains, et qui nous a déjà coûté tant de périls et de fatigues. Quoi ! N'avez-vous franchi les mers, n'avez-vous bravé les tempêtes, et cherché ce malheureux monde à travers tant d'écueils, que pour abandonner l'unique fruit de vos travaux, vous en retourner les mains vides, et ne rapporter en Espagne que la honte et la pauvreté ? L'or est un don de la nature.

Inutile à ces peuples, il nous est nécessaire.

C'est donc à nous qu'il appartient ; et leur malice, opiniâtre à le cacher, à l'enfouir, les rendrait seule assez coupables pour justifier nos rigueurs. Quant à leur esclavage, il est la pénitence des crimes dont les a souillés un culte impie et sanguinaire. Ce ne sont pas les creux des mines, où ils sont enfermés vivants, que l'on doit redouter pour eux. Ils méritent d'autres ténèbres que celles de ces noirs cachots ; et pourvu qu'ils y meurent résignés et contrits, ils béniront un jour les mains qui les auront chargés des chaînes. »

Ainsi parla Fernand de Lucques. Las-Casas, qui, d'un œil immobile d'horreur, le regardait et l'écoutait, lui répondit :

« Prêtre d'un dieu de paix, vos lèvres, où ce dieu reposait tout-à-l'heure, ont-elles proféré ce que je viens d'entendre ? Est-ce du haut du bois arrosé de son sang, où, s'immolant pour tous les hommes, sa bouche expirante implorait la grâce de ses ennemis, est-ce du haut de cette croix qu'il vous a dicté ce langage ?

Vous, chrétien, vous parlez d'exterminer un peuple qui ne vous a fait aucun mal ! S'il vous en avait fait, votre religion vous dirait encore de l'aimer. Vous vous comparez aux hébreux, et ce peuple aux amalécites !

Laissez, laissez là ces exemples, dont on n'a que trop abusé. Si dieu, dans ses conseils, a jamais dérogé aux saintes lois de la nature, il a parlé, il a donné un décret formel, authentique, dans toute la solennité que sa volonté doit avoir, pour forcer l'homme à lui obéir plutôt qu'à la voix de son cœur ; et ce décret n'a pu s'étendre au-delà des termes précis où lui-même il l'a renfermé : l'ordre accompli, la loi qu'il avait suspendue, a repris son cours éternel. Dieu parlait aux israélites ; mais dieu ne vous a point parlé. Tenez-vous-en donc à la loi qu'il a donnée à tous les hommes : « aimez-moi, aimez vos semblables » : voilà sa loi, Fernand. Sont-ce là vos tortures ? Et vos chaînes ? Et vos bûchers ?

Les Indiens, sans doute, ont exercé entre eux des cruautés bien condamnables ; mais, fussent-ils plus inhumains, est-ce à vous de les imiter ? Leur malheur, hélas ! est de croire à des dieux sanguinaires. Si, au-lieu du tigre, ils voyaient sur leurs autels l'agneau sans tache, ils seraient doux comme l'agneau. Et qui de nous peut dire, qu'élevé dès l'enfance dans le sein des mêmes erreurs, l'exemple de ses pères, les lois de son pays n'auraient pas tenu sa raison captive sous le même joug ? Plaignez donc, sans les condamner, ces esclaves de l'habitude, ces victimes du préjugé. Cependant, dites-moi s'ils sont partout les mêmes ; et quel mal avaient fait les peuples de l'espagnole et de Cuba ? Rien de plus doux, de plus tranquille, de plus innocent que ces peuples. Toute leur vie était une paisible enfance ; ils n'avaient pas même des flèches pour blesser les oiseaux de l'air. Les en a-t-on plus épargnés ? C'est là que j'ai vu des brigands, sans motifs, sans remords, massacrer les enfants, égorger les vieillards, se saisir des femmes enceintes, leur déchirer les flancs, en arracher le fruit...

Ô religion sainte, voilà donc tes ministres ! Ô dieu de la nature, voilà donc tes vengeurs ! Enfermer un peuple vivant dans les rochers où germe l'or ; l'y faire périr de misère, de fatigue et d'épuisement, pour accumuler vos richesses, et pour engendrer sur la terre tous les vices, enfants du luxe, de l'orgueil, de l'oisiveté :

Ô Fernand ! C'est la pénitence que vous imposez à ces peuples ! Ecartez ce masque hypocrite, qui vous gêne sans nous tromper. Vous servez un dieu ; mais ce dieu, c'est l'impitoyable avarice.

C'est elle qui, par votre bouche, outrage ici l'humanité, et veut rendre le ciel complice des fureurs qu'elle inspire, et des maux qu'elle fait. »

Fernand, qui, pendant ce discours, n'avait cessé de frémir, et de rouler sur l'assemblée des yeux étincelants, se levait pour répondre.

Pizarro le retint. Mais Valverde parla, et prit le ton paisible d'un sage conciliateur. Cet homme, le plus noir, le plus dissimulé que l'Espagne eût produit, pour le malheur du nouveau monde, portait dans son cœur tous les vices ; mais il les couvait sourdement ; et le masque de l'hypocrisie, qu'il ne quittait jamais, en imposait à tous les yeux.

« Bartolomé, dit-il, ne consultons ici que les intérêts de dieu même : car l'homme n'est rien devant lui. Ces peuples sont ses ennemis, et ses ennemis éternels, s'ils meurent dans l'idolâtrie : vous ne le désavouerez pas. Comment donc celui qui demain sera l'objet de sa colère, peut-il être aujourd'hui l'objet de mon amour ?

Qu'ils se fassent chrétiens ; la charité nous lie. Mais jusque-là dieu les exclut du nombre de ses enfants. C'est à ce titre, d'ennemis des gentils et des infidèles, et de conquérants pour la foi, que ce monde nous appartient.

Le souverain pontife en a fait le partage, et il l'a fait du plein pouvoir de celui de qui tout dépend. Mais, quelles que soient les richesses que profanent les Indiens, quelque abus même qu'ils en fassent, le droit d'en dépouiller les temples et les autels de leurs idoles, pour en faire un plus digne usage, n'est pas ce qui doit nous toucher. Oublions ces fragiles biens ; ne pensons qu'au salut des âmes.

Il s'agit de gagner, ou de laisser périr celles de tous ces malheureux. Voulez-vous les abandonner, ou les retirer de l'abîme ? Pour les sauver, à dieu ne plaise que je veuille que l'on préfère les moyens les plus violents.

Dans les îles, peut-être, on a été trop loin ; on n'a pas assez modéré la première ferveur du zèle ; et s'il est un moyen plus doux de captiver les Indiens, qu'un esclavage salutaire, comme vous je demande qu'on daigne l'essayer. Mais si l'on se voit obligé de faire à des esprits rebelles une heureuse nécessité de subir le joug de la foi, vaut-il mieux les abandonner, que d'employer à les réduire une utile et sainte rigueur ? C'est ce que je ne puis penser.

Attendons que les circonstances nous éclairent et nous décident, sans renoncer au droit divin de commander et de contraindre, mais avec la ferme assurance de ne jamais en abuser.

Voilà, je crois, ce que le zèle, d'accord avec l'humanité, conseille à des héros chrétiens. »

L'assemblée était satisfaite du parti modéré que proposait Valverde ; mais Las-Casas ne vit en lui qu'un fourbe adroit et dangereux.

« De toutes les superstitions, dit-il, la plus funeste au monde, est celle qui fait voir à l'homme, dans ceux qui n'ont pas sa croyance, autant d'ennemis de son dieu : car elle étouffe dans les cœurs tout sentiment d'humanité ; et Valverde a raison : Comment peut-on aimer l'éternel objet des vengeances et de la haine de son dieu ?

De là ce barbare mépris qu'on a conçu pour les sauvages, et souvent cette joie atroce qu'on ressent à les opprimer.

Ah ! Loin de nous cette pensée, que dieu, tant que l'homme respire, puisse le haïr un moment.

Ces Indiens sont, comme vous, l'ouvrage de ses mains ; il aime son ouvrage ; il les a faits pour être heureux. Toujours le même, il veut encore ce qu'il voulut en les créant ; et infini dans sa puissance comme dans sa bonté, il a mille moyens qui nous sont inconnus, d'attirer à lui ses enfants.

Le lien fraternel n'est donc jamais rompu : la charité, l'égalité, le droit naturel et sacré de la liberté, tout subsiste ; et d'accord avec la nature, la foi, d'un bout du monde à l'autre, ne présente aux yeux du chrétien que des frères et des amis. Mais, dites-vous, si l'esclavage est le seul moyen d'engager, de retenir les Indiens sous le joug de la foi ! ... Juste ciel ! L'esclavage !

La honte et le scandale de la religion, est le seul moyen de l'étendre ! Ah ! C'est lui qui la déshonore, qui la rend odieuse, et qui la détruirait, si l'enfer pouvait la détruire. Il fut cruel chez tous les peuples ; il est atroce parmi nous. Vous le savez ; vous avez vu le fils arraché à son père, la femme à son époux, la mère à ses enfants ; vous avez vu jeter dans le fond d'un vaisseau des troupeaux d'hommes enchaînés, y croupir entassés, consumés par la faim ; vous avez vu ceux qui sortaient de cet exécrable tombeau, pâles, abattus de faiblesse, aussitôt condamnés aux travaux les plus accablants.

Et c'est là, dit-on, le moyen de gagner les esprits ! En a-t-on tenté d'autres ? A-t-on daigné les éclairer ? A-t-on pris soin de les instruire ? Veut-on même qu'ils soient instruits ?

On veut qu'ils vivent, et qu'ils meurent comme des animaux stupides. Pour les persuader il eût fallu vivre avec eux, souffrir leur indocilité, l'apprivoiser par la douceur, l'attirer par la confiance, et la vaincre par les bienfaits. C'est l'exemple qui prouve ; et le plus digne apôtre de la religion, c'est la vertu. Soyez bons, soyez justes ; vous serez écoutés. Je connais bien ce nouveau monde ! Interrogez ceux dont le zèle portait le flambeau de la foi dans ces régions désolées, où l'on a commis tant de maux.

Demandez-leur quel doux empire a sur l'âme des Indiens la raison, l'équité, la vertu bienfaisante, la consolante vérité ? Demandez-leur s'il fut jamais de peuple moins jaloux de ses opinions, plus empressé d'ouvrir les yeux à la lumière, plus facile à persuader ? Mais au moment qu'on leur prêchait un dieu clément et débonnaire, ils voyaient arriver des ravisseurs perfides, et d'infâmes déprédateurs, qui, au nom de ce même dieu, les dépouillaient, les enchaînaient, leur faisaient souffrir mille outrages.

Pouvaient-ils ne pas accuser de fourberie et d'imposture ceux qui leur annonçaient la douceur de sa loi ? Ce que je dis là, je l'ai vu, je l'ai vu : ce n'est pas devant moi qu'il faut calomnier ces peuples.

Mais fussent-ils opiniâtres et obstinés dans leurs erreurs, est-ce pour vous une raison de les réduire au rang des bêtes ? On espère adoucir pour eux les rigueurs de la servitude ! On l'a promis cent fois ; a-t-on pu s'y résoudre ?

J'ai vu Ferdinand s'attendrir, j'ai vu Ximenès s'indigner, j'ai vu Charles frémir des inhumanités dont je leur faisais la peinture. Ils y ont voulu remédier ; et avec toute leur puissance, ils l'ont voulu en vain. Quand le vautour de la tyrannie s'est saisi de sa proie, il faut qu'il la dévore, et rien ne peut l'en détacher. Non, mes amis, point de milieu : il faut renoncer au nom d'hommes, abjurer le nom de chrétiens, ou nous interdire à jamais le droit de faire des esclaves. Cet avilissement honteux, où le plus fort tient le plus faible, est outrageant pour la nature, révoltant pour l'humanité, mais abominable surtout aux yeux de la religion. Mon frère, tu es mon esclave, est une absurdité dans la bouche d'un homme, un parjure et un blasphème dans la bouche d'un chrétien. Et de quel titre s'autorise la fureur d'opprimer ? Conquérants pour la foi ! La foi ne nous demande que des cœurs librement soumis. Qu'a-t-elle de commun avec notre avarice, nos rapines, nos brigandages ? Le dieu que nous servons est-il affamé d'or ? Un pontife a partagé l'Inde ! Mais l'Inde est-elle à lui ? Mais avait-il lui-même le droit qu'on s'arroge en son nom ?

Il a pu confier ce monde à qui prendrait soin de l'instruire, mais non pas le livrer en proie à qui voudrait le ravager. Le titre de sa concession est fait pour un peuple d'apôtres, non pour un peuple de brigands.

L'Inde n'est donc à vous que par droit de conquête ; et le droit de conquête, tyrannique en lui-même, ne peut être légitimé que par le bonheur des vaincus. Oui, Pizarro, c'est la clémence, la bonté qui le justifient ; et l'usage de la victoire va vous donner la renommée, ou d'un brigand par vos fureurs, ou d'un héros par vos bienfaits. Ah ! Croyez-moi, n'attendez pas le moment de l'ivresse et de l'emportement, pour mettre un frein à la victoire. Ce jour est, pour vous, consacré à des résolutions saintes.

Tous ces guerriers, disposés comme vous à écouter la voix de la nature, suivront votre exemple à l'envi. Ils sont jeunes, sensibles, et la corruption ne les a point gagnés encore : j'en ai fait l'épreuve récente ; je crois même les voir touchés des malheurs que je vous ai peints. Je vous conjure, au nom de la religion, au nom de la patrie et de l'humanité, de faire avec eux le serment d'épargner les peuples soumis, de respecter leurs biens, leur liberté, leur vie.

C'est un lien sacré dont vous aurez besoin peut-être, pour vous épargner de grands crimes ; c'est du moins un gage de paix, qu'au nom des Indiens, leur ami, dirai-je leur père, vous demande à genoux, et les larmes aux yeux. »

À ces mots il se prosterna.

« Et moi, dit Fernand, je m'oppose à cet acte déshonorant. Tant de précaution marque pour nous trop peu d'estime. L'homme fidèle à son devoir, se répond assez de lui-même, et n'a pas besoin qu'on le gêne par les entraves du serment.

— Pour garantir vos intérêts, reprit modestement Las-Casas, le serment le plus redoutable vient d'être exigé par vous-même ; et pour le salut de ces peuples, le serment vous paraît inutile et injurieux ! »

Fernand se sentit confondu, et n'en devint que plus atroce. Il se répandit en injures contre le protecteur de l'Inde, l'accusa de trahir son roi, sa patrie, et son dieu lui-même ; lui donna les noms odieux de délateur, de partisan du crime et de l'impiété. Pizarro, à qui cet homme violent et pervers était trop nécessaire encore, vit le moment qu'il le perdait. Il commença par l'apaiser ; et puis, s'adressant à Las-Casas, lui dit d'un air respectueux, que son zèle méritait bien la gloire qu'il lui avait acquise ; que ses conseils et ses maximes lui seraient à jamais présents ; qu'il les suivrait autant qu'il lui serait possible ; mais qu'il croyait que sa parole était un gage suffisant.

Le solitaire, consterné, se retire avec Alonso.

« Vous voyez, dit-il, mon ami, qu'ici mon zèle est inutile. Je vous l'avais bien dit. Cette épreuve m'éclaire ; n'en demandez pas davantage.

Je crois connaître assez Pizarro : il serait juste et modéré, si chacun consentait à l'être. Mais il veut réussir ; et son ambition fera céder aux circonstances sa droiture et son équité. Je ne vous propose point de renoncer à le suivre : ce serait affaiblir le nombre et le parti des gens de bien.

Mais moi, dont la présence est déjà importune, et serait bientôt odieuse, je n'ai plus désormais qu'à regagner ma solitude.

Adieu. Si vous voyez tourner cette conquête en brigandage, prenez conseil de votre cœur, il vous conduira toujours bien. »

Alonso, déjà mécontent de tout ce qui s'était passé, fut surtout indigné de voir qu'on se délivrait de Las-Casas ; et lui-même il l'aurait suivi, si son honneur, trop engagé, ne l'avait retenu.

« Mon ami, lui dit-il, je reste, je vous obéis à mon tour ; mais j'observerai Pizarro ; j'éprouverai dans peu s'il tient ce qu'il vous a promis ; et si j'ai le malheur d'être avec des brigands, soyez bien assuré que je n'y serai pas longtemps. »

Portrait de Bartolomé de las Casas (anonyme, XVIe siècle).

Chapitre XIII

Bartolomé fut ramené jusqu'au fleuve des lézards. Il monte une barque indienne ; et la rapidité du fleuve l'éloigne bientôt de Crucès. Libre et seul avec ses sauvages, il leur parlait ; il jouissait de leurs caresses naïves ; il tâchait de les consoler. L'un d'eux lui dit :

« Notre bon père, tu nous aimes et tu nous plains. Nous savons tout ce que tu as fait pour soulager notre misère. Veux-tu porter la joie chez nos amis de la montagne ?

Ils savent que nous t'avons vu : Capana, le chef de nos frères, donnerait dix ans de sa vie pour te posséder un moment. Viens le voir. Le sentier qui mène à sa retraite est rude, étroit, entrecoupé de torrents et de précipices ; mais, sur des tissus de liane, nous te porterons tour-à-tour. »

À ces mots, deux ruisseaux de larmes coulèrent des yeux de Las-Casas ; et tant de courses d'un monde à l'autre, tant de peines et de travaux qu'il avait essuyés pour eux, tout fut récompensé.

« Quoi, sur l'isthme ! Quoi, près d'ici, des Indiens libres encore ! Ah ! Du moins sont-ils bien cachés, demanda-t-il, et Davila ne peut-il pas les découvrir ? »

Leur asile est sûr, lui dirent les sauvages ; nous seuls en connaissons la route ; et le silence est sur nos lèvres. Nous savons nous taire et mourir. Las-Casas consent à les suivre. On laisse le canot dans une anse du fleuve ; et à travers d'épais buissons, on s'enfonce dans ces déserts. Comme ils passaient un défilé entre deux hautes montagnes, un cri fit retentir les bois. Les Indiens pâlirent ; leurs cheveux se dressèrent. C'était le cri du tigre ; ils l'avaient reconnu. Immobiles et en silence, ils écoutèrent ; le même cri se fait entendre de plus près. Alors, jugeant que le péril approche, et que le tigre vient sur eux, ils se rassemblent, ils se pressent autour de Las-Casas.

« *Laisse-nous t'entourer, lui disent-ils, et ne crains rien ; ne crains rien ; il n'en prendra qu'un, et ce ne sera pas toi.* »

En effet, l'animal féroce, pour franchir le vallon, ne fait que trois élans, et saisissant un indien, l'emporte dans le bois, sans ralentir sa course. Le pieux solitaire lève les mains au ciel en poussant un cri lamentable, et tombe oppressé de douleur. Bientôt, reprenant ses esprits, et se retrouvant au milieu de ses Indiens, qui le rappellent à la vie :

« *Ah ! Mes amis, qu'ai-je vu, leur dit-il ?*

— *Allons, mon père, prends courage, lui répondent ces malheureux ; ce n'est rien.*

— *Ce n'est rien, grand dieu !*

— *Non, ce n'est rien que les tigres, en comparaison des Espagnols.*

— *Ô race impie et féroce ! Quelle honte pour vous, s'écria Las-Casas ! Vous réduisez les Indiens à ne pas se plaindre des tigres !* »

Enfin, de rochers en abîmes, ils approchent de la vallée. Elle était entourée d'un cercle de montagnes couvertes d'épaisses forêts, et qui, de tous côtés, ne présentaient aux yeux qu'une masse énorme et profonde, sans laisser soupçonner le vide que leur enceinte renfermait.

À travers l'épaisseur des bois, on s'avance, on gravit, on franchit enfin les montagnes. Tout-à-coup, aux yeux de Las-Casas, se découvre un riche vallon, dont la fertilité l'enchante. Au centre de la plaine, s'élevait un hameau, et au milieu du hameau la cabane du cacique. Bartolomé, à cette vue, se sent ému de joie et de pitié.

« *Pauvre peuple, s'écria-t-il avec attendrissement ; fasse le ciel que ton asile soit à jamais impénétrable !* »

À l'approche des Indiens, leurs compagnons accourent, impatients d'apprendre ce qu'ils leur viennent annoncer.

« *Nous vous amenons notre père, disent ceux-ci avec transport. Le voilà ; c'est lui, c'est Las-Casas.* »

À ce nom, rien ne peut exprimer l'allégresse de ce peuple reconnaissant. Leurs bras se disputent la gloire de l'enlever, de le porter en triomphe jusqu'au village, où le cacique a déjà su l'arrivée de Las-Casas. Il s'avance au-devant de lui, et lui tendant les bras :

« *Viens, lui dit-il, mon père, viens consoler tes enfants de tous les maux qu'on leur a faits : en te voyant, ils les oublient.* »

Las-Casas jouissait du bonheur le plus doux que puisse goûter sur la terre un cœur vertueux et sensible.

« *Ô mes amis, leur disait-il, en les embrassant tour-à-tour, si vous m'aimez si tendrement, moi qui ne vous ai fait aucun bien ; quel n'eût pas été votre amour pour un peuple qui eût mis sa gloire à vous donner des arts utiles, de sages lois, de bonnes mœurs, et un culte agréable au dieu de l'univers ?*

— *Ah ! Mon père, dit le cacique, nous aurions adoré ce peuple généreux. Laissons les regrets inutiles. Le seul homme, entre ces barbares, qui ait été juste et bienfaisant, nous le possédons. Je ne veux t'occuper que de notre joie.* »

Il le mena dans sa cabane ; et quelle fut la surprise de Bartolomé, en y voyant sur un autel une statue de bois de cèdre, où ses traits étaient ébauchés ! Le cacique lui dit :

« *Regarde. C'est toi, mon père, oui, c'est toi-même. Un de nos Indiens qui t'avait vu, et qui t'avait toujours présent, m'a fait ta ressemblance. Elle nous suit partout. C'est elle que nous invoquons dans toutes nos entreprises ; et depuis que nous la possédons, tout nous a réussi.* »

Las-Casas, qui d'abord n'avait pu se défendre d'un mouvement de reconnaissance, se reprocha ce sentiment ; et parlant au cacique d'un air doux et sévère :

« *Renversez, dit-il, cette image : un simple mortel n'est pas digne de votre vénération.* »

À ces mots il allait saisir la statue, pour la briser. Le cacique la défendit, comme il eût défendu ses enfants et sa femme.

« *Ah ! lui dit-il, laisse-nous cette chère ombre de toi-même. Quand tu ne seras plus, elle rappellera à nos enfants, à nos neveux, le seul ami que nous ayons eu parmi nos cruels oppresseurs.* »

Tout le peuple s'assemble autour de la cabane, et demande à voir Las-Casas. Il se montre ; et l'air retentit de ce cri d'allégresse :

« *Le voilà, l'homme juste ; l'homme bienfaisant, le voilà.*

Il nous aime, il nous plaint, il vient voir ses amis. Qu'il reste avec nous, l'homme juste : nos cœurs et nos biens sont à lui.

— *Ô dieu de la nature ! s'écria Las-Casas, se pourrait-il que des cœurs si vrais, si doux, si simples, si sensibles, ne fussent pas innocents devant toi !.* »

Cependant de jeunes chasseurs se sont répandus dans la plaine, les uns perçant les oiseaux de l'air de leurs flèches inévitables, les autres forçant à la course les chevreuils, moins agiles qu'eux. La proie arrive en affluence ; et le festin est préparé. Assis à côté du cacique, et au milieu de sa famille, Las-Casas s'instruit de leurs lois, de leurs mœurs et de leur police. La nature est leur guide et leur législateur. S'aimer, s'aider mutuellement, éviter de se nuire ; honorer leurs parents, obéir à leur roi ; s'attacher à une compagne, qui les soulage dans leurs travaux, et qui leur donne des enfants, sans que le soupçon même de l'infidélité trouble cette union paisible ; cultiver en commun leurs champs, et s'en distribuer les fruits : telle était leur société.

« Hé bien, dit Las-Casas, c'est la loi de mon dieu, qu'il a gravée dans vos âmes : vous le servez sans le connaître ; et c'est sa voix qui vous conduit.

— *Ton dieu ! Il est notre ennemi, dit le cacique ; il est le dieu des Espagnols.*

— Le dieu des Espagnols n'est point votre ennemi : il est le dieu de la nature entière ; et nous sommes tous ses enfants.

— *Ah ! S'il est vrai, dit le cacique, nous cherchons un dieu qui nous aime ; celui de Las-Casas doit être juste et bon, et nous voulons bien l'adorer. Hâte-toi, fais-le nous connaître.* »

Alors, se livrant à son zèle, Las-Casas leur fit de son dieu une peinture si sublime et si touchante, que le cacique, se levant avec transport, s'écria : « *Dieu de Las-Casas, reçois nos vœux !* » et tout son peuple répéta ces mots après lui.

Dans ce moment, le cacique, regardant le solitaire, crut voir sur son visage un éclat tout divin, car la piété l'animait ; il était rayonnant de joie.

« *Ecoute, lui dit-il ; ton dieu ne se fait-il jamais voir aux hommes ?*

— Ils l'ont vu, répondit Las-Casas ; il a même daigné habiter parmi eux.

— *Sous quels traits ?*

— *Sous les traits d'un homme.*

— *Achève. N'es-tu pas toi-même ce dieu, qui vient nous consoler ?*

— Moi !

— *Si tu l'es, cesse de nous cacher ce que tant de vertu annonce. Parle. Nous allons t'adorer.* »

Bartolomé se confondit dans une humilité profonde, et rejeta loin cette erreur. Mais avant d'exposer des vérités sublimes à l'incrédulité de ces faibles esprits, il voulut savoir quel était leur culte.

« *Hélas ! dit le cacique, nous adorions le tigre, comme le plus terrible de tous les animaux. Mais que ton dieu n'en soit point jaloux ; c'était le culte de la crainte, et non pas celui de l'amour.*

— *Allons, allons*, dit Las-Casas, *renverser cette horrible idole.* »

Et les Indiens, animés du zèle qu'il leur inspirait, couraient au temple sur ses pas.

Chapitre XIV

D'une grotte profonde, voisine de ce temple, Bartolomé crut entendre sortir des gémissements.

« Qu'est-ce ? demanda-t-il

— *Passons, dit le cacique. Épargne à tes amis la honte de te montrer des malheureux.* »

Sans vouloir insister, Bartolomé s'avance jusqu'à ce temple abominable, où l'on voyait le dieu tigre sur un autel rougi de sang.

« Quel est le sang, demanda-t-il encore, qu'on a versé sur cet autel ?

— *Celui des animaux, répondit le cacique, et quelquefois...*

— Achève.

— *Celui des Espagnols.*

— Des Espagnols !

— *Lorsqu'ils pénètrent jusqu'au bord de ces forêts, il faut bien les tuer, ou les prendre vivants. Et que faire de ces captifs, à moins que de les immoler ?*

S'il s'en échappait un seul, notre asile serait connu, et notre perte inévitable. Tu viens d'entendre les plaintes d'un malheureux jeune homme, qui nous fait compassion. Je ne puis me résoudre à le faire mourir. Cependant il faut bien qu'il meure ; car, s'il nous échappait, il irait nous trahir. »

Las-Casas demande à le voir ; et après avoir fait briser l'autel et l'idole du tigre, il retourne vers la prison où le jeune homme est enfermé. Le captif, en voyant entrer ce religieux vénérable, ne douta point que ce ne fût encore un nouveau martyr de la foi, qu'on allait immoler.

« *Ô mon père, venez, dit-il, m'encourager par votre exemple ; venez apprendre à un jeune homme à se détacher de la vie, à mourir courageusement.* »

Mais dès qu'il s'aperçut que le solitaire était libre, qu'il commandait aux Indiens de s'éloigner, et que ceux-ci lui obéissaient :

« *Ah ! Reprit-il, que vois-je ? Et quel est cet empire que vous exercez parmi eux ? Êtes-vous un ange du ciel, descendu pour ma délivrance ? Parlez. Dites-moi qui vous êtes. Je sens revenir l'espérance dans ce cœur qu'elle abandonnait.*

— Je suis espagnol comme vous, lui dit le solitaire ; mais, n'ayant jamais trempé dans les crimes de ma patrie, je suis libre et chéri parmi les Indiens.

— Hélas ! Et moi, lui dit Gonsalve, (c'était le nom du jeune homme) qu'ai-je fait, que je n'aie dû faire, et dont j'aie pu me dispenser ? Je suis le fils de Davila, du gouverneur de l'isthme : il m'avait envoyé à la poursuite des sauvages. Mes compagnons et moi, à travers les forêts, nous avons pénétré dans ce vallon ; les Indiens nous ont enveloppés, nous ont accablés sous le nombre ; les plus heureux des miens ont péri dans le combat ; le reste a été pris, et sur l'autel du tigre je les ai vus tous immolés.

Moi seul ils m'épargnent encore ; soit que ma jeunesse ait touché ces inhumains, et que mes larmes leur inspirent quelque pitié ; soit que leur cruauté m'ait voulu réserver pour un nouveau sacrifice ; ils me laissent languir dans cet horrible abandon, et dans l'attente de la mort, plus cruelle que la mort même.

Hélas ! Pardonnez à mon âge un excès de faiblesse, dont je rougis en l'avouant.

La vie m'est chère. Il m'est affreux de la quitter à son aurore. Elle devait avoir tant de charmes pour moi ! Il m'eût été si doux de revoir ma patrie !

Et quand je pense que ces beaux jours, ces jours délicieux que j'y devais passer, sont évanouis pour jamais, je tombe dans le désespoir. Si du moins j'étais mort au milieu des combats, et par les mains d'un ennemi digne d'honorer mon courage ! Mais ici, mais sur les autels d'un peuple stupide et féroce, me sentir tout vivant déchirer les entrailles, et voir, aux pieds du tigre, allumer mon bûcher ! Cette destinée est affreuse.

Ah ! S'il se peut, délivrez-moi de ces mains inhumaines ; rendez-moi à mon père. Il n'a que moi. Je suis son unique espérance ; ces barbares l'en ont privé.

— Mon ami, lui dit Las-Casas, que vous êtes loin encore d'être changé par le malheur ! Vous, fils de Davila, vous appelez barbares ces peuples, dont lui-même il fait, depuis dix ans, le massacre le plus horrible ! Hélas ! Combien de pères, privés par ses fureurs de leur seule et douce espérance, se sont vus égorgés eux-mêmes, en implorant à ses genoux la grâce de leurs enfants ! Il a versé plus de flots de sang, que vous n'en avez de gouttes dans les veines ; et le peuple enfermé dans ces forêts profondes, n'est que le malheureux débris de ceux qu'il a exterminés. Vous voyez qu'il poursuit encore ce qui lui en est échappé. Ils sont perdus, s'il les découvre ; et lui rendre son fils, vous l'avouerez vous-même, ce serait risquer qu'un secret, d'où leur salut dépend, ne lui fût révélé.

— Ah ! Gardez-vous, lui dit Gonsalve, de leur apprendre qui je suis.

— Moi ! dit Las-Casas, les tromper ! Leur cacher le péril de votre délivrance ! Non ; ce serait leur tendre un piège. Si je parle pour vous, je dirai qui vous êtes ; on saura ce que je demande, ce qu'on risque à me l'accorder. Ou mon silence, ou ma franchise ; c'est à vous de choisir.

— Choisir ! De tous côtés je ne vois que la mort. Je m'abandonne à vous.

— Reprenez donc courage. Mais tirez de l'état où vous êtes réduit, cette utile et grande leçon, que le droit de la force est un droit odieux ; que si les Indiens l'exerçaient à leur tour, et se permettaient la vengeance, il n'est point de supplice auquel ne dût s'attendre le fils du cruel Davila ; que l'état naturel de l'homme est la faiblesse ; qu'à votre place, il n'en est point qui ne fût timide et tremblant ; que l'orgueil, dans un être si voisin du malheur, est le comble de la démence ; et qu'exposé lui-même chaque jour à devenir un objet de pitié, il est aussi insensé que méchant, lorsqu'il ose être impitoyable. »

Las-Casas, de retour auprès de Capana :

« Cacique, lui dit-il, n'es-tu pas soulagé, comme d'un joug triste et pénible, de ne plus adorer un être malfaisant, et de servir un dieu clément et juste ?

— Il est vrai, lui dit le cacique, que nos cœurs, flétris par la crainte, semblent ranimés par l'amour.

— Oui, mon ami, l'homme est fait pour aimer. La haine, la vengeance, toutes les passions cruelles sont pour lui un état de gêne, d'angoisse et d'avilissement. Il se sent élever, il sent qu'il se rapproche de l'être excellent qui l'a fait, à mesure qu'il est plus doux, plus magnanime.

Étouffer son ressentiment, et triompher de sa colère ; opposer les bienfaits à l'injure qu'on a reçue, en accabler son ennemi, c'est un plaisir vraiment divin.

— Je le conçois, dit le cacique.

— Non, tu ne peux le concevoir avant de l'avoir éprouvé. Mais il ne tient qu'à toi de jouir pleinement de ce plaisir pur et céleste. Fais venir ce jeune captif, qui tremble et gémit dans tes chaînes, et dis-lui, en le délivrant : fils du désolateur de l'isthme, fils du meurtrier de nos pères, de nos femmes, de nos enfants, fils de Davila, je pardonne à ton âge et à ta faiblesse. Vis, apprends d'un sauvage à imiter ton dieu.

— Le fils de Davila ! s'écria le cacique ; quoi ! C'est lui que je tiens captif ! »

À ces mots, ses yeux irrités s'enflammèrent comme la foudre.

« Oui, c'est le fils de Davila, reprit le solitaire avec un air tranquille, c'est lui que tu peux déchirer, dévorer même si tu veux. Mais écoute-moi. À peine ta vengeance sera-t-elle assouvie, tu seras triste, et tu diras : le voilà égorgé ; et son sang répandu ne rend la vie à aucun des miens : ma fureur est donc inutile : j'ai fait périr le faible, peut-être l'innocent ; et je suis coupable sans fruit...

Sa vie est dans tes mains ; choisis de renoncer à mon dieu ou à ta vengeance ; et reprends le culte du tigre, si tu veux t'abreuver de sang.

— J'adore le dieu de Las-Casas, dit le cacique. Mais toi-même, crois-tu qu'il me commande de laisser impunis tous les maux qu'un barbare nous fait depuis dix ans ?

— Oui, la loi de mon dieu te prescrit le pardon et l'amour de tes ennemis.

— L'amour !

— Ne sont-ils pas ses enfants comme toi ! Ne les aime-t-il pas lui-même ? Et peux-tu adorer le père, sans aimer les enfants ? Plains-les d'être coupables, et souhaite qu'ils cessent d'être méchants ; mais ne sois pas méchant comme eux, et mérite par ta clémence que ton dieu en use envers toi.

— Tu me confonds ; mais tu me touches, dit le cacique. Allons, qu'exiges-tu de moi ? Qu'au fils du cruel Davila je pardonne comme à mon frère ? J'y consens. Qu'on l'amène ici. Je briserai sa chaîne, et je l'embrasserai. Mais qu'en ferai-je, après lui avoir permis de vivre ? S'il s'échappe, il divulguera le secret de notre asile ; et tu auras perdu tes amis.

— J'ai cette crainte comme toi, lui répondit le solitaire ; et je ne veux, quant à présent, qu'adoucir sa captivité. »

Gonsalve attendait avec impatience le retour de Las-Casas.

« Hé bien, lui dit-il en tremblant, qu'avez-vous obtenu ?

— Qu'on vous laisse la vie.

— Ah ! Mon père ! Et la liberté, l'ai-je perdue pour jamais ?

— *Je vous ai dit que le salut de ces malheureux Indiens tient au secret de leur asile.*

— Je le sais ; mais répondez-leur qu'il ne sera jamais trahi par moi.

— *Comment répondrais-je de vous, dit le solitaire ? À votre âge on ne répond pas de soi-même.*

— *C'est à vous de gagner l'estime du cacique, et d'obtenir, avec le temps, qu'il daigne se fier à vous.*

— Et lui avez-vous dit qui je suis, demanda Gonsalve ?

— *Oui sans doute.*

— Je suis perdu.

— *Non, vous ne l'êtes pas. Je vais vous mener devant lui.*

— Jeune homme, lui dit le cacique en le voyant, adores-tu le dieu qu'adore Las-Casas ?

— *Oui, répond Davila.*

— Crois-tu que nous soyons enfants de ce dieu, comme toi ?

— *Je le crois.*

— Nous sommes donc frères ? Pourquoi venir tremper tes mains dans notre sang ?

— *J'obéissais.*

— À qui ?

— *Vous le savez assez.*

— Oui, je sais que tu es né du plus méchant des hommes, et du plus cruel envers nous. Mais Las-Casas me dit que son dieu et le mien m'ordonne de te pardonner. Je te pardonne. Viens, embrasse ton ami.

Le jeune homme, à ces mots, tombe aux pieds du cacique.

« *Que fais-tu, lui dit le sauvage ? Ne sommes-nous pas frères ? N'es-tu pas mon égal ?* »

Il dit ; et lui tendant la main, il le délivra de ses chaînes. Bartolomé, témoin de ce spectacle, avait le cœur saisi de joie et d'attendrissement.

« Davila, dit-il au jeune homme, voilà, voilà de vrais chrétiens ! »

Chapitre XV

Gonsalve fut, dès ce moment, parmi les Indiens, comme dans sa patrie, et comme au sein de sa famille. On le gardait, mais sans contrainte ; et la seule liberté qu'il n'eût pas, était celle de s'échapper. Las-Casas le voyait sans cesse. Il eût voulu lui faire aimer la vie heureuse et simple de ce peuple sauvage ; mais le jeune homme ne l'écoutait qu'en poussant de profonds soupirs.

« *Me voilà, disait-il, instruit par le malheur, par vos leçons, par leur exemple ; qu'ils daignent se fier à moi, et me mettre en état de détromper mon père, de le fléchir, de lui apprendre à les connaître, à les aimer. Ils m'ont déjà laissé la vie ; je leur devrai la liberté.*

Ces bienfaits toucheront un père. Il cédera aux larmes de son fils. »

À cet âge on ne sait pas feindre avec tant d'art et de noirceur ; et Las-Casas ne doutait pas que Gonsalve ne fût sincère ; mais il le connaissait trop faible, pour oser compter sur sa foi.

« *Vous êtes sans doute à présent bien déterminé, lui dit-il, à ne pas trahir ce bon peuple ; mais je prévois tout l'ascendant d'un père ; et je ne répondrai jamais qu'il ne vienne à bout de surprendre ou d'arracher votre secret. Ce que je vous dis là, je l'ai dit de même au cacique.*

C'est lui que le péril regarde, c'est à lui de se consulter.

— *Je laisse, dit-il à Capana, ton captif dans l'affliction. Il soupire ardemment pour la liberté.*

Je t'ai fait voir tout le danger de le renvoyer à son père ; mais je ne dois pas te dissimuler l'avantage de ce bienfait. Il peut arriver que son père vous découvre, et alors vous auriez pour appui ce jeune homme, à qui ta clémence aurait fait un devoir sacré de ne t'abandonner jamais. L'amour paternel a des droits sur les tyrans les plus farouches.

C'est le dernier endroit sensible par où leur âme s'endurcit. Après cela, décide-toi sur le parti que tu dois prendre : j'ignore comme toi quel serait le plus sage, et tu sais aussi bien que moi quel serait le plus généreux.

Pour moi, dépourvu des moyens de célébrer ici nos augustes mystères, d'y établir le sacerdoce, et d'y perpétuer le culte des autels, je vais vous chercher des pasteurs, et peut-être vous assurer un repos plus tranquille.

Adieu. Je demande au ciel, et j'espère de vous revoir, avant de descendre au tombeau. »

La désolation du jeune Davila fut extrême, quand il apprit que Las-Casas l'abandonnait. Il alla se jeter aux pieds du cacique.

« Ah ! lui dit-il, pourquoi te défier d'un malheureux qui te doit tout ? La nature m'a fait un cœur sensible comme à toi ; mais eût-elle mis à la place le cœur du tigre que tu adorais, tes vertus l'auraient attendri. Tu m'as appelé ton ami ; tu m'as embrassé comme un frère ; va, je ne l'oublierai jamais : je ne suis ingrat ni perfide.

Il y va de ta vie et du salut de tes amis, que ton asile soit inconnu ; il le sera par mon silence. J'en atteste mon dieu, ce dieu qui est devenu le tien.

— Oui, je te crois sensible et bon, dit le cacique ; mais tu es faible ; et l'homme faible est toujours à la veille d'être méchant. Comment braverais-tu l'autorité d'un père ? Tu n'as pas su braver la mort.

— La mort m'a causé de l'effroi, je l'avoue, dit le jeune homme en se levant avec fierté ; mais si, pour éviter la mort, tu m'avais proposé un crime, tu aurais vu lequel des deux m'aurait le plus épouvanté.

Puisque je n'ai pas ton estime, je ne te demande plus rien. Je renonce à la liberté ; je te dispense même de me laisser la vie. »

À ces mots il se retira.

Le cacique, qui le suivait des yeux, et qui le voyait abattu de tristesse, sentit lui-même, comme un poids dont son cœur était oppressé, la dureté de son refus. Il fit appeler Las-Casas.

« Emmène avec toi ce jeune homme, lui dit-il : sa douleur me pèse et me fatigue : la présence d'un malheureux est insupportable pour moi.

— As-tu bien réfléchi, lui dit le solitaire ?

— Oui, je sais qu'un mot de sa bouche nous perd, mon peuple et moi, nous livre à nos tyrans ; mais la pitié l'emporte sur la crainte : je ne veux plus le voir souffrir. »

Si l'on a vu des enfants vertueux aux funérailles de leur père, d'un père tendre et bien aimé, c'est l'image de la douleur des Indiens, au départ de Las-Casas. Le cacique et son peuple, le visage abattu, les yeux baissés et pleins de larmes, l'accompagnèrent en silence jusqu'au bord de la forêt. Là, il fallut se séparer.

Témoin de leurs tristes adieux, Gonsalve renfermait sa joie. Le cacique, ôtant son collier, le jeta au col du jeune homme, l'embrassa, et lui dit :

« *Sois toujours notre ami ; et si jamais tu étais pressé par nos tyrans de leur découvrir où nous sommes, regarde ce collier, souviens-toi de Las-Casas, et demande à ton cœur si tu dois nous trahir.* »

Les deux Espagnols, sur la foi de leurs guides, s'en allant à travers les bois, se retraçaient les mœurs et le naturel des sauvages. Vint un moment où Las-Casas, regardant le jeune Davila :

« *Vous voyez, lui dit-il, si, comme on le prétend, ils sont indignes du nom d'hommes, et s'il est mal-aisé d'en faire des chrétiens.*

L'homme n'est indocile que pour ce qui répugne au sentiment de la bonté. Il ne se refuse jamais aux vérités qui le consolent, qui le soulagent dans ses peines, et qui lui font chérir ces deux présents du ciel, la vie et la société.

Que ces vérités passent sa faible intelligence, pourvu qu'elles touchent son cœur, il en sera persuadé : il croit tout ce qu'il aime à croire.

Toute la nature à ses yeux est un mystère assurément ; hé bien, voit-on qu'en jouissant de ses bienfaits, il lui reproche l'obscurité de ses moyens ? Il en sera de même de la religion : plus elle fera d'heureux, moins elle trouvera d'incrédules.

— Mais, reprit Gonsalve, peut-on dissimuler ce qu'elle a d'affligeant, ce qu'elle a d'effrayant pour l'homme ?

— *Elle n'a rien que d'attrayant, d'encourageant pour la vertu, de consolant pour l'innocence, lui répondit le solitaire ; et je n'en veux pas davantage pour la faire adorer partout. De bonnes lois gênent le vice, épouvantent le crime, affligent les méchants ; et l'on aime de bonnes lois, parce qu'il dépend de chacun d'en recueillir les fruits, et d'être heureux par elles.*

On aimera de même une religion, qui, comme ces lois salutaires, est favorable aux gens de bien, rigoureuse aux méchants, et indulgente aux faibles. Mais, en la professant dans cette pureté, on ne peut opprimer personne ; on ne s'abreuve point de sang ; on est obligé d'être humain, juste, patient, secourable, et surtout désintéressé ; de joindre l'exemple au précepte, d'instruire par ses bonnes œuvres, et de prouver par ses vertus.

L'orgueil et la cupidité ne peuvent se forcer à ces ménagements ; le droit du glaive est plus commode ; et avec d'odieux prétextes, dont les passions s'autorisent, on se permet la violence, la rapine et le brigandage jusqu'aux excès les plus criants... »

Le solitaire, à ces mots, s'aperçut que le fils de Davila baissait les yeux, et que la rougeur de la honte se répandait sur son visage.

« *Pardonne, lui dit-il, jeune homme. Je t'afflige. C'est le ciel qui te l'a donné, ce père rigoureux. Tout injuste qu'il est, ne cesse jamais de l'aimer, de le respecter, de le plaindre. Seulement ne l'imite pas.* »

On arrive à Crucès. Les Indiens s'éloignent ; Bartolomé et Gonsalve, au moment de se séparer, s'embrassent tendrement.

« *Adieu. Tu vas revoir ton père, dit le solitaire au jeune homme ; souviens-toi du cacique, daigne penser à moi. Je n'entendrai point tes paroles ; mais dieu sera présent ; et ton cœur lui a juré d'être fidèle aux Indiens.* »

Gonsalve retourne à Panama ; et Las-Casas descend le fleuve jusqu'à la côte orientale, où un navire le reçoit, et va le porter au rivage que baigne l'Ozama, en épanchant son onde dans le sein du vaste océan.

Chapitre XVI

Dom Pedre Davila pleurait l'héritier de son nom, avec les larmes de l'orgueil, de la rage et du désespoir. En le voyant, il se livra à tous les transports de la joie.

« *Le ciel, lui dit-il, ô mon fils, le ciel te rend aux vœux d'un père. Mais tous ces braves castillans qui t'accompagnaient, que sont-ils devenus ?*

— Ils sont morts, répondit Gonsalve. Les Indiens poursuivis, nous ont enfin résisté ; et nous avons succombé sous le nombre. Ils me tenaient captif ; ils ont su qui j'étais ; et leur chef m'a laissé la vie, et m'a rendu la liberté. Ô mon père ! Si vous m'aimez, qu'un procédé si généreux vous touche et vous désarme... »

Le tyran ne l'écoutait pas. Interdit, indigné de voir qu'après le vaste et long carnage qu'il avait fait des Indiens, ils se défendissent encore, il ne cherchait que le moyen d'achever leur ruine, sans être sensible au bienfait qui seul aurait dû le toucher.

« *Oui, je reconnaîtrai ce qu'ont fait pour toi les sauvages. Dis-moi où tu les a laissés, et où s'est passé le combat.*

— Il serait mal-aisé de retrouver mes traces dans ces déserts, lui répondit Gonsalve ; et je me suis laissé conduire, sans savoir moi-même où j'allais, d'où je venais...

— J'entends, reprit le père, en observant son trouble : ils t'ont fait promettre sans doute de ne pas m'indiquer leur marche et leur retraite, et tu te crois lié par tes serments ?

— Si j'avais promis, je tiendrais parole, dit le jeune homme ; et je leur dois assez pour ne pas les trahir.

— Des nœuds plus sacrés vous engagent à votre dieu, à votre roi, à votre patrie, à moi-même, insista le tyran. Vous avez vu tomber sous les coups des sauvages la moitié des miens ; voulez-vous qu'ils en exterminent le reste ? En vous laissant la vie, ont-ils brisé leurs arcs ? Ont-ils promis de ne plus tremper leurs traits dans ce venin mortel qu'ils ont inventé, les perfides ? Obéissez à votre père, et demain soyez prêt à nous servir de guide, car je veux marcher sur leurs pas. »

Gonsalve, réduit au choix, ou de trahir les sauvages, ou de tromper son père, ou de refuser d'obéir, prit le parti de la franchise, et déclara que de sa vie il ne contribuerait au mal qu'on ferait à ses bienfaiteurs. Davila devint furieux, mais son fils, avec modestie, soutint sa résolution ; et le reproche et la menace n'ayant pu l'ébranler, on eut recours à l'artifice.

Fernand de Lucques fut choisi pour ce ministère odieux. Il alla trouver le jeune homme.

« Davila, lui dit-il d'un ton affectueux et d'un air pénétré, vous ferez mourir votre père. Il vous aime ; j'ai vu couler pour vous ses larmes paternelles ; et vous ne lui êtes rendu que pour l'accabler de douleur.

— Ah ! Répondit le jeune homme, qu'il me demande ma vie, et non pas une trahison.

— Si c'était une trahison, serait-ce moi, dit le perfide, qui vous presserais d'obéir ?

Le sort des Indiens me touche autant que vous. Mais en irritant votre père, vous les perdez ; et c'est sur eux que sa colère tombera. Il est mortellement blessé de votre résistance.

Mon fils me méprise et me haït, dit-il : plus attaché à ce peuple barbare, qu'à son prince, qu'à moi, et qu'à son dieu lui-même, il ne connaît plus qu'un devoir, celui de la rébellion : il n'ose se fier à ma reconnaissance ; et il me croit moins généreux qu'un misérable indien. Non, Davila, ce n'était pas ainsi qu'il fallait servir les sauvages. Touché de leur humanité, et plus sensible encore à votre confiance, je sais que votre père se fût laissé fléchir.

Mais si, par eux, il a perdu l'estime et l'amour de son fils, peut-il leur pardonner jamais ?

— Non, il n'a rien perdu de ses droits sur mon cœur, reprit Gonsalve : mon respect, mon amour pour lui sont les mêmes. Qu'il daigne ne me demander rien que d'innocent et de juste, il est bien sûr d'être obéi. Mais que veut-il de moi ? Et pourquoi s'obstiner à me rendre ingrat et perfide ?

S'il veut poursuivre encore ce peuple malheureux, ce n'est pas à moi d'éclairer ses recherches impitoyables ; et s'il consent à l'épargner, il n'a pas besoin de savoir en quels lieux il respire en paix. Pour prix du salut de son fils, les sauvages ne lui demandent que de vivre éloignés de lui, et inconnus, s'il est possible. L'oubli sera pour eux le plus grand de tous les bienfaits.

— *Vous ne pensez donc pas*, lui dit Fernand, *que répandus dans les forêts, on ne peut les instruire ; qu'ils vivent sans culte et sans lois ?*

— *Ils sont chrétiens*, dit le jeune homme.

Qu'on leur laisse adorer, dans leur simplicité, un dieu qu'ils servent mieux que nous.

— *Ils sont chrétiens ! Ah ! S'il est vrai*, reprit le fourbe, *doutez-vous qu'on n'use envers eux d'indulgence et de ménagement ? Reposez-vous sur moi du soin du salut de nos frères. Je les protégerai ; je les porterai dans mon sein.*

— *Hé bien, protégez-les, en obtenant qu'on les oublie. Ils ne demandent rien de plus.*

— *Ah ! Gonsalve, vous voulez donc être chargé d'un parricide ! Ils sortiront de leurs forêts, ils nous dresseront des embûches ; votre père, que sa valeur expose, y tombera : ce sera vous qui l'aurez livré en leurs mains. La flèche empoisonnée qui percera son cœur, ce sera vous qui l'aurez lancée.* »

À ces mots, Gonsalve frémit. Mais, se rappelant Las-Casas :

« *M'aurait-il conseillé un crime*, dit-il en lui-même ? *Ah ! Je sens que la nature est d'accord avec lui. Cessez de me tenter*, reprit-il, en parlant au fourbe. *La voix intime de mon cœur s'élève contre vos reproches, et me parle plus haut que vous.* »

Fernand, interdit et confus de l'inutilité de son odieuse entremise, dit à Davila que son fils était tombé dans l'endurcissement ; qu'il fallait qu'on l'eût perverti ; et que tant d'obstination était au-dessus de son âge.

Dès ce moment Gonsalve, odieux à son père, pleurait nuit et jour son malheur.

« *Va-t-en, fils indigne de moi*, lui dit ce père inexorable, après une nouvelle épreuve ; *va-t-en. Fuis loin de moi. Je ne veux plus souffrir tes outrages, ni ta présence. Malheur à ceux qui de mon fils, d'un fils obéissant, respectueux, fidèle, ont fait un rebelle obstiné.*

— *Ah ! Mon père*, dit le jeune homme, en tombant à ses pieds, tout baigné de ses larmes, *est-il possible que le refus d'être ingrat, perfide et parjure, m'attire un si dur traitement ?*

Qu'exigez-vous de moi ? Quelle haine obstinée portez-vous à ces malheureux ?

Ah ! Si vous aviez vu leur roi, briser ma chaîne, m'embrasser, m'appeler son ami, son frère, me demander avec douceur quel mal ils nous ont fait, et pourquoi l'on oublie qu'ils sont des hommes comme nous ; vous-même, oui vous-même, mon père, vous me feriez un crime de l'infidélité dont vous me faites une loi. Il m'est affreux de vous déplaire ; mais il me serait, je l'avoue, plus affreux de vous obéir. Ne me réduisez point à ces extrémités.

Ayez pitié d'un fils que votre haine accable, et qui même, en vous irritant, se croit digne de votre amour.

— *Non, je n'ai plus de fils, et tu n'as plus de père. Délivre-moi d'un traître que je ne puis souffrir.* »

Gonsalve, abattu, consterné, sortit du palais de son père, et lui fit demander quel lieu il lui marquait pour son exil.

« *Les forêts, les cavernes, qui recèlent sans doute les lâches qu'il m'a préférés, répondit le père inflexible.* »

Le jeune homme reprit le chemin de Crucès ; et en s'en allant, à travers le vaste silence des bois, il pleurait ; mais il se disait à lui-même :

« *Je désobéis à mon père, je l'afflige et l'irrite au point qu'il m'éloigne à jamais de lui ; et je ne sens dans ma douleur aucune atteinte de remords ; au-lieu qu'en lui obéissant, et en poursuivant les sauvages, mon cœur en était dévoré.*

Il est donc des devoirs plus saints que la soumission aux volontés d'un père ? Notre première qualité, sans doute, est celle d'homme : notre premier devoir est d'être humain. »

L'abandon où il était réduit, la douleur où il était plongé, l'imprudence et la bonne foi de son âge ne lui permirent pas de voir le piège qu'on lui avait tendu. Les sauvages, qui dans ce lieu même l'avaient vu avec Las-Casas, ne se défiaient pas de lui : il leur avoua son malheur, sans en dissimuler la cause.

« *Eh bien, lui dirent-ils, pourquoi, si tu ne veux que vivre en paix et sans reproche, ne pas retourner au vallon ? Une cabane, une douce compagne, notre amitié, ton innocence seront tes biens. Suis-nous : le cacique aura soin de te faire oublier l'injustice d'un mauvais père.* »

Il suivit ce conseil funeste.

Mais lorsqu'il eut percé l'obscurité des bois, et qu'en revoyant le vallon, son cœur soulagé commençait à sentir renaître la joie, quels furent son étonnement et sa douleur, de se voir tout-à-coup entouré d'Espagnols qui lui ordonnaient, au nom du vice-roi son père, de retourner avec eux à Crucès ! À la vue des Espagnols, deux Indiens, qu'il avait pris pour guides, se sauvèrent dans le vallon, et y répandirent l'alarme. Dès ce moment plus de sûreté pour le cacique et pour son peuple : leur asile était découvert.

Le malheureux jeune homme, ramené à Crucès, prenait la terre et le ciel à témoins de son innocence. Il apprit qu'un navire allait faire voile pour l'île espagnole. Il fit demander à son père qu'il lui fût permis d'y passer, pour lui épargner, disait-il, le spectacle de sa douleur. Le père y consentit, soit pour se délivrer d'un témoin dont la vue l'accuserait sans cesse, soit pour lui laisser exhaler dans cet exil volontaire l'amertume de ses regrets.

« *Ah ! dit Gonsalve en quittant ce rivage, je ne reverrai plus mon père. Il m'a surpris ; il m'a rendu parjure et traître aux yeux de mes amis. Non ! Je ne le reverrai plus.* »

Il arrive à l'île espagnole ; il demande où est Las-Casas ; il va se jeter dans son sein, et lui dit son malheur, qu'il appelé son crime, avec tous les regrets d'un cœur coupable et consterné.

« *Mon ami, lui dit Las-Casas après l'avoir entendu, vous avez fait une imprudence : mais votre cœur est innocent. Ce doit être un supplice affreux pour un fils honnête et sensible, de voir les maux que fait son père. Vous n'en serez plus le témoin. Désormais rendu à vous-même, c'est en Espagne qu'il faut aller vous offrir à votre patrie ; et, si elle a besoin de votre sang, le verser pour elle sans crime contre de justes ennemis. Sollicitez votre départ, et attendez ici que le roi y consente.* »

Gonsalve, après avoir épanché sa douleur au sein du pieux solitaire, sentit son courage renaître, et il resta auprès de son ami, en attendant que le monarque lui eût permis de quitter ces bords.

Chapitre XVII

Cependant Francisco Pizarro avait mis à la voile ; et déjà loin du rivage de l'isthme, il s'avançait vers l'équateur. À travers les écueils d'une mer inconnue encore, sa course était pénible et lente ; la disette le menaçait ; et il fallut bientôt risquer l'abord de ces côtes sauvages ; mais il trouva partout des hommes aguerris. Dès qu'un village est attaqué, ses voisins accourent en foule, et se présentent au combat. Le feu des armes les disperse ; mais leur courage les rassemble. On en fait tous les jours un nouveau carnage ; et tous les jours ces malheureux, dans l'espérance de venger leurs amis, reviennent périr avec eux. Le fer des Espagnols s'émousse ; leurs bras se lassent d'égorger.

Un vieux cacique, autrefois renommé par sa valeur et sa prudence, mais alors accablé par les travaux et les années, était couché au fond d'un antre, et n'attendait plus que la mort. Les cris de rage, de douleur et d'effroi retentirent jusqu'à lui. Il vit revenir ses deux fils, couverts de sang et de poussière, et qui, s'arrachant les cheveux, lui dirent :

« *C'en est fait, mon père, c'en est fait ; nous sommes perdus.*

— *Hé quoi !* dit le vieillard, en soulevant sa tête, *sont-ils en si grand nombre, ou sont-ils immortels ? Est-ce la race de ces géants, qui, du temps de nos pères, étaient descendus sur ces bords ?*

— *Non,* lui répond l'un de ses fils ; *ils sont en petit nombre, et semblables à nous, à la réserve d'un poil épais, qui leur couvre à demi la face ; mais sans doute ce sont des dieux : car les éclairs les environnent, le* tonnerre part de leurs mains : nos amis, écrasés, nous ont couverts de leur sang : en voilà les marques fumantes.

— Je veux demain les voir de près : portez-moi, dit le vieux cacique, sur cette roche escarpée, d'où j'observerai le combat. »

Les Indiens, dès le point du jour, se rassemblèrent dans la plaine. Les castillans les attendaient. Pizarro en parcourait les rangs avec un air grave et tranquille ; sous lui commandait Aléon, plus superbe et plus menaçant ; Molina était à la tête des jeunes Espagnols qu'il avait amenés. Ses yeux étaient baissés, son visage était abattu, non de crainte, mais de pitié : on croyait entendre l'humanité gémir au fond du cœur de ce jeune homme.

Un cri formé de mille cris fut le signal des Indiens ; et à l'instant une nuée de flèches obscurcit l'air sur la tête des castillans. Mais de ces flèches égarées, presque aucune, en tombant, ne porta son atteinte. Pizarro se laisse approcher, et fait sur eux un feu terrible, dont tous les coups sont meurtriers : ceux du canon font des vides affreux dans la masse profonde des bataillons sauvages. Trois fois elle en est ébranlée ; mais la présence du vieux cacique soutient le courage des siens. Ils s'affermissent, ils s'avancent, et se déployant sur les ailes, ils vont envelopper le petit nombre des castillans. Pizarro fond sur eux avec son escadron rapide ; et ces flots épais d'Indiens sont entr'ouverts et dissipés. Leur fuite ne présente plus que le pitoyable spectacle d'un massacre d'hommes épars, qui, désarmés et suppliants, tendent la gorge au coup mortel. Les bois et les montagnes servirent de refuge à tout ce qui put s'échapper.

Le vieillard, du haut du rocher, contemple ce désastre d'un œil pensif et morne. Il a vu le plus jeune de ses fils brisé comme un roseau, par la foudre des castillans. Son cœur paternel en a été meurtri ; mais l'impression de ce malheur domestique est effacée par le sentiment plus profond de la calamité publique. Il fait rassembler autour de lui ses Indiens, et il leur dit :

« *Enfants du tigre et du lion, il faut avouer que ces brigands nous surpassent dans l'art de nuire. Ce feu meurtrier, ces tonnerres, ces animaux rapides qui combattent sous l'homme, tout cela est prodigieux.*

Mais revenez de l'étonnement que vous causent ces nouveautés. L'avantage du lieu et du nombre est à vous ; profitez-en. Qui vous presse d'aller vous jeter en foule au-devant de vos ennemis ? Pourquoi leur disputer la plaine ?

Est-elle couverte de moissons ? Ne voyez-vous pas la famine, avec ses dents aiguës et ses ongles tranchants, qui se traîne vers eux ?

Elle va les saisir, sucer tout le sang de leurs veines, et les laisser étendus sur le sable, exténués et défaillants. Tenez-vous en défense, mais dans l'étroit vallon qui serpente entre ces collines. Là, s'ils viennent vous attaquer, nous verrons quel usage ils feront de ces foudres, et de ces animaux qui combattent pour eux. »

Le sage conseil du vieillard fut exécuté la nuit même ; et quand le jour vint éclairer ces bords, les Espagnols, épouvantés du silence et de la solitude qui régnaient au loin dans la plaine, n'y trouvèrent plus d'ennemis, que la faim, le plus cruel de tous.

Pizarro à peine eut découvert la trace des Indiens, il résolut de les poursuivre. Les Indiens s'y attendaient. Dans tous les détours du vallon, le vieillard les avait postés par intervalle, et en petit nombre.

« *Vous êtes assurés, dit-il, d'échapper à vos ennemis ; et les fatiguer, c'est les vaincre. Protégés contre leurs tonnerres par les angles de ces collines, vous les attendrez au détour. Là, je vous demande, non pas de tenir ferme devant eux, mais de lancer de près votre première flèche, et de fuir jusqu'au poste qui vous succède et qui les attend au détour.*

Je me tiendrai au dernier défilé ; et vous vous rallierez à moi. »

Tel fut l'ordre qu'il établit.

Dès que la tête des castillans se montre au premier détroit du vallon, il part une volée de flèches ; et l'arc à peine est détendu, les Indiens sont dissipés. On les poursuit ; et on rencontre une nouvelle troupe, qui se dissipe encore, après avoir lancé ses traits.

Pizarro, frémissant de voir que l'ennemi et la victoire lui échappent à chaque instant, part avec la rapidité de l'éclair, et commande à son escadron de le suivre. Le vieillard avait tout prévu. Les Indiens, dès qu'ils entendent la terre retentir sous les pas des chevaux, gagnent les deux bords du vallon ; et l'escadron, après une course inutile, est assailli de traits lancés comme par d'invisibles mains.

Les castillans s'irritent de voir couler leur sang, moins furieux encore de leurs blessures que de celles de leurs coursiers. Celui de Pizarro, à travers sa crinière épaisse et flottante, a senti le coup pénétrer. Impatient du trait qui lui est resté dans la plaie, il agite ses crins sanglants ; il se dresse, il écume, il bondit de douleur. Pizarro, en arrachant le trait, est renversé sur la poussière. Mais d'un cri menaçant, dont les forêts retentissent, il étonne et rend immobile le coursier tremblant à sa voix.

En se relevant, il commande à la moitié des siens de mettre pied à terre, de gravir, l'épée à la main, sur la pente des deux collines, et d'en chasser les Indiens. On lui obéit, on les attaque ; et soudain ils sont dispersés. On les poursuivait ; et Pizarro recommandait surtout qu'on en prît un vivant, pour savoir de lui en quel lieu on trouverait des subsistances ; car ces peuples avaient caché leurs moissons, leur unique bien.

Ceux des jeunes sauvages qui portaient le vieillard, après une assez longue course, hors d'haleine, accablés par ce pesant fardeau, virent bientôt qu'ils allaient être pris. Le vieillard leur dit :

« *Laissez-moi. Sans me sauver, vous vous perdriez vous-mêmes. Laissez-moi. Je n'ai plus que quelques jours à vivre. Ce n'est pas la peine de priver vos enfants de leurs pères, et vos femmes de leurs époux. Si mon fils demande pourquoi vous m'avez abandonné, répondez-lui que je l'ai voulu.*

— *Tu as raison,* dirent-ils. *Tu fus toujours le plus sage des hommes.* »

À ces mots, l'ayant déposé au pied d'un arbre, ils l'embrassèrent en pleurant, et se sauvèrent dans les bois.

Les Espagnols arrivent ; le vieillard les regarde sans étonnement ni frayeur. Ils lui demandent où est la retraite des Indiens ? Il montre les bois. Ils lui demandent où est le toit qu'il habite ? Il montre le ciel. Ils lui proposent de le porter dans sa demeure ; et d'un coup-d'œil fier et moqueur, il fait signe que c'est la terre.

Pour l'obliger à rompre ce silence obstiné, d'abord ils employèrent les caresses perfides ; il n'en fut point ému. Ils eurent recours aux menaces ; il n'en fut point épouvanté. Leur impatience à la fin se change en fureur. Ils dressent aux yeux du vieillard tout l'appareil de son supplice. Il y jette un œil de mépris.

« *Les insensés,* disait-il avec un sourire amer et dédaigneux, *ils pensent rendre la mort effrayante pour la vieillesse ! Ils prétendent imaginer un plus grand mal que de vieillir !* »

Les castillans, outrés de ses insultes, l'attachèrent à un poteau, et allumèrent à l'entour un feu lent, pour le consumer.

Le vieillard, dès qu'il sent les atteintes du feu, s'arme d'un courage invincible : son visage, où se peint la fierté d'une âme libre, devient auguste et radieux ; et il commence son chant de mort.

« *Quand je vins au monde,* dit-il, *la douleur se saisit de moi ; et je pleurais, car j'étais enfant. J'avais beau voir que tout souffrait, que tout mourait autour de moi, j'aurais voulu, moi seul, ne pas souffrir ; j'aurais voulu ne pas mourir ; et comme un enfant que j'étais, je me livrais à l'impatience. Je devins homme ; et la douleur me dit : luttons ensemble. Si tu es le plus fort, je céderai ; mais si tu te laisses abattre, je te déchirerai, je planerai sur toi, et je battrai des ailes, comme le vautour sur sa proie. S'il est ainsi, dis-je à mon tour, il faut lutter ensemble ; et nous nous prîmes corps à corps. Il y a soixante ans que ce combat dure, et je suis debout, et je n'ai pas versé une larme.*

J'ai vu mes amis tomber sous vos coups ; et dans mon cœur j'ai étouffé la plainte. J'ai vu mon fils écrasé à mes yeux ; et mes yeux paternels ne se sont point mouillés. Que me veut encore la douleur ? Ne sait-elle pas qui je suis ?

La voilà qui, pour m'ébranler, rassemble enfin toutes ses forces ; et moi, je l'insulte, et je ris de lui voir hâter mon trépas, qui me délivre à jamais d'elle. Viendra-t-elle encore agiter ma cendre ? La cendre des morts est impalpable à la douleur. Et vous, lâches, vous, qu'elle emploie à m'éprouver, vous vivrez ; vous serez sa proie à votre tour.

Vous venez pour nous dépouiller ; vous vous arracherez nos misérables dépouilles. Vos mains, trempées dans le sang indien, se laveront dans votre sang ; et vos ossements et les nôtres, confusément épars dans nos champs désolés, feront la paix, reposeront ensemble, et mêleront leur poussière, comme des ossements amis.

En attendant, brûlez, déchirez, tourmentez ce corps, que je vous abandonne ; dévorez ce que la vieillesse n'en a pas consumé. Voyez-vous ces oiseaux voraces qui planent sur nos têtes ? Vous leur dérobez un repas ; mais vous leur engraissez une autre proie. Ils vous laissent encore aujourd'hui vous repaître ; mais demain ce sera leur tour. »

Ainsi chantait le vieillard ; et plus la douleur redoublait, plus il redoublait ses insultes.

Un Espagnol (c'était Moralès) ne put soutenir plus longtemps les invectives du sauvage. Il saisit l'arc qu'on lui avait laissé, le tendit, et perça le vieillard d'une flèche. L'Indien, qui se sentit mortellement blessé, regarda Moralès d'un œil fier et tranquille :

« *Ah ! Jeune homme, dit-il, jeune homme, tu perds, par ton impatience, une belle occasion d'apprendre à souffrir !* »

Il expira ; et les Espagnols, consternés, passèrent la nuit dans les bois, sans pouvoir retrouver leur route. Ce ne fut qu'au lever du jour, et au bruit du signal que fit donner Pizarro, qu'ils se rallièrent à lui. Mais on s'aperçut que la vengeance du ciel avait choisi sa victime. Moralès, perdu dans les bois, ne reparut jamais.

Chapitre XVIII

Pizarro, au milieu de ses compagnons découragés, marquait encore de la constance, et cachait, sous un front serein, les noirs chagrins qui lui rongeaient le cœur. Mais se voyant réduits au choix de périr par la faim, ou par les flèches des sauvages, ils remontent sur leur navire, et, à force de voile, ils cherchent des bords plus heureux.

Ils découvrent une campagne riante et cultivée, où tout annonce l'industrie et la paix : c'est la côte de Catamès, pays fertile et abondant, dont le peuple est en petit nombre. Les Espagnols y descendent ; et ce peuple exerce envers eux les devoirs naturels de l'hospitalité. Mais lui-même, exposé sans cesse aux ravages de ses voisins, il avoue à ses hôtes que chez lui leur asile serait mal assuré.

« Etrangers, leur dit le cacique, *la nature, qui nous a fait doux et paisibles, nous a donné des voisins féroces. Dites-nous si partout de même les bons sont en proie aux méchants.*

— Chez nous, lui dit Pizarro, *le ciel a réuni la douceur avec l'audace, la force avec la bonté.*

— Retournez donc chez vous, lui dit tristement le cacique ; *car les bons, parmi nous, sont faibles et timides, et les méchants, forts et hardis.* »

Pizarro l'en crut aisément, et il se retira dans une île voisine, où, peu de temps après, Diego de Almagro vint lui porter quelques secours.

Mais tout avait changé sur l'isthme. Davila n'avait pu survivre à la honte et à la douleur d'être abandonné par son fils. Il était mort dans les angoisses du remords et du désespoir. Son successeur s'était laissé persuader que les compagnons de Pizarro ne demandaient que leur retour, et que lui-même il ne s'obstinait dans sa malheureuse entreprise que par un orgueil insensé. Il fit donc partir deux vaisseaux, sous la conduite d'un castillan, nommé Tafur, pour ramener les mécontents.

À la vue de ces vaisseaux, qui s'avançaient à pleines voiles, Pizarro tressaillit de joie. Mais cette joie fit bientôt place à la plus profonde douleur.

 « *Je ne sais, dit-il à Tafur, qui lui déclarait l'ordre dont il était chargé, quel est le fourbe qui, pour me nuire, a fait parler mes compagnons ; mais, quel qu'il soit, il en impose. Ces nobles castillans s'attendaient, comme moi, à des périls, à des travaux dignes d'éprouver leur constance. Si l'entreprise n'eût demandé que des cœurs lâches et timides, on l'aurait achevée avant nous, et sans nous. C'est parce qu'elle est pénible, qu'elle nous est réservée : les dangers en seront la gloire, quand nous les aurons surmontés.*

On a donc fait injure à mes amis, lorsqu'on a dit au vice-roi de l'isthme, qu'ils voulaient se déshonorer. Pour moi, je n'en retiens aucun. De braves gens, tels que je les crois tous, ne demanderont qu'à me suivre ; et les hommes sans cœur, s'il y en a parmi nous, ne méritent pas mes regrets.

Faites tracer une ligne au milieu de mon vaisseau. Vous serez à la proue ; je serai à la poupe avec tous mes compagnons. Ceux qui voudront se séparer de moi, n'auront qu'un pas à faire de la gloire à la honte. »

Tafur accepta ce défi ; et quels furent l'étonnement et la douleur de Pizarro, lorsqu'il vit presque tous les siens passer du côté de Tafur ! Indigné, mais ferme et tranquille, il les regardait d'un œil fixe. L'un d'eux le regarde à son tour ; et voyant sur son front une noble tristesse, une froide intrépidité, il dit à ceux de qui l'exemple l'avait entraîné :

« *Castillans, voyez qui nous abandonnons !*

Je ne puis m'y résoudre ; et j'aime mieux mourir avec cet homme-là, que de vivre avec des perfides. Adieu. »

À ces mots, il repasse du côté de Pizarro, et jure, en l'embrassant, de ne le plus quitter. Ce guerrier était Aléon. Quelques-uns l'imitèrent : ce fut le petit nombre ; mais leur malheureux chef n'en fut que plus sensible à ce dévouement généreux. Il ne lui était échappé contre les déserteurs ni plainte, ni reproche ; mais, lorsqu'il vit que douze castillans voulaient bien lui rester fidèles, résolus à mourir pour lui, plutôt que de l'abandonner, son cœur soulagé s'attendrit ; il les embrasse ; et la reconnaissance lui fait verser des larmes, que la douleur n'a pu lui arracher.

« Tu vois, dit-il à Tafur, que mon navire, brisé, s'entr'ouvre et va périr ; laisse-moi l'un des tiens. »

Tafur lui refusa durement sa prière.

« Je puis vous ramener, dit-il ; mais je ne puis rien de plus.

— Ainsi, lui dit Pizarro, on met de braves gens dans la nécessité du choix, entre leur déshonneur et leur perte inévitable !

Va, notre choix n'est pas douteux. Laisse-nous seulement des munitions et des armes. Celui qui t'envoie aura honte de nous avoir abandonnés. »

Au moment fatal où Tafur mit à la voile et quitta le rivage, Pizarro fut prêt de tomber dans le plus affreux désespoir. Il se vit presque seul, sur des mers inconnues, et dans un nouvel univers ; abandonné de sa patrie, faible jouet des éléments, en butte à des dangers horribles, en proie à ces peuples sauvages, dont il fallait attendre ou la vie, ou la mort. Son âme eut besoin de toutes ses forces, pour soutenir la pesanteur du coup dont il était frappé. Ses compagnons, qui l'environnaient, gardaient un morne silence ; et le héros, pour relever leur courage abattu, rappela tout le sien.

Il commence d'abord par les éloigner du rivage, d'où ils suivaient des yeux les voiles de Tafur ; et s'enfonçant avec eux dans l'île :

« Mes amis, félicitons-nous, leur dit-il, d'être délivrés de cette foule d'hommes timides, qui nous auraient mal secondés. La fortune me laisse ceux que j'aurais choisis. Nous sommes peu, mais tous déterminés, mais tous unis par l'amitié, la confiance et le malheur. Ne doutez pas qu'il ne nous vienne des compagnons jaloux de notre renommée ; car dès ce moment elle vole aux bords d'où nous sommes partis : les déserteurs vont l'y répandre.

Oui, mes amis, quoi qu'il arrive, treize hommes, qui, seuls, délaissés sur des bords inconnus, chez des peuples féroces, persistent dans le grand dessein de les vaincre et de les dompter, sont déjà bien sûrs de leur gloire. Qui nous a rassemblés ? La noble ambition de rendre nos noms immortels ? Ils le sont : l'événement même est désormais indifférent. Heureux ou malheureux, il sera vrai du moins que nous aurons donné au monde un exemple encore inouï d'audace et d'intrépidité. Plaignons notre patrie d'avoir produit des lâches ; mais félicitons-nous de l'éclat que leur honte va donner à notre valeur. Après tout, que hasardons-nous ? La vie ?

Et cent fois, à vil prix, nous en avons été prodigues. Mais, avant de la perdre, il est pour nous encore des moyens de la signaler. Commençons par nous procurer un asile moins exposé aux surprises des Indiens. Ici nous manquerions de tout. L'île de la Gorgone est déserte et fertile ; la vue en est terrible, et l'abord dangereux ; l'indien n'ose y pénétrer ; hâtons-nous d'y passer : c'est là le digne asile de treize hommes abandonnés, et séparés de l'univers. »

L'île de la Gorgone est digne de son nom. Elle est l'effroi de la nature. Un ciel chargé d'épais nuages, où mugissent les vents, où les tonnerres grondent, où tombent, presque sans relâche, des pluies orageuses, des grêles meurtrières, parmi les foudres et les éclairs ; des montagnes couvertes de forêts ténébreuses, dont les débris cachent la terre, et dont les branches entrelacées ne forment qu'un épais tissu, impénétrable à la clarté ; des vallons fangeux, où sans cesse roulent d'impétueux torrents ; des bords hérissés de rochers, où se brisent, en gémissant, les flots émus par les tempêtes ; le bruit des vents dans les forêts, semblable aux hurlements des loups, et au glapissement des tigres ; d'énormes couleuvres qui rampent sous l'herbe humide des marais, et qui de leurs vastes replis embrassent la tige des arbres ; une multitude d'insectes, qu'engendre un air croupissant, et dont l'avidité ne cherche qu'une proie : telle est l'île de la Gorgone, et tel fut l'asile où Pizarro vint se réfugier avec ses compagnons.

Ils furent tous épouvantés à l'aspect de ce noir séjour, et Pizarro en frémit lui-même ; mais il n'avait point à choisir. Son vaisseau n'eût pas résisté à une course plus longue. En abordant, il déguisa donc, sous l'apparence de la joie, l'horreur dont il était saisi.

Son premier soin fut de chercher une colline, où la terre ne fût jamais inondé, et qui, voisine de la mer, permît de donner le signal aux vaisseaux. Malgré l'humidité des bois dont la colline était couverte, il s'y fit jour avec la flamme. Un vent rapide alluma l'incendie ; et le sommet fut dépouillé. Pizarro s'y établit, et y éleva des cabanes, environnées d'une enceinte.

« *Amis, dit-il, nous voilà bien. Ici la nature est sauvage, mais féconde. Les bois y sont peuplés d'oiseaux ; la mer y abonde en poissons ; l'eau douce y coule des montagnes. Parmi les fruits que la nature nous présente, il en est d'assez savoureux pour tenir lieu de pain. L'air est humide dans les vallons ; il l'est moins sur cette éminence ; et des feux sans cesse allumés vont le purifier encore. Sous des toits épais de feuillages, nous serons garantis de la pluie et des vents. Quant à ces noirs orages, nous les contemplerons comme un spectacle magnifique ; car les horreurs de la nature en augmentent la majesté. C'est ici qu'elle est imposante.*

Ce désordre a je ne sais quoi de merveilleux qui agrandit l'âme, et l'affermit en l'élevant. Oui, mes amis, nous sortirons d'ici avec un sentiment plus sublime et plus fort de la nature et de nous-mêmes. Il manquait à notre courage d'avoir été mis à l'épreuve du choc de ces fiers éléments. Du reste, n'imaginez pas que leur guerre soit sans relâche : nous aurons des jours plus sereins ; et pendant le silence des vents et des tempêtes, le soin de notre subsistance sera moins pour nous un travail, qu'un exercice intéressant. »

Ce fut ainsi que d'un séjour affreux, Pizarro fit à ses compagnons une peinture consolante. L'imagination empoisonne les biens les plus doux de la vie, et adoucit les plus grands maux.

Les castillans eurent bientôt construit un canot, dans lequel, quand la mer était calme, ils se donnaient, non loin du bord, l'utile amusement d'une pêche abondante. La chasse ne l'était pas moins : car, avant que les animaux d'un naturel doux et timide, aient appris à connaître l'homme, ils semblent le voir en ami. Dans cette confiance, ils tombent dans ses pièges, et vont au-devant de ses coups. Ce n'est qu'après avoir éprouvé mille fois sa malice et sa perfidie, qu'épouvantés de son approche, ils s'instruisent l'un l'autre à fuir devant leur ennemi commun.

Trois mois s'écoulèrent, sans que Pizarro et ses compagnons vissent paraître aucun vaisseau. Leurs yeux, tournés du côté du nord, se fatiguaient à parcourir la solitude immense d'une mer sans rivages. Tous les jours l'espérance renaissait et mourait dans leurs cœurs plus découragés. Pizarro seul les relevait, les animait à la constance.

« Donnons à nos amis le temps de pourvoir à tout, disait-il. Je crains moins leur lenteur que leur impatience. Le vaisseau que j'attends serait trop tôt parti, s'il ne m'apportait que des hommes levés à la hâte et sans choix. S'il est chargé de braves gens, il mérite bien qu'on l'attende. »

Il était loin d'avoir lui-même la confiance qu'il inspirait. La rigueur du climat de l'île, son influence inévitable sur la santé de ses amis, la ruine de son vaisseau, que la vague battait sans cesse, et qu'elle achevait de briser, l'incertitude et la faiblesse du secours qu'il pouvait attendre, son état présent, l'avenir pour lui plus effrayant encore, tout cela formait dans son âme un noir tourbillon de pensées, où quelques lueurs d'espérance se laissaient à peine entrevoir.

Ses amis, moins déterminés, se lassaient de souffrir. L'air humide qu'ils respiraient, et dont ils étaient pénétrés, déposait dans leur sein le germe d'une langueur contagieuse ; et leur courage, avec leur force, diminuait tous les jours.

« Nous ne te demandons, disaient-ils à Pizarro, qu'un climat plus doux et plus sain. Fais-nous respirer ; sauve-nous de cette maligne

influence ; allons chercher des hommes qu'on puisse fléchir, ou combattre ; oppose-nous des ennemis sur qui du moins, en expirant, nous puissions venger notre mort. »

Pizarro cède à leurs instances ; et des débris de leur navire, il leur fait construire une barque, pour regagner le continent. Mais, lorsqu'on y travaille avec le plus d'ardeur, l'un d'eux croit, du haut du rivage, apercevoir dans le lointain les voiles d'un vaisseau. Il pousse un cri de surprise et de joie ; et tous les yeux se tournent vers le nord. Ce n'est d'abord qu'une faible apparence : on craint de se tromper ; on doute si ce qu'on a pris pour la voile, n'est pas un nuage léger : on observe longtemps encore ; et peu à peu l'espérance, en croissant, affaiblit la crainte, comme la lumière naissante pénètre l'ombre, et la dissipe au crépuscule du matin. Toute incertitude enfin cesse : on distingue la voile, on reconnaît le pavillon ; et ce rivage, qui n'avait jusqu'alors répète que des plaintes et des gémissements, retentit de cris d'allégresse. Mais le vaisseau, en abordant, étouffe bientôt ces transports. Les matelots qui le conduisent, sont l'unique secours qu'on envoie à Pizarro ; et, ce qui l'afflige encore plus, lui-même on le rappelé ; on l'oblige à partir. Il en est outré de douleur.

« *Hé quoi, dit-il, on nous envie jusqu'au triste honneur de mourir sur ces bords !* »

Et puis, rappelant son courage :

« *Nous y reviendrons, reprit-il ; et je ne veux m'en éloigner qu'après avoir marqué moi-même le rivage où nous descendrons.* »

Avant de quitter la Gorgone, il voulut y laisser un monument de sa gloire. Il écrivit sur un rocher, au bas duquel les flots se brisent :

Ici treize hommes (et ils étaient nommés) abandonnés de la nature entière, ont éprouvé qu'il n'est point de maux que le courage ne surmonte. Que celui qui veut tout oser, apprenne donc à tout souffrir.

Alors, montant sur le navire qu'on leur amenait, ils s'avancent jusqu'au rivage de Tumbès.

Chapitre XIX

Là, tout ce qui s'offre à leurs yeux, annonce un peuple industrieux et riche. Pizarro fait dire à ce peuple, qu'il recherche son amitié ; et bientôt il le voit en foule se rassembler sur le rivage. Il voit son navire entouré de radeaux chargés de présents : ce sont des grains, des fruits et des breuvages, dont les vases d'or sont remplis.

Sensible à la bonté, à la magnificence de ce peuple doux et paisible, Pizarro s'applaudit d'avoir enfin trouvé des hommes ; mais ses compagnons s'applaudissent d'avoir trouvé de l'or. Les Indiens, sans défiance, comme sans artifice, sollicitaient les castillans à descendre sur le rivage. Pizarro le permit, mais seulement à deux des siens, à Candie et à Molina. À peine sont-ils descendus, qu'une foule empressée et caressante les environne. Le cacique lui-même les conduit dans sa ville, les introduit dans son palais, et leur fait parcourir les demeures tranquilles de ses citoyens fortunés. Ces hommes simples les reçoivent comme des amis tendres reçoivent des amis ; et avec l'ingénuité, la sécurité de l'enfance, ils leur étalent ces richesses qu'ils auraient dû ensevelir.

« *Quoi de plus touchant, disait Molina, que l'innocence de ce peuple ?*
— *Il est vrai qu'il est simple, et facile à civiliser, disait Candie* »

Et cependant, le crayon à la main, au milieu des sauvages, il levait le plan de la ville et des murs qui l'environnaient. Les Indiens, enchantés de l'art ingénieux avec lequel sa main traçait comme l'ombre de leurs murailles, ne se lassaient pas d'admirer ce prodige nouveau pour eux. Ils étaient loin de soupçonner que ce fût une perfidie.

« *Que faites-vous, lui demande Alonso ?*

— *J'examine, répond Candie, par où l'on peut les attaquer.*

— *Les attaquer ? Quoi ! Dans le moment même qu'ils vous comblent de biens, qu'ils se livrent à vous sans crainte et sur la foi de l'hospitalité, vous méditez le noir projet de les surprendre dans leurs murs ? Etes-vous assez lâche ?...*

— *Et vous, reprit Candie, êtes-vous assez insensé pour croire qu'on passe les mers, et qu'on vienne d'un monde à l'autre pour s'attendrir, comme des enfants, sur l'imbécillité d'un peuple de sauvages ? On ferait de belles conquêtes avec vos timides vertus.*

— *Peut-être, dit Alonso. Mais est-ce bien Pizarro qui fait lever le plan de ces murs ?*

— *C'est lui-même.*

— *J'en doute encore.*

— *Vous m'insultez.*

— *Je l'estime trop pour vous croire.* »

Et à ces mots, l'impétueux jeune homme arrache des mains de Candie le dessin qu'il avait tracé.

Tout-à-coup, se lançant l'un à l'autre un regard de colère, ils écartent la foule ; et l'épée étincelle comme un éclair dans leurs vaillantes mains. Les sauvages, persuadés que ce combat n'était qu'un jeu, applaudissaient d'abord, avec les regards de la joie et les signes naïfs de l'admiration, à l'adresse dont l'un et l'autre paraient les coups les plus rapides. Mais lorsqu'ils virent le sang couler, ils jetèrent des cris perçants de douleur et d'effroi ; et leur roi, se précipitant lui-même entre les deux épées, s'écrie :

« *Arrête ! Arrête ! C'est mon hôte, c'est mon ami, c'est le sang de ton frère que tu fais couler.* »

On s'empresse, on les retient, on les désarme, on les mène sur le vaisseau.

Pizarro, instruit de leur querelle, les reprit tous les deux ; mais, quelqu'égalité qu'il affectât dans ses reproches, Alonso crut s'apercevoir que Candie était approuvé. Un noir chagrin s'empara de son âme. Il se rappela les conseils du vertueux Bartolomé ; il se retraça le supplice du vieillard indien qu'on avait fait brûler, la guerre injuste et meurtrière qu'on avait livrée à ces peuples, l'avidité impatiente de ses compagnons à la vue de l'or. Enfin, l'exemple du passé ne lui fit voir dans l'avenir que le meurtre et que le ravage ; et dès-lors il se repentit de s'être engagé si avant.

Comme il était chéri des Indiens, c'était lui que Pizarro chargeait le plus souvent d'aller pourvoir aux besoins du navire. Un jour qu'il était descendu, il fut accueilli par ce peuple avec une amitié si naïve et si tendre, qu'il ne put retenir ses pleurs.

« *Dans quelques mois peut-être, disait-il en lui-même, les fertiles bords de ce fleuve, ces champs couverts de moissons, ces vallons peuplés de troupeaux, seront tous ravagés ; les mains qui les cultivent seront chargées de chaînes ; et de ces Indiens si doux et si paisibles, des milliers seront égorgés, et le reste, réduit au plus dur esclavage, périra misérablement dans les travaux des mines d'or.*

Peuple innocent et malheureux ! Non, je ne puis t'abandonner ; je me sens attaché à toi, comme par un charme invincible. Je ne trahis point ma patrie, en me déclarant l'ennemi des brigands qui la déshonorent, et en cherchant moi-même à lui gagner les cœurs. »

Telle fut sa résolution ; et il écrivit à Pizarro :

« *J'aime les Indiens ; je reste parmi eux, parce qu'ils sont bons et justes. Adieu. Vous trouverez en moi un médiateur, un ami, si vous respectez avec eux les droits de la nature ; un ennemi, si, par la force, le brigandage et la rapine, vous violez ces droits sacrés.* »

Pizarro, affligé de la perte d'Alonso, le fit presser de revenir. On le trouva au milieu des sauvages, éclairant leur raison, et jouissant de leurs caresses.

« *Racontez à Pizarro ce que vous avez vu, dit-il à ceux qui venaient le chercher, et que mon exemple lui apprenne, que le plus sûr moyen de captiver ces peuples, c'est d'être juste et bienfaisant.* »

L'un des regrets de Pizarro, en quittant ces bords, fut d'y laisser ce vaillant jeune homme.

Mais celui-ci n'avait jamais été plus heureux que dans ce moment. Se voyant au milieu d'un peuple naturellement simple et doux, il jouissait du calme des passions ; il respirait l'air pur de l'innocence ; il prenait plaisir à l'entendre célébrer les vertus des incas, enfants du soleil, et mettre au rang de leurs bienfaits l'heureuse révolution qui s'était faite dans ses mœurs, lorsque, par la raison, plus que par la force des armes, les incas l'avaient obligé de suivre leur culte et leurs lois. Alonso, à son tour, leur donnait une idée de nos mœurs et de nos usages, des progrès de nos connaissances, et des prodiges de nos arts. Ce merveilleux les étonnait. Le cacique lui demanda ce qui l'avait engagé à se séparer de ses amis, et à demeurer sur ces bords.

« *Ceux avec qui je suis venu, lui répondit Alonso, m'ont dit : allons faire du bien aux habitants du nouveau monde ; aussitôt je les ai suivis.*

J'ai vu qu'ils ne pensaient qu'à vous faire du mal ; et je les ai abandonnés. »

Il lui raconta le sujet de sa querelle avec Candie. L'indien en fut pénétré de reconnaissance pour lui. Il le regardait avec une admiration douce et tendre ; et il disait tout bas :

« *Il en est digne, il en est plus digne que moi.* »

L'heure du sommeil approchait ; le cacique prit congé d'Alonso ; mais, en s'en allant, il retournait vers lui les yeux, et levait les mains vers le ciel. Le lendemain il vient le trouver dès l'aurore.

« *Eveille-toi, roi de Tumbès, lui dit-il, en lui présentant son diadème et ses armes, éveille-toi ; reçois de ma main la couronne. J'y ai bien pensé : je te la dois. J'ai ton courage et ta bonté, mais je n'ai pas tes lumières. Prends ma place, règne sur nous. Je serai ton premier sujet.*

L'inca l'approuvera lui-même. »

Alonso, confondu de voir dans un sauvage cet exemple inouï de modestie et de magnanimité, sentit ce que l'orgueil ignore, que la véritable grandeur et la simplicité se touchent, et qu'il est rare qu'un cœur droit ne soit pas un cœur élevé. Il rendit grâces au cacique, et lui dit :

« *Tu es juste et bon : tu dois être aimé de ton peuple. Laissons-lui son roi. D'autres soins doivent occuper ton ami.* »

Bientôt après, il vit venir les plus heureuses mères, celles qui pouvaient s'applaudir d'avoir les filles les plus belles, et qui, les menant par la main, les lui présentaient à l'envi.

« *Daigne agréer, lui disaient-elles, cette jeune et douce compagne. Elle excelle à filer la laine ; elle en fait les plus beaux tissus. Elle est sensible ; elle t'aimera. Tous les matins, à son réveil, elle soupire après un époux ; et du moment qu'elle t'a vu, tu es l'époux que son cœur désire.*

Tous mes enfants ont été beaux ; les siens le seront encore plus : car tu seras leur père ; et jamais nos campagnes n'ont rien vu de si beau que toi. »

Molina se fût livré sans peine aux charmes de la beauté, de l'innocence et de l'amour. Mais, se donner une compagne, c'était lui-même s'engager ; et ses desseins demandaient un cœur libre. Il avait appris du cacique qu'au-delà des montagnes, deux incas, deux fils du soleil, se partageaient un vaste empire ; et dès-lors il avait formé la résolution de se rendre à leur cour.

« *L'inca, roi de Cuzco, lui disait le cacique, est superbe, inflexible ; il se fait redouter. Celui de Quito, bien plus doux, se fait adorer de ses peuples. Je suis du nombre des caciques que son père a mis sous ses lois.* »

Alonso, pour se rendre à la cour de Quito, demanda deux fidèles guides. Le cacique aurait bien voulu le retenir encore.

« *Quoi ! Sitôt, tu veux nous quitter, lui disait-il ! Et dans quel lieu seras-tu plus aimé, plus révéré que parmi nous ?*

— Je vais pourvoir à ton salut, lui répondit Alonso, et engager l'inca à prendre avec moi ta défense : car vos ennemis vont dans peu revenir sur ces bords.

Mais ne t'alarme point. Je viendrai moi-même, à la tête des Indiens, te secourir. »

Ce zèle attendrit le cacique ; et les larmes de l'amitié accompagnèrent ses adieux. Lui-même il choisit les deux guides que son ami lui demandait ; et avec eux Alonso, traversant les vallées, suivit la rive du Dolé, qui prend sa source vers le nord.

Chapitre XX

Après une marche pénible, ils approchaient de l'équateur, et allaient passer un torrent qui se jette dans l'émeraude, lorsqu'Alonso vit ses deux guides interdits et troublés, se parler l'un à l'autre avec des mouvements d'effroi. Il leur en demande la cause.

« *Regarde, lui dit l'un d'eux, au sommet de la montagne. Vois-tu ce point noir dans le ciel ? Il va grossir, et former un affreux orage.* »

En effet, peu d'instants après, ce point nébuleux s'étendit ; et le sommet de la montagne fut couvert d'un nuage sombre.

Les sauvages se hâtent de passer le torrent. L'un d'eux le traverse à la nage, et attache au bord opposé un long tissu de liane, auquel Alonso suspendu dans une corbeille d'osier, passe rapidement : l'autre indien le suit ; et dans le même instant, un murmure profond donne le signal de la guerre que les vents vont se déclarer.

Tout-à-coup leur fureur s'annonce par d'effroyables sifflements. Une épaisse nuit enveloppe le ciel, et le confond avec la terre ; la foudre, en déchirant ce voile ténébreux, en redouble encore la noirceur ; cent tonnerres qui roulent, et semblent rebondir sur une chaîne de montagnes, en se succédant l'un à l'autre, ne forment qu'un mugissement qui s'abaisse et qui se renfle comme celui des vagues.

Aux secousses que la montagne reçoit du tonnerre et des vents, elle s'ébranle, elle s'entr'ouvre ; et de ses flancs, avec un bruit horrible, tombent de rapides torrents. Les animaux, épouvantés, s'élançaient des bois dans la plaine ; et à la clarté de la foudre, les trois voyageurs pâlissant, voyaient passer à côté d'eux le lion, le tigre, le lynx, le léopard, aussi tremblants qu'eux-mêmes. Dans ce péril universel de la nature, il n'y a plus de férocité ; et la crainte a tout adouci.

L'un des guides d'Alonso avait, dans sa frayeur, gagné la cime d'une roche. Un torrent, qui se précipite en bondissant, la déracine et l'entraîne ; et le sauvage, qui l'embrasse, roule avec elle dans les flots. L'autre indien croyait avoir trouvé son salut dans le creux d'un arbre ; mais une colonne de feu, dont le sommet touche à la nue, descend sur l'arbre, et le consume avec le malheureux qui s'y était sauvé.

Cependant Molina s'épuisait à lutter contre la violence des eaux : il gravissait dans les ténèbres, saisissant tour-à-tour les branches, les racines des bois qu'il rencontrait, sans songer à ses guides, sans autre sentiment que le soin de sa propre vie : car il est des moments d'effroi où toute compassion cesse, où l'homme, absorbé en lui-même, n'est plus sensible que pour lui.

Enfin il arrive, en rampant, au bas d'une roche escarpée ; et, à la lueur des éclairs, il voit une caverne ténébreuse et profonde, dont l'horreur l'aurait glacé dans tout autre moment. Meurtri, épuisé de fatigue, il se jette au fond de cet antre, et là, rendant grâces au ciel, il tombe dans l'accablement.

L'orage enfin s'apaise ; les tonnerres, les vents cessent d'ébranler la montagne ; les eaux des torrents, moins rapides, ne mugissent plus à l'entour ; et Molina sent couler dans ses veines le baume du sommeil. Mais un bruit plus terrible que celui des tempêtes, le frappe, au moment même qu'il allait s'endormir.

Ce bruit, pareil au broiement des cailloux, est celui d'une multitude de serpents, dont la caverne est le refuge. La voûte en est revêtue ; et entrelacés l'un à l'autre, ils forment, dans leurs mouvements, ce bruit qu'Alonso reconnaît. Il sait que le venin de ces serpents est le plus subtil des poisons ; qu'il allume soudain, et dans toutes les veines, un feu qui dévore et consume, au milieu des douleurs les plus intolérables, le malheureux qui en est atteint. Il les entend ; il croit les voir rampants autour de lui, ou pendus sur sa tête, ou roulés sur eux-mêmes, et prêts à s'élancer sur lui. Son courage épuisé succombe ; son sang se glace de frayeur ; à peine il ose respirer. S'il veut se traîner hors de l'antre, sous ses mains, sous ses pas, il tremble de presser un de ces dangereux reptiles. Transi, frissonnant, immobile, environné de mille morts, il passe la plus longue nuit dans une pénible agonie, désirant, frémissant de revoir la lumière, se reprochant la crainte qui le tient enchaîné, et faisant sur lui-même d'inutiles efforts pour surmonter cette faiblesse.

Le jour qui vint l'éclairer, justifia sa frayeur.

Il vit réellement tout le danger qu'il avait pressenti ; il le vit plus horrible encore. Il fallait mourir, ou s'échapper. Il ramasse péniblement le peu de forces qui lui restent ; il se soulève avec lenteur, se courbe, et les mains appuyées sur ses genoux tremblants, il sort de la caverne, aussi défait, aussi pâle qu'un spectre qui sortirait de son tombeau. Le même orage qui l'avait jeté dans le péril, l'en préserva : car les serpents en avaient eu autant de frayeur que lui-même ; et c'est l'instinct de tous les animaux, dès que le péril les occupe, de cesser d'être malfaisants.

Un jour serein consolait la nature des ravages de la nuit. La terre, échappée comme d'un naufrage, en offrait partout les débris. Des forêts, qui, la veille, s'élançaient jusqu'aux nues, étaient courbées vers la terre ; d'autres semblaient se hérisser encore d'horreur. Des collines, qu'Alonso avait vu s'arrondir sous leur verdoyante parure, entr'ouvertes en précipices, lui montraient leurs flancs déchirés. De vieux arbres déracinés, précipités du haut des monts, le pin, le palmier, le gayac, le caobo, le cèdre, étendus, épars dans la plaine, la couvraient de leurs troncs brisés et de leurs branches fracassées. Des dents de rochers détachées, marquaient la trace des torrents ; leur lit profond était bordé d'un nombre effrayant d'animaux, doux, cruels, timides, féroces, qui avaient été submergés et revomis par les eaux.

Cependant ces eaux, écoulées, laissaient les bois et les campagnes se ranimer aux rayons du jour naissant. Le ciel semblait avoir fait la paix avec la terre, et lui sourire en signe de faveur et d'amour. Tout ce qui respirait encore, recommençait à jouir de la vie ; les oiseaux, les bêtes sauvages avaient oublié leur effroi ; car le prompt oubli des maux est un don que la nature leur a fait, et qu'elle a refusé à l'homme.

Le cœur d'Alonso, quoique flétri par la crainte et par la douleur, sentit un mouvement de joie.

Mais, en cessant de craindre pour lui-même, il trembla pour ses compagnons. Sa voix à grands cris les appelle ; ses yeux les cherchent vainement, il ne les revoit plus ; et les échos seuls lui répondent.

« *Hélas ! s'écria-t-il, mes guides ! Mes amis ! C'en est donc fait ? Ils ont péri sans doute.*

Et moi, que vais-je devenir ? »

Le jeune homme, à ces mots, se croyant poursuivi par un malheur inévitable, retomba dans l'abattement. Pour comble de calamité, il ne retrouva plus le peu de vivres qu'ils avaient pris, et dont il sentait le besoin, par l'épuisement de ses forces. La nature y pourvut ; les mangles, les bananes, l'oca, furent ses aliments.

Aussi loin que sa vue pouvait s'étendre, il cherchait des lieux habités ; il n'en voyait aucun indice ; son courage était épuisé. Enfin il découvre un sentier pratiqué entre deux montagnes. Heureux de voir des traces d'hommes, l'espérance et la joie se raniment en lui ; l'obscurité de cette route, où des rochers, suspendus sur sa tête, laissent à peine un étroit passage à la lumière, ne lui inspire aucune horreur. L'instinct, qui semblait l'attirer vers un lieu où il espérait de trouver ses semblables, précipitait ses pas, et le rendait insensible à la fatigue et au danger. Il sort enfin de ce sentier profond, et il découvre une campagne, semée çà et là de cabanes et de troupeaux. Il respire ; et tendant les mains au ciel, il lui rend grâce.

À peine a-t-il paru, que des sauvages l'environnent avec des cris et des transports, qu'il prend pour des signes de joie. Il s'approche, et leur tend les bras. Il ne voit pas sur leurs visages la simple et naïve douceur des peuples de Tumbès : leur sourire même est cruel ; leur regard lui paraît moins curieux qu'avide ; et leur accueil, tout caressant qu'il est, a je ne sais quoi d'effrayant.

Cependant Alonso s'y livre.

« *Indiens, leur dit-il, je suis un étranger, mais un étranger qui vous aime. Ayez pitié de l'abandon où je me vois réduit.* »

Comme il disait ces mots, il se voit chargé de liens ; les cris d'allégresse redoublent ; et il est conduit au hameau. Les femmes sortent des cabanes, tenant par la main leurs enfants.

Elles entourent le poteau où Molina est attaché ; et on le laisse au milieu d'elles.

Il vit bien qu'il était tombé chez un peuple d'anthropophages. En lui liant les mains, on l'avait dépouillé ; triste présage de son sort ! Il entendait les sauvages, répandus dans le hameau, s'inviter l'un l'autre à la fête ; et les chansons des femmes, qui se réjouissaient et qui dansaient autour de lui, ne lui déguisaient pas ce qui allait se passer.

« *Enfants, disaient-elles, chantez : vos pères sont tombés sur une bonne proie. Chantez ; vous serez du festin.* »

Tandis qu'elles s'applaudissaient, le malheureux Alonso, pâle, tremblant, les regardait de l'œil dont le cerf aux abois regarde la meute affamée. La nature fit un effort sur elle-même ; il rassembla le peu de forces que lui laissait la peur dont il était saisi ; et s'adressant à ces femmes sauvages :

« *Lorsque vos enfants, leur dit-il, sont suspendus à vos mamelles, et que leur père les caresse et vous sourit avec amour, combien ne serait pas cruel celui qui viendrait, dans vos bras, déchirer le fils et le père, comme vous m'allez déchirer ? La nature vous a donné des ennemis dans les bêtes sauvages ; vous pouvez leur livrer la guerre, et vous abreuver de leur sang.*

Mais moi, je suis un homme innocent et paisible, qui ne vous ai fait aucun mal. Une femme semblable à vous, m'a porté dans ses flancs, et m'a nourri de son lait.

Si elle était ici, vous la verriez, tremblante, vous conjurer, par vos entrailles, d'épargner son malheureux fils. Résisteriez-vous à ses pleurs, et laisseriez-vous égorger un fils dans les bras de sa mère ? La vie est pour moi peu de chose ; mais ce qui me touche bien plus, c'est le péril qui vous menace, et le soin de votre défense contre une puissance terrible, qui va venir vous attaquer.

Je le savais ; j'allais, pour vous, implorer à Quito le secours des incas. Pour vous, je me suis exposé, dans ce pénible et long voyage, au danger d'être pris, d'être déchiré par vos mains. Femmes indiennes, croyez que je suis votre ami, celui de vos enfants, celui même de vos époux. Voulez-vous dévorer la chair de votre ami, boire le sang de votre frère ? »

Ces femmes, étonnées, le contemplaient en l'écoutant ; et par degrés leur cœur farouche était ému, et s'amollissait à sa voix. La nature a pour tous les yeux deux charmes tout-puissants, lorsqu'ils se trouvent réunis : c'est la jeunesse et la beauté. Du moment qu'il avait parlé, sa pâleur s'était dissipée ; les roses de ses lèvres et de son teint avaient repris tout leur éclat ; ses beaux yeux noirs ne jetaient point ces traits de feu dont ils auraient brillé, ou dans l'amour, ou dans la joie : ils étaient languissants ; et ils n'en étaient que plus tendres. Les ondes de ses longs cheveux, flottantes sur l'ivoire de ses bras enchaînés, en relevaient la blancheur éclatante ; et sa taille, dont l'élégance, la noblesse, la majesté formaient un accord ravissant, ne laissait rien imaginer au-dessus d'un si beau modèle. Dans la cour d'Espagne, au milieu de la plus brillante jeunesse, Molina l'aurait effacée. Combien plus rare et plus frappant devait être, chez des sauvages, le prodige de sa beauté ? Ces femmes y furent sensibles.

La surprise fit place à l'attendrissement, l'attendrissement à l'ivresse. Ces enfants qu'elles amenaient pour les abreuver de son sang, elles les prennent dans leurs bras, les élèvent à sa hauteur, et pleurent en voyant qu'il leur sourit avec tendresse, et qu'il leur donne des baisers.

Dans ce moment, les Indiens se rassemblent en plus grand nombre. Armés de ces pierres tranchantes, qu'ils savent aiguiser, ils se jetaient sur la victime, impatients de lui ouvrir les veines, et d'en voir ruisseler le sang. Plus tremblantes qu'Alonso même, les femmes l'environnent avec des cris perçants, et tendant les mains aux sauvages :

« *Arrêtez ! Épargnez ce malheureux jeune homme. C'est votre ami, c'est votre frère. Il vous aime ; il veut vous défendre d'un ennemi cruel, qui vient vous attaquer. Il allait implorer pour vous le secours du roi des montagnes.*

Laissez-le vivre : il ne vit que pour nous. »

Ces cris, cet étrange langage étonnèrent les Indiens.

Mais leur instinct féroce les pressait. Ils dévoraient des yeux Alonso, et tâchaient de se dégager des bras de leurs compagnes, pour se jeter sur lui.

« *Non, tigres, non, s'écrièrent-elles, vous ne boirez pas son sang, ou vous boirez aussi le nôtre.* »

Ces hommes farouches s'arrêtent. Ils se regardent entre eux, immobiles d'étonnement.

« *Dans quel délire, disaient-ils, ce captif a plongé nos femmes ! Êtes-vous insensées ? Et ne voyez-vous pas, que, pour s'échapper, il vous flatte ?*

Eloignez-vous, et nous laissez dévorer en paix notre proie.

— Si vous y touchez, dirent-elles, nous jurons toutes, par le cœur du lion, dont vous êtes nés, de massacrer vos enfants, de les déchirer à vos yeux, et de les dévorer nous-mêmes. »

À ces mots, les plus furieuses, saisissant leurs enfants par les cheveux, et d'une main les tenant suspendus aux yeux de leurs maris, grinçaient les dents, et rugissaient. Ils en furent épouvantés.

« *Qu'il vive, dirent-ils, puisque vous le voulez* »

Et ils dégagèrent Alonso.

« *Nous voyons bien, lui dirent-ils, que tu possèdes l'art des enchantements ; mais du moins apprends-nous quel ennemi nous menace ?*

— Un peuple cruel et terrible, leur répondit Alonso.

— Et tu allais, disent nos femmes, demander au roi des montagnes de venir à notre secours ?

— Oui, c'est dans ce dessein que je suis parti de Tumbès ; mais j'ai perdu mes guides.

— Nous t'en donnerons un, qui te mènera jusqu'au fleuve, au bord duquel est un chemin qui remonte jusqu'à sa source. Mais assiste à notre festin. »

À ce festin, où des béliers sanglants étaient déchirés, dévorés, comme lui-même il devait l'être, Alonso frissonnait d'horreur. Il eut cependant le courage de demander au cacique, s'il ne sentait pas la nature se soulever, lorsqu'il mangeait la chair, ou qu'il buvait le sang des hommes ?

« *Par le lion ! dit le sauvage, un inconnu, pour moi, n'est qu'un animal dangereux. Pour m'en délivrer, je le tue ; quand je l'ai tué, je le mange. Il n'y a rien là que de juste ; et je ne fais tort qu'aux vautours.* »

Après le festin, le cacique invitait Alonso à passer la nuit dans sa cabane, lorsque les femmes vinrent en foule, et lui dirent :

« *Va-t-en. Ils sont assouvis ; ils s'endorment. N'attends pas qu'ils s'éveillent et que la faim les presse. Nous les connaissons. Fuis ; tu serais dévoré.* »

Cet avis salutaire pressa le départ d'Alonso. Il se mit en chemin avec son nouveau guide, non sans avoir baisé cent fois les mains qui l'avaient délivré.

Chapitre XXI

En arrivant au bord de l'émeraude, il fut surpris de voir à l'autre rive un peuple nombreux s'embarquer, avec ses femmes et ses enfants, sur une flotte de canots. Il ordonne à son guide de passer à la nage, et de demander à ce peuple s'il descend vers Atacamès, ou s'il remonte l'émeraude, et s'il veut recevoir sur l'un de ses canots un étranger, ami des Indiens.

Le chef de cette colonie lui fit répondre, qu'il remontait le fleuve ; qu'il ne refusait point un homme qui s'annonçait en ami ; et qu'il lui envoyait un canot, pour venir lui parler lui-même. Le jeune homme, après les périls auxquels il venait d'échapper, ne voyait plus rien à craindre. Il prend congé de son guide, entre sans défiance dans le canot, et passe à l'autre bord.

« *Tu es espagnol, et tu t'annonces comme l'ami des Indiens*, lui dit, en le voyant, le chef de cette troupe de sauvages !

— *Je suis espagnol*, lui répondit Alonso, *et je donnerais tout mon sang pour le salut des Indiens.*

C'est leur intérêt qui m'engage... »

Comme il disait ces mots, ses yeux furent frappés d'une figure que les Indiens portaient à côté du cacique. À cette vue, Alonso se trouble ; la surprise, la joie et l'attendrissement suspendent son récit, et lui coupent la voix. Dans cette image, il entrevoit les traits, il reconnaît du moins le vêtement et l'attitude de Las-Casas.

« *Ah ! dit-il, d'une voix tremblante, est-ce Las-Casas ? Est-ce lui qu'on révère ici comme un dieu ?* »

Et il embrasse la statue.

« *C'est lui-même, dit le cacique. Est-il connu de toi ?*

— S'il est connu de moi ! Lui, dont les soins, l'exemple et les leçons ont formé ma jeunesse ! Ah ! Vous êtes tous mes amis, puisque ses vertus vous sont chères, et que vous en gardez le souvenir. »

À ces mots, il se jette dans les bras du cacique.

« *D'où venez-vous ? ajouta-t-il ; où l'avez-vous laissé ? Et quel prodige nous rassemble ?* »

Deux frères, qu'une amitié sainte aurait unis dès le berceau, n'auraient pas éprouvé des mouvements plus doux, en se réunissant, après une cruelle absence.

« *Peuple, dit Capana, c'est l'ami de Las-Casas, que je rencontre sur ces bords.* »

Aussitôt le peuple s'empresse à témoigner au castillan le plaisir de le posséder.

« *Tu es l'ami de Las-Casas ? Viens, que nous te servions* »

Lui disent les femmes indiennes ; et d'un air simple et caressant, elles l'invitent à se reposer. Cependant l'une va puiser, au bord du fleuve, une eau plus fraîche et plus pure que le cristal, et revient lui laver les pieds ; l'autre démêle, arrange, attache sur sa tête les ondes de ses longs cheveux ; l'autre, en essuyant la poussière dont son visage est couvert, s'arrête et l'admire en silence.

Alonso attendrit le cacique en lui faisant l'éloge de Las-Casas ; et le cacique lui raconta le voyage de l'homme juste dans le vallon qui leur servait d'asile.

« *Hélas ! ajouta le sauvage, le croiras-tu ? Cet Espagnol que nous avions sauvé, à la prière de Las-Casas, c'est lui qui nous a perdus.*

— Lui ?

— Lui-même. Le malheureux vous a trahis !

— Oh non ; ce jeune homme était bon. Mais son père était un perfide. Il l'a fait épier, comme il revenait parmi nous ; et notre asile découvert, il a fallu l'abandonner.

Las d'être poursuivis, nous cherchons un refuge dans le royaume des incas. C'est à Quito que nous allons ; et pour éviter les montagnes, nous avons pris ce long détour.

— C'est aussi à Quito que j'ai dessein d'aller, dit Molina »

Et il lui apprit comment, ayant quitté Pizarro, touché des maux qui menaçaient les peuples de ces bords, il avait résolu d'aller trouver Atahualpa, pour l'appeler à leur secours

« Ah ! lui dit le cacique, je reconnais en toi le digne ami de l'homme juste : il me semble voir dans tes yeux une étincelle de son âme.

Sois notre guide ; présente-nous à l'inca comme tes amis, et réponds-lui de notre zèle. »

La colonie s'embarque ; on remonte le fleuve ; et lorsqu'affaibli vers sa source, il ne porte plus les canots, on suit le sentier qui pénètre à travers l'épaisseur des bois. Les racines, les fruits sauvages, les oiseaux blessés dans leur vol par les flèches des Indiens, le chevreuil et le daim timides, atteints de même dans leur course, ou pris dans des liens tendus et cachés sous leurs pas, servent de nourriture à ce peuple nombreux.

Après avoir franchi cent fois les torrents et les précipices, on voit les forêts s'éclaircir, et la stérilité succède à l'excès importun de la fécondité. Au-lieu de ces bois si touffus, où la terre, trop vigoureuse, prodigue et perd les fruits d'une folle abondance, l'œil ne découvre plus au loin que des sables arides, et que des rochers calcinés.

Les Indiens en sont épouvantés ; Alonso en frémit lui-même. Mais à peine ils sont arrivés sur la croupe de la montagne, il semble qu'un rideau se lève, et ils découvrent le vallon de Quito, les délices de la nature. Jamais ce vallon ne connut l'alternative des saisons ; jamais l'hiver n'a dépouillé ses riants coteaux ; jamais l'été n'a brûlé ses campagnes. Le laboureur y choisit le temps de la culture et de la moisson. Un sillon y sépare le printemps de l'automne. La naissance et la maturité s'y touchent ; l'arbre, sur le même rameau, réunit les fleurs et les fruits.

Les Indiens, Molina à leur tête, marchent vers les murs de Quito, l'arc pendu au carquois, et tenant par la main leurs enfants et leurs femmes, signes naturels de la paix. Ce fut aux portes de la ville un spectacle nouveau, que de voir tout un peuple demander l'hospitalité. L'inca, dès qu'il lui est annoncé, ordonne qu'on l'introduise, et qu'on l'amène devant lui. Il sort lui-même, avec la dignité d'un roi, de l'intérieur de son palais, suivi d'une nombreuse cour, s'avance jusqu'au vestibule, et y reçoit ces étrangers.

Le jeune Espagnol, qui marchait à côté du cacique, saluait le monarque, et allait lui parler ; mais il fut prévenu par les frémissements et par les cris des Mexicains.

« *Ciel ! dirent-ils, un de nos oppresseurs !*

— Oui, poursuivit Orozimbo, *je reconnais les traits, les vêtements de ces barbares. Inca, cet homme est castillan. Laisse-moi venger ma patrie.* »

En disant ces mots, il avait l'arc tendu, et allait percer Molina. L'inca mit la main sur la flèche.

« Cacique, lui dit-il, modérez cet emportement. Innocent ou coupable, tout homme suppliant mérite au moins d'être entendu.

Parle, dit-il à Molina ; dis-nous qui tu es, d'où tu viens, ce qui t'amène, ce que tu veux de moi. Garde surtout d'en imposer ; et si tu es castillan, ne sois point étonné de l'horreur que ta vue inspire à la famille de Moctezuma.

— Ah ! S'il est vrai, lui dit Alonso, leur ressentiment est trop juste ; et ce serait peu de mon sang pour tout celui qu'on a versé. Oui, je suis castillan ; je suis l'un des barbares qui ont porté la flamme et le fer sur ce malheureux continent ; mais je déteste leurs fureurs.

Je viens d'abandonner leur flotte. Je suis l'ami des Indiens. J'ai traversé des déserts pour venir jusqu'à toi, et pour t'avertir des malheurs dont ta patrie est menacée. Inca, si, comme on nous l'assure, la justice règne avec toi, si l'humanité bienfaisante est l'âme de tes lois, et la vertu de ton empire, je t'offre le cœur d'un ami, le bras d'un guerrier, les conseils d'un homme instruit des dangers que tu cours. Mais si je trouve, dans ces climats, la nature outragée par des lois tyranniques, par un culte impie et sanglant, je t'abandonne, et je vais vivre dans le fond des déserts, au milieu des bêtes farouches, moins cruelles que les humains.

Quant au peuple que je t'amène, je ne connais de lui que sa vénération pour un castillan, mon ami, et le plus vertueux des hommes.

Je l'ai trouvé portant l'image de ce respectable mortel. La voilà : je l'ai reconnue ; et dès-lors j'ai été l'ami d'un peuple vertueux lui-même, puisqu'il adore la vertu. C'est par ses secours généreux que je suis venu jusqu'à toi. Je te réponds qu'il est sensible, intéressant, digne de l'appui qu'il implore. Il fuit son pays, qu'on ravage ; et voilà son cacique, homme généreux, simple et juste, dont tu te feras un ami, si tu sens le prix d'un grand cœur. »

La franchise et la grandeur d'âme ont un caractère si fier et si imposant par lui-même, qu'en se montrant, elles écartent la défiance et les soupçons.

Dès que Molina eut parlé, Atahualpa lui tendit la main.

« Viens, lui dit-il ; le guerrier et l'ami, le courage de l'un, les conseils de l'autre, tout sera bien reçu de moi. Ton estime pour ce cacique et pour son peuple, me répond de leur foi ; et je n'en veux point d'autre gage. »

Il ordonna qu'on eût soin de pourvoir à tous les besoins de ses nouveaux sujets. Un hameau s'éleva pour eux dans une fertile vallée ; et

Molina et le cacique, reçus, logés dans le palais des enfants du soleil, partagèrent la confiance et la faveur du monarque avec les héros Mexicains.

Chapitre XXII

Pizarro, de retour sur l'isthme, n'y avait trouvé que des cœurs glacés, et rebutés par ses malheurs. Il vit bien, que, pour imposer silence à l'envi, et pour inspirer son courage à des esprits intimidés, sa voix seule serait trop faible ; il prit la résolution de se rendre lui-même à la cour d'Espagne, où il serait mieux écouté.

Ce long voyage donna le temps à un rival ambitieux de tenter la même entreprise.

Ce fut Alvarado, l'un des compagnons de Cortès, et celui de ses lieutenants qui s'était le plus signalé dans la conquête du Mexique.

La province de Guatemala était le prix de ses exploits ; il la gouvernait, ou plutôt il y dominait en monarque. Mais, toujours plus insatiable de richesse et de gloire, il regardait, d'un œil avide, les régions du midi.

Dans son partage étaient tombés Amazili et Télasco, la sœur et l'ami d'Orozimbo : amants heureux dans leur malheur, de vivre et de pleurer ensemble, de partager la même chaîne, et de s'aider à la porter. Il les tenait captifs ; et il avait appris, par un indien, qu'Orozimbo et les neveux de Moctezuma, échappés au fer des vainqueurs, allaient chercher une retraite chez ces monarques du midi, dont on lui vantait les richesses.

Il en conçut une espérance qui alluma son ambition. Il avait près de lui un castillan appelé Gomès, homme actif, ardent, intrépide, aussi prudent qu'audacieux.

« J'ai formé, lui dit-il, un grand dessein : c'est à toi que je le confie. Nous n'avons encore travaillé l'un et l'autre que pour la gloire de Cortés. Nos noms se perdent dans l'éclat du sien. Il s'agit, pour nous, d'égaler l'honneur de sa conquête, et peut-être de l'effacer.

Au midi de ce nouveau monde, est un empire plus étendu, plus opulent que celui du Mexique : c'est le royaume des incas. Les neveux de Moctezuma ont espéré d'y trouver un asile ; c'est par eux que je veux gagner la confiance du monarque dont ils vont implorer l'appui. Le jeune et vaillant Orozimbo est à leur tête ; sa sœur et l'amant de sa sœur, sont au nombre de mes esclaves ; rien de plus vif et de plus tendre que leur mutuelle amitié ; et celui qui leur promettra de les réunir, en obtiendra tout aisément. Un vaisseau t'attend au rivage, avec cent castillans des plus déterminés.

Emmène avec toi mes captifs, Amazili et Télasco ; emploie avec eux la douceur, les ménagements, les caresses ; aborde aux côtes du midi ; envoie à la cour des incas donner avis à Orozimbo que la liberté de sa sœur et de son ami, dépend de toi et de lui-même ; qu'ils l'attendent sur ton navire ; et que la faveur des incas, l'accès de leur pays, l'heureuse intelligence qu'il peut établir entre nous, est le prix que je lui demande pour la rançon des deux esclaves que tu es chargé de lui rendre.

Tu sens bien de quelle importance est l'art de ménager cette négociation, et avec quel soin les otages doivent être gardés jusqu'à l'événement. Je m'en repose sur ta prudence ; et dès demain tu peux partir. »

Il fit venir les deux amants.

« Allez retrouver Orozimbo, leur dit-il ; je vous rends à lui. Votre rançon est dans ses mains. »

La surprise d'Amazili et de Télasco fut extrême : elle tint leur âme un moment suspendue entre la joie que leur causait cette étrange révolution, et la frayeur que ce ne fût un piège. Ils tremblaient ; ils se regardaient ; ils levaient les yeux sur leur maître, cherchant à lire dans les siens. Amazili lui dit :

« Souverain de nos destinées, que tu es cruel, si tu nous trompes ! Mais que ton cœur est généreux, si c'est lui qui nous a parlé !

— Je ne vous trompe point, reprit le castillan. Il n'appartient qu'à des lâches d'insulter à la faiblesse, et de se jouer du malheur ; je sais respecter l'un et l'autre. Je plains le sort de cet empire, et je vous plains encore plus, vous, de qui la fortune passée rend la chute plus accablante. Osez donc croire à mes promesses, que vous allez voir s'accomplir.

— Ah ! lui dit Télasco, je t'ai vu porter la flamme dans le palais de mes pères ; j'ai vu tes mains rougies du sang de mes amis ; enfin tu m'as chargé de chaînes, et c'est le comble de l'opprobre : mais quelques maux que tu m'aies faits, ils seront oubliés ; je te pardonne tout ; et ce qu'on ne croira jamais, je te chéris et te révère. Vois à quel point tu m'attendris. Moi, qui jamais ne t'ai demandé que la mort, je tombe à tes pieds, je les baise, je les arrose de mes pleurs. »

Alvarado les embrassa avec une apparence de sensibilité.

« Si vous êtes reconnaissants de mes bienfaits, leur dit-il, le seul prix que j'ose en attendre, c'est que vous m'en soyez témoins auprès du vaillant Orozimbo. Dites-lui, que, si je sais vaincre, je sais aussi mériter la victoire, et ménager mes ennemis, quand la paix les a désarmés. »

Alors les deux captifs, emmenés au rivage, s'embarquèrent sur le vaisseau qui leva l'ancre au point du jour. La course fut assez paisible jusque vers les îles Galapes ; mais là, on sentit s'élever, entre l'orient et le nord, un vent rapide, auquel il fallut obéir, et se voir pousser sur des mers qui n'avaient point encore vu de voiles. Dix fois le soleil fit son tour, sans que le vent fût apaisé. Il tombe enfin ; et bientôt après un calme profond lui succède. Les ondes, violemment émues, se balancent longtemps encore après que le vent a cessé. Mais insensiblement leurs sillons s'aplanissent ; et sur une mer immobile, le navire, comme enchaîné, cherche inutilement dans les airs un souffle qui l'ébranle ; la voile, cent fois déployée, retombe cent fois sur les mâts. L'onde, le ciel, un horizon vague, où la vue a beau s'enfoncer dans l'abîme de l'étendue, un vide profond et sans bornes, le silence et l'immensité, voilà ce que présente aux matelots ce triste et fatal hémisphère. Consternés, et glacés d'effroi, ils demandent au ciel des orages et des tempêtes ; et le ciel, devenu d'airain comme la mer, ne leur offre de toutes parts qu'une affreuse sérénité. Les jours, les nuits s'écoulent dans ce repos funeste.

Ce soleil, dont l'éclat naissant ranime et réjouit la terre ; ces étoiles, dont les nochers aiment à voir briller les feux étincelants ; ce liquide cristal des eaux, qu'avec tant de plaisir nous contemplons du rivage, lorsqu'il réfléchit la lumière et répète l'azur des cieux, ne forment plus qu'un spectacle funeste ; et tout ce qui, dans la nature, annonce la paix et la joie, ne porte ici que l'épouvante, et ne présage que la mort.

Cependant les vivres s'épuisent. On les réduit, on les dispense d'une main avare et sévère. La nature, qui voit tarir les sources de la vie, en devient plus avide ; et plus les secours diminuent, plus on sent croître les besoins. À la disette enfin succède la famine, fléau terrible sur la terre, mais plus terrible mille fois sur le vaste abîme des eaux : car au moins, sur la terre, quelque lueur d'espérance peut abuser la douleur et soutenir le courage ; mais au milieu d'une mer immense, écarté, solitaire, et environné du néant, l'homme, dans l'abandon de toute la nature, n'a pas même l'illusion pour le sauver du désespoir : il voit comme un abîme l'espace épouvantable qui l'éloigne de tout secours ; sa pensée et ses vœux s'y perdent ; la voix même de l'espérance ne peut arriver jusqu'à lui.

Les premiers accès de la faim se font sentir sur le vaisseau : cruelle alternative de douleur et de rage, où l'on voyait des malheureux étendus sur les bancs, lever les mains vers le ciel, avec des plaintes lamentables, ou courir éperdus et furieux de la proue à la poupe, et demander au moins que la mort vînt finir leurs maux. Gomès, pâle et défait, se montre au milieu de ces spectres, dont il partage les tourments. Mais, par un effort de courage, il fait violence à la nature. Il parle à ses soldats, les encourage, les apaise, et tâche de leur inspirer un reste d'espérance, que lui-même il n'a plus.

Son autorité, son exemple, le respect qu'il imprime, suspendent un moment leur fureur. Mais bientôt elle se rallume comme le feu d'un incendie ; et l'un de ces malheureux, s'adressant au capitaine, lui parle en ces terribles mots :

« *Nous avons égorgé, sans besoin, sans crime, ou du moins sans remords, des milliers de Mexicains : dieu nous les avait livrés, disait-on, comme des victimes, dont nous pouvions verser le sang. Un infidèle, une bête farouche, sont égaux devant lui ; on nous l'a répété cent fois. Tu tiens en tes mains deux sauvages ; tu vois l'extrémité où nous sommes réduits ; la faim dévore nos entrailles. Livre-nous ces infortunés, qui n'ont plus, comme nous, que quelques moments à vivre, et auxquels ta religion t'ordonne de nous préférer.*

— Si cette ressource pouvait vous sauver, leur répondit Gomès, *je n'hésiterais pas ; je céderais, en frémissant, à l'affreuse nécessité ; mais ce n'est pas la peine d'outrager la nature, pour souffrir quelques jours de plus. Mes amis, ne nous flattons point : à moins d'un miracle évident, il faut périr. Dieu nous voit ; l'heure approche ; implorons le secours du ciel.* »

Cette réponse les consterna ; et chacun s'éloignant, dans un morne silence, alla s'abandonner au désespoir qui lui rongeait le cœur.

Dans un coin du vaisseau languissaient en silence Amazili et Télasco. Plus accoutumés à la souffrance, ils la supportaient sans se plaindre ; seulement ils se regardaient d'un œil attendri et mourant, et ils se disaient l'un à l'autre :

« Je ne verrai plus mon frère, je ne verrai plus mon ami. »

Les castillans, d'un air sombre et farouche, errants sans cesse autour d'eux, les regardaient avec des yeux ardents, et suivaient impatiemment les progrès de leur défaillance. À l'approche des castillans, à leurs regards avides, à leurs frémissements, aux mouvements de rage qu'ils retenaient à peine, Télasco qui croyait les voir, comme des tigres affamés, prêts à déchirer son amante, se tenait près d'elle avec l'inquiétude de la lionne qui garde ses lionceaux. Ses yeux étincelants étaient sans cesse ouverts sur eux, et les observaient sans relâche. Si quelquefois il se sentait forcé de céder au sommeil, il frémissait, il serrait dans ses bras sa tendre Amazili.

« Je succombe, lui disait-il ; mes yeux se ferment malgré moi ; je ne puis plus veiller à ta défense.

Les cruels saisiront peut-être l'instant de mon sommeil, pour se saisir de leur proie. Tenons-nous embrassés, ma chère Amazili ; que du moins tes cris me réveillent. »

Gomès, qui lui-même observait les mouvements des Espagnols, leur fit donner quelque soulagement du peu de vivres qui restaient, et les contint pendant ce jour funeste. La nuit vint, et ne fut troublée que par des gémissements. Tout était consterné, tout resta immobile.

Amazili, d'une main défaillante, pressant la main de Télasco :

« Mon ami, si nous étions seuls, je te demanderais, dit-elle, de m'épargner une mort lente, de me tuer pour te nourrir ; heureuse d'avoir pour tombeau le sein de mon amant, et d'ajouter mes jours aux tiens ! Mais ces brigands t'arracheraient mes membres palpitants ; et, à ton exemple, ils croiraient pouvoir te déchirer toi-même, et te dévorer après moi. C'est là ce qui me fait frémir.

— *Ô toi, lui répondit Télasco, ô toi, qui me fais encore aimer la vie, et résister à tant de maux, que t'ai-je fait, pour désirer que je te survive un moment ?*

Si je croyais que ce fût un bien de prolonger les jours de ce qu'on aime, en lui sacrifiant les siens, crois-tu que j'eusse tant tardé à me percer le sein, à me couper les veines, et à t'abreuver de mon sang ? Il faut mourir ensemble : c'est l'unique douceur que notre affreux destin nous laisse. Tu es la plus faible, et sans doute tu succomberas la première ; alors, s'il m'en reste la force, je collerai mes lèvres sur tes lèvres glacées, et, pour te sauver des outrages de ces barbares affamés, je te traînerai sur la poupe, je te serrerai dans mes bras, et nous tomberons dans les flots, où nous serons ensevelis. »

Cette pensée adoucit leur peine ; et l'abîme des eaux, prêt à les engloutir, devint pour eux comme un port assuré. Avec le jour, enfin se lève un vent frais, qui ramène l'espérance et la joie dans l'âme des castillans. Quelle espérance, hélas ! Ce vent s'oppose encore à leur retour vers l'orient, et va les pousser plus avant sur un océan sans rivages. Mais il les tire de ce repos, plus horrible que tout le reste ; et quelque route qu'il faille suivre, elle est pour eux comme une voie de délivrance et de salut.

On présente la voile à ce vent si désiré ; il l'enfle ; le vaisseau s'ébranle, et sur la surface ondoyante de cette mer, si longtemps immobile, il trace un vaste sillon. L'air ne retentit point de cris : la faiblesse des matelots ne leur permit que des soupirs et que des mouvements de joie. On vogue, on fend la plaine humide, les yeux errants sur le lointain, pour découvrir, s'il est possible, quelque apparence de rivage.

Enfin, de la cime du mât, le matelot croit apercevoir un point fixe vers l'horizon. Tous les yeux se dirigent vers ce point éminent, et qui leur paraît immobile. C'est une île ; on l'ose espérer ; le pilote même l'assure. Les cœurs, flétris, s'épanouissent ; les larmes de la joie commencent à couler ; et plus la distance s'abrège, plus la confiance s'accroît.

Tout occupé du soin de ranimer ses soldats défaillants, Gomès leur fait distribuer le peu de vivres qu'on réservait pour le soutien des matelots.

« *Amis, dit-il, avant la nuit nous aurons embrassé la terre, et nous oublierons tous nos maux.* »

Ces secours furent inutiles au plus grand nombre des Espagnols. Les organes, trop affaiblis, avaient perdu leur activité. Les uns mouraient en dévorant le pain dont ils étaient avides ; les autres, en frémissant de rage de ne pouvoir plus engloutir l'aliment qu'on leur présentait, et en maudissant la pitié qui les avait fait s'abstenir de la chair et du sang humain. Quelques-uns, adoucis par la faiblesse et la souffrance, libres de passions, rendus à la nature, guéris de ce délire affreux où le fanatisme et l'orgueil les avaient plongés, détestaient leurs erreurs, leurs préjugés barbares ; et devenus humains, voyaient enfin des hommes dans ces malheureux Indiens, qu'ils avaient si cruellement et si lâchement tourmentés.

Ceux-là, tendant les mains au ciel, imploraient sa miséricorde ; ceux-ci tournaient leurs yeux mourants vers les esclaves Mexicains ; et les traits douloureux du repentir étaient empreints sur leur visage. L'un d'eux, faisant un dernier effort, se traîne aux pieds de Télasco, et d'une voix entrecoupée par les sanglots de l'agonie :

« *Pardonne-moi, mon frère, lui dit-il* »

Et à ces mots il expira.

Chapitre XXIII

Cependant le rivage approche. On voit des forêts verdoyantes s'élever au-dessus des eaux : c'étaient les îles, qui depuis sont devenues célèbres sous le nom de Mendoce. On aborde, et on voit sortir d'un canal qui sépare ces îles fortunées, une multitude de barques qui environnent le vaisseau. Ces barques sont remplies de sauvages, d'une gaieté et d'une beauté ravissante, presque nus, désarmés, et portant dans la main des rameaux verts, où flotte un voile blanc, en signe de paix et de bienveillance.

Le malheur avait amolli le cœur des castillans, et brisé leur orgueil farouche. L'éloignement et l'abandon leur avaient appris à aimer les hommes ; car le sentiment du besoin est le premier lien de la société. Pour être humain, il faut s'être reconnu faible. Attendris de l'accueil plein de bonté que leur font les sauvages, ils y répondent par les signes de la joie et de l'amitié.

Les insulaires sans défiance, s'élancent à l'envi de leurs barques sur le vaisseau ; et voyant sur tous les visages la langueur et la défaillance, ils en paraissent attendris : leur empressement et leurs caresses expriment la compassion, et le désir de soulager leurs hôtes.

Le capitaine n'hésita point à se livrer à leur bonne foi. Un port formé par la nature, servit d'asile à son vaisseau ; et lui et les siens descendirent dans celle de ces îles dont le bord leur parut le plus riche et le plus riant.

Les insulaires enchantés les conduisent dans leur village, au bas d'une colline, sur le bord d'un ruisseau, qui d'un rocher coule avec abondance, et serpente dans un vallon, dont la nature a fait le plus riant verger. Les cabanes de ce hameau sont revêtues de feuillages ; l'industrie, éclairée par le besoin, y a réuni tous les agréments de la simplicité. Le nœud fragile, qui, pendant la nuit, ferme l'entrée de ces cabanes, est le symbole heureux de la sécurité, compagne de la bonne foi. La lance, l'arc et le carquois suspendus sous ces toits paisibles, n'annoncent qu'un peuple chasseur : la guerre lui est inconnue.

D'abord les sauvages invitent leurs hôtes à se reposer ; et à l'instant, de jeunes filles, belles comme les nymphes, et comme elles à demi nues, apportent dans des corbeilles les fruits que leurs mains ont cueillis. Il en est un que la nature semble avoir destiné, comme un lait nourrissant, à ranimer l'homme affaibli par la vieillesse ou par la maladie. Ce fruit si délicat, si sain, sembla faire couler la vie dans les veines des castillans. Un doux sommeil suivit ce repas salutaire ; et le peuple autour des cabanes se tint dans le silence, tandis que ses hôtes dormaient.

À leur réveil, ils virent ce bon peuple, se rassemblant le soir sous des palmiers plantés au milieu du hameau, les inviter à son repas. Des légumes, d'excellents fruits, une racine savoureuse dont ils font un pain nourrissant ; des tourterelles, des palombes, les hôtes des bois et des eaux, que la flèche a blessés, qu'a séduit l'hameçon ; une eau pure, quelques liqueurs qu'ils savent exprimer des fruits, et dont ils font un doux mélange : tels sont les mets et les breuvages dont ce peuple heureux se nourrit.

Tandis que le repos, l'abondance, la salubrité du climat réparaient les forces des castillans, Gomès observait à loisir les mœurs, ou plutôt le naturel des insulaires ; car ils ne connaissaient de lois que celles de l'instinct. L'affluence de tous les biens, la facilité d'en jouir, ne laissait jamais au désir le temps de s'irriter dans leurs âmes.

S'envier, se haïr entre eux, vouloir se nuire l'un à l'autre, aurait passé pour un délire. Le méchant parmi eux était un insensé, et le coupable un furieux. De tous les maux dont se plaint l'humanité dépravée, le seul qui fût connu de ce peuple, était la douleur. La mort même n'en était pas un ; ils l'appelaient *le long sommeil*.

L'égalité, l'aisance, l'impossibilité d'être envieux, jaloux, avare, de concevoir rien au-delà de sa félicité présente, devaient rendre ce peuple facile à gouverner. Les vieillards, réunis, formaient le conseil de la république ; et comme l'âge distinguait seul les rangs entre les citoyens, et que le droit de gouverner était donné par la vieillesse, il ne pouvait être envié.

L'amour seul aurait pu troubler l'harmonie et l'intelligence d'une société si douce ; mais paisible lui-même, il y était soumis à l'empire de la beauté. Le sexe fait pour dominer par l'ascendant du plaisir, avait l'heureux pouvoir de varier, de multiplier ses conquêtes, sans captiver l'amant favorisé, sans jamais s'engager soi-même. La laideur, parmi eux, était un prodige ; et la beauté, ce don partout si rare, l'était si peu dans ce climat, que le changement n'avait rien d'humiliant ni de cruel : sûr de trouver à chaque instant un cœur sensible et mille attraits, l'amant délaissé n'avait pas le temps de s'affliger de sa disgrâce, et d'être jaloux du bonheur de celui qu'on lui préférait. Le nœud qui liait deux époux, était solide ou fragile à leur gré. Le goût, le désir le formait ; le caprice pouvait le rompre ; sans rougir on cessait d'aimer, sans se plaindre on cessait de plaire ; dans les cœurs la haine cruelle ne succédait point à l'amour ; tous les amants étaient rivaux ; tous les rivaux étaient amis ; et chacune de leur compagne voyait en eux, sans nul ombrage, autant d'heureux qu'elle avait faits, ou qu'elle ferait à son tour. Ainsi la qualité de mère était la seule qui fût personnelle et distincte : l'amour paternel embrassait toute la race naissante ; et par-là les liens du sang, moins étroits et plus étendus, ne faisaient de ce peuple entier qu'une seule et même famille.

Les Espagnols ne cessaient d'admirer des mœurs si nouvelles pour eux. La nuit, ce peuple hospitalier, leur cédant ses cabanes, n'en avait réservé que quelques-unes pour les vieillards, pour les enfants et pour les mères. La jeunesse, au bord du ruisseau qui serpentait dans la prairie, n'eut pour lit que l'émail des fleurs, pour asile que le feuillage du platane et du peuplier. On les vit, dans leurs danses, se choisir deux à deux, s'enchaîner de fleurs l'un à l'autre ; et quand le jour cessa de luire, quand l'astre de la nuit, au milieu des étoiles, fit briller son arc argenté, cette foule d'amants, répandue sur un beau tapis de verdure, ne fit que passer doucement de la joie à l'amour, et des plaisirs au sommeil.

Le lendemain ce fut un nouveau choix, qui, dès le jour suivant, fit place à des amours nouvelles. La marque d'amour la plus tendre qu'une jeune insulaire pût donner à son amant, était d'engager ses compagnes à le choisir à leur tour.

Il eût été humiliant pour elle de le posséder seule ; et plus, en vantant son bonheur, elle lui procurerait de nouvelles conquêtes, plus il était enchanté d'elle, et lui revenait glorieux.

Quelle espèce de culte pouvait avoir ce peuple ? On désirait de s'en instruire ; on crut enfin le démêler. On vit dans une enceinte que l'on prit pour un temple, quelques statues révérées.

Gomès voulut savoir quelle idée ces insulaires y attachaient. Le vieillard qu'il interrogeait, lui répondit :

« *Tu vois nos cabanes ; voilà l'image de celui qui nous apprit à les élever. Tu vois cet arc et ce carquois ; voilà l'inventeur de ces armes. Tu nous as vu tirer du feu du froissement du bois, et du choc des cailloux : voilà celui qui le premier découvrit à nos pères ce secret merveilleux. Regarde ces tissus d'écorce, dont nous sommes à demi vêtus ; l'art de les travailler nous est venu de celui-ci.*

Celui-là nous apprit à nouer les filets où les oiseaux et les poissons s'engagent. Près de lui se présente l'industrieux mortel qui nous a montré l'art de creuser les canots, et de fendre l'onde à la rame. Cet autre imagina de transplanter les arbres, et il forma ce beau portique, dont le hameau est ombragé.

Enfin tous se sont signalés par quelque bienfait rare ; et nous honorons les images qui nous représentent leurs traits. »

Chapitre XXIV

Des malheureux, à peine échappés aux dangers les plus effroyables, ayant trouvé dans cette île enchantée le repos, l'abondance, l'égalité, la paix, devaient être peu disposés à la quitter, pour traverser les mers, où les mêmes horreurs les attendaient peut-être encore. Un nouveau charme vint s'offrir, et acheva de les captiver.

On les invita aux danses nuptiales, à ces danses qui, sur le soir, rassemblaient dans la prairie les jeunes amants du hameau, et dans lesquelles un nouveau choix variait tous les jours les nœuds et les charmes de l'hyménée. Gomès s'opposa vainement aux instances des Indiens : il vit qu'il les affligerait, et qu'il révolterait sa flotte, s'il obligeait les siens à résister aux plaisirs qui les appelaient. Tout ce qu'il put lui-même, fut de se refuser à cet attrait si dangereux, et de ne pas donner l'exemple.

Amazili et Télasco, depuis leur séjour dans cette île, rappelés à la vie, chéris des Indiens, libres parmi les Espagnols, ne respiraient que pour s'aimer. Ils ne se quittaient pas ; ils jouissaient ensemble des douceurs de ce beau climat, des délices de leur asile : il ne manquait à leur bonheur que de posséder Orozimbo. Ils furent aussi conviés aux danses de la prairie. Jamais Amazili ne voulut consentir à s'y mêler.

« *S'il n'y avait que des sauvages, dit-elle à Télasco, je n'hésiterais pas.*

Ils laissent à leurs femmes la liberté du choix ; et tu serais bien sûr du mien.

Si une plus belle que moi te choisissait aussi, je serais préférée, je le crois ; et s'il arrivait qu'elle fût plus belle à tes yeux, je reviendrais pleurer dans la cabane, et je dirais : il est heureux avec une autre que moi. Mais non, cela n'est pas possible ; et ce n'est pas la crainte de te voir infidèle qui m'inquiète et me retient ; c'est l'orgueil jaloux de nos maîtres, que je ne veux pas irriter.

Quelqu'un d'eux prétendrait peut-être au choix de ton amante : ils sont fiers, violents ; ils seraient offensés de voir préférer leur esclave.

Ah ! Leur esclave sera toujours le maître absolu de mon cœur.

Fais donc entendre aux insulaires que notre choix est fait, que nous sommes heureux d'être uniquement l'un à l'autre ; ou, si quelqu'une de ces beautés te touche plus que moi, va te montrer au milieu d'elles : tous leurs vœux se réuniront ; tu n'auras qu'à choisir ; et moi je te serai fidèle, et, en pleurant, je dirai au sommeil de me laisser songer à toi. »

Cette seule pensée faisait couler ses larmes. Le cacique les essuya par mille baisers consolants.

« *Qui, moi, dit-il, que je respire, que mon cœur palpite un instant pour une autre qu'Amazili ! Ne le crains pas ; ce serait une injure. J'ai voulu, je l'avoue, assister à ces danses, pour me voir préférer par toi : car tu sais que j'aime la gloire ; et il est doux d'être envié.*

Mais, puisque tu crains d'exciter la jalousie des castillans, je cède à tes raisons. Soyons fidèlement unis ; et laissons à ces malheureux, qui ne connaissent point l'amour, les vains plaisirs de l'inconstance. »

On fut surpris de leur refus ; mais on n'en fut point offensé.

L'enchantement des Espagnols, dans cette fête voluptueuse, se conçoit mieux qu'on ne peut l'exprimer. Environnés d'une foule de jeunes femmes, belles de leurs simples attraits, sans parure, et presque sans voile, faites par les mains de l'amour, douées des grâces de la nature, vives, légères, animées par le feu de la joie et l'attrait du plaisir, souriant à leurs hôtes, et leur tendant la main, avec des regards enflammés, ils étaient comme dans l'ivresse ; et leur ravissement ressemblait au délire du plus délicieux sommeil.

Les Indiennes, dans leurs danses, semblaient toutes se disputer la conquête des castillans : ainsi l'exigeait le devoir de l'hospitalité. Ils firent donc un choix eux-mêmes ; mais, le jour suivant, la beauté reprit ses droits, et choisit à son tour. Alors, ce caprice bizarre que notre orgueil a engendré, et que nous appelons l'amour, cette passion triste, inquiète et jalouse, commence à verser ses poisons dans l'âme des castillans. Ils prétendent détruire la liberté du choix, en usurper les droits eux-mêmes. Ils menacent les insulaires ; ils intimident leurs compagnes ; ils effarouchent les plaisirs.

Gomès reçut, à son réveil, les justes plaintes des Indiens.

« *Tu nous as amené, lui dirent-ils, des bêtes féroces, et non pas des hommes.*

Nous les rappelons à la vie ; nous partageons avec eux les dons que nous fait la nature ; nous les invitons à nos jeux, à nos festins, à nos plaisirs ; et les voilà qui nous menacent et qui nous glacent de frayeur. Ils veulent, entre nos compagnes, choisir, et se voir préférés.

Qu'ils sachent que le premier droit de la beauté c'est d'être libre. Nos femmes sont toutes charmantes ; et c'est leur faire injure, que de vouloir gêner leur choix. Si tes compagnons veulent vivre en bonne intelligence avec nous, qu'ils tâchent de nous ressembler ; qu'ils soient bienfaisants et paisibles. S'ils sont méchants, ramène-les. »

Gomès sentit tout le danger de la licence qu'il avait donnée, et vit les suites qu'elle aurait, s'il tardait à les prévenir. Mais l'ivresse, l'égarement où les esprits étaient plongés, rendit ses efforts inutiles. Au mépris de la discipline, le désordre allait en croissant. Les soldats se disaient entre eux, que leur retour était impossible vers le rivage américain ; que le vent d'orient, qui régnait sur ces mers, s'opposerait à leur passage ; que, par un miracle visible, le ciel les avait conduits dans un asile fortuné, où l'on vivait exempt de fatigue et de soins, et au milieu de l'abondance ; que, résolus de s'y fixer, ils n'avaient plus d'autre patrie, et ne connaissaient plus de chef auquel ils dussent obéir. C'en était fait, si les insulaires, révoltés de l'ingratitude et de l'orgueil des castillans, n'avaient pris eux-mêmes la résolution et le moyen de s'en délivrer.

Une nuit, forcés de céder à l'arrogance impérieuse de leurs hôtes, et les laissant s'abandonner aux charmes des plaisirs, aux douceurs du sommeil, ils se saisirent de leurs armes, et les jetèrent dans la mer.

Gomès, instruit de ce désastre, assembla les siens, et leur dit :

« *Nos armes nous sont enlevées.*

Ce peuple se venge : il s'est lassé de vos mépris. Plus adroit que nous, plus agile, il serait aussi courageux. Mieux que nous il ferait usage de la flèche et du javelot. Il connaît les retranchements de ses bois et de ses montagnes ; et des îles voisines, les peuples ses amis l'aideraient à nous accabler.

Laissez-moi donc vous ménager une retraite assurée ; et, en attendant, évitez tout ce qui peut troubler la paix. »

À ce discours, les castillans furent interdits et troublés. Les plus intrépides pâlirent ; les plus impétueux se sentirent glacés. Alors un vieillard se présente, et parle ainsi aux castillans :

« *Il y eut, du temps de nos pères, un méchant parmi eux : il voulait dominer ; il voulait que tout lui cédât, que tout ne fût fait que pour lui. Nos pères le saisirent, quoiqu'il fût fort et vigoureux ; ils lui lièrent les pieds et les mains avec la branche du saule, et le jetèrent dans la mer.*

Nous n'y avons jeté que vos armes. Éloignez-vous, et nous laissez en paix. Nous voulons être heureux et libres. Vous avez cette plaine immense de l'océan à traverser ; nous vous donnerons, pour le voyage, du bois, de l'eau, des vivres ; mais ne différez pas. Pour vous, dit-il aux deux Mexicains, vous avez le choix de rester avec nous, ou de partir avec eux : car tout ce qui respire l'air que nous respirons, devient libre comme nous-mêmes. Ici la force n'est employée qu'à protéger la liberté. »

Les castillans, indignés de s'entendre faire la loi, se plaignirent, et accusèrent les Indiens de trahison.

« *Nous ne vous avons point trahis, reprit le vieillard indien. Vos armes vous donnaient sur nous trop d'avantage ; et vous en avez abusé. Nous vous avons réduits, comme il est juste, à l'égalité naturelle. À présent, voulez-vous la paix ? Nous l'aimons ; et vous partirez de ces bords, sans avoir reçu de nous la plus légère offense.*

Voulez-vous la guerre ? Nous la détestons ; mais la liberté nous est plus chère que la vie. Vous aurez le choix du combat.

Nous partagerons avec vous nos flèches et nos javelots ; et nous nous détruirons, jusqu'à ce qu'il ne reste aucun de vous pour nous faire injure, ou aucun de nous pour la souffrir. »

Ce courage vulgaire, qui n'est dans l'homme qu'un sentiment de supériorité, abandonna les castillans. Ils se repentirent d'avoir aliéné un peuple si brave et si juste ; et ils supplièrent Gomès de les réconcilier ensemble. Gomès n'eut garde d'engager les Indiens à se laisser fléchir ; et dès-lors toute liaison fut rompue entre les deux peuples : mais les devoirs de l'hospitalité n'en étaient pas moins observés. La même abondance régnait dans les cabanes des castillans ; et leur navire fut pourvu de tout ce qu'exigeait la longueur du voyage.

Amazili et Télasco n'eurent pas longtemps à se consulter.

« *Renoncerons-nous à revoir ton frère et mon ami, dit Télasco à son amante ?*

— Non, dit-elle ; je ne puis vivre sur des bords où je serais sûre de ne le revoir jamais. Gomès nous donne l'espérance de nous rejoindre à lui, partons. »

Rien de plus rare, sur ces mers, que de voir les vents de l'aurore céder à celui du couchant.

Gomès fut longtemps à l'attendre ; et lorsqu'il le vit s'élever, il en rendit grâces au ciel, comme d'un prodige opéré pour favoriser son retour. Il assemble les siens.

« Compagnons, leur dit-il, n'attendons pas que l'on nous chasse. Le vent nous seconde ; partons, et partons sans regret : cette terre inconnue n'eût été pour nous qu'un tombeau.

Vivre sans gloire, ce n'est pas vivre. Être oublié, c'est être enseveli. Allons chercher des travaux qui laissent de nous quelque trace.

L'influence de l'homme sur le destin du monde, est la seule existence honorable pour lui, la seule au moins digne de nous. »

L'homme se fait par habitude un cercle de témoins, dont la voix est pour lui l'organe de la renommée. Il existe dans leur pensée ; il vit de leur opinion. Rompre à jamais entre eux et lui, ce commerce qui l'agrandit, qui le répand hors de lui-même, c'est l'environner d'un abîme, c'est le plonger dans une nuit profonde. Aussi ces mots que prononça Gomès, frappèrent-ils les castillans d'un trait foudroyant de lumière ; et ils ne purent, sans frayeur, se voir, pour le reste du monde, au rang des morts, dont le nom même et la mémoire avaient péri.

Ce moment était favorable ; et Gomès le saisit pour précipiter son départ. On le suit ; on s'embarque, on dégage les ancres, on livre les voiles au vent. Les Indiens, tristement rassemblés sur le rivage, voyant le vaisseau s'éloigner, disaient en soupirant :

« Que vont-ils devenir ? Ils étaient si bien parmi nous ! Pourquoi ne pas y vivre en paix ? Ils nous appelaient leurs amis, et nous ne demandions qu'à l'être. Mais non : ils sont méchants ; qu'ils partent. Ils nous auraient rendus méchants. »

Les castillans, de leur côté, regrettaient cette île charmante. Tous les yeux y étaient attachés ; tous les cœurs gémissaient de la voir s'éloigner.

Enfin elle échappe à leur vue ; et les soucis d'un long et pénible voyage viennent se mêler aux regrets d'avoir quitté ce beau séjour.

Chapitre XXV

Bientôt l'inconstance des vents se fit sentir, et tint la flotte dans de continuelles alarmes ; mais ils ne firent que décliner alternativement vers l'un ou l'autre pôle ; et l'art du pilote ne s'exerça qu'à diriger sa course vers l'aurore, sans s'écarter de l'équateur. Le trajet fut long, mais tranquille, jusqu'à la vue du Pérou. Le naufrage les attendait au port ; et le ciel voulut qu'Orozimbo fût témoin du désastre qui vengeait sa patrie sur ces malheureux castillans.

Alonso, dans l'attente du retour de Pizarro, avait pressé l'inca, roi de Quito, de se mettre en défense.

« Il n'est pas besoin, disait-il, d'élever des remparts solides ; des murs de sable et de gazon suffisent pour rebuter les castillans. De tous les dangers de la guerre ils ne craignent que les lenteurs. C'est à Tumbès qu'ils vont descendre ; c'est ce port qu'il faut protéger. »

Ce plan de défense approuvé, Alonso se chargea lui-même d'aller présider aux travaux. Orozimbo voulut le suivre ; et par les champs de Tumibamba, ils se rendirent à Tumbès. Le retour du jeune Espagnol chez ce peuple, son premier hôte, fut célèbre par des transports de reconnaissance et d'amour.

« Eh quoi ! Lui dit le bon cacique, tu ne m'as donc pas oublié ? Tu as bien raison ! Mon peuple et moi, nous n'avons cessé de parler du généreux et cher Alonso. Ils m'ont demandé que le jour où tu vins parmi nous, fût célèbre, tous les ans, comme une fête. Tu crois bien que j'y ai consenti. C'en *est une de te revoir ; et les larmes de joie que tu nous vois répandre, en sont de fidèles témoins. »*

Les travaux, qu'Alonso dirige, commencent dès le jour suivant, et sont poussés avec ardeur.

Ils s'avançaient ; le fort qui dominait la plaine, et qui menaçait le rivage, excitait l'admiration des Indiens qui l'avaient élevé. Un soir, qu'avec Orozimbo et le cacique de Tumbès, Alonso parcourait l'enceinte du fort, et s'entretenait avec eux de cette fureur de conquête qui avait saisi les Espagnols, et qui dépeuplait leur pays pour dévaster un nouveau monde, il aperçut de loin le vaisseau de Gomès, qui s'avançait à voiles déployées. Il regarde ; et ne doutant pas que ce ne fût le vaisseau de Pizarro :

« *Les voilà, les voilà, dit-il. Quelle diligence incroyable a si fort pressé leur retour ? Le ciel les seconde ; les vents semblent leur obéir.* »

Comme il disait ces mots, tout-à-coup, au milieu d'une sérénité perfide, un tourbillon de vent s'élève sur la mer. Les flots, qu'il roule sur eux-mêmes, s'enflent en écumant, et semblent bouillonner. Dans le même instant, un nuage, roulé comme les flots, s'abaisse, s'étend, s'arrondit, se prolonge en colonne ; et cette colonne fluide, dont la base touche à la mer, forme une pompe, où l'onde émue, cédant au poids de l'air qui la presse à l'entour, monte jusqu'au nuage, et va lui servir d'aliment.

Molina reconnut ce prodige, si redouté des matelots, qui lui ont donné le nom de *trombe* ; et, à la vue du danger qui menaçait les castillans, il oublia leurs crimes, les maux qu'ils avaient faits, les maux qu'ils allaient faire encore ; il se souvint seulement que leur patrie était la sienne ; et son cœur fut saisi de crainte et de compassion.

Gomès eut beau se hâter de faire ployer les voiles, pour ne pas donner prise au tourbillon rapide qui enveloppait son vaisseau ; le vent le saisit, l'entraîna jusque sous la colonne d'eau, qui, rompue par les antennes, tomba, comme un déluge, sur le navire, et l'engloutit.

« *Le ciel est juste, s'écria Orozimbo. Ainsi périssent tous les brigands qui ont ravagé mon pays.*

— *Cacique, lui dit Molina, réservez votre haine et vos malédictions pour les heureux coupables. Le malheur a le droit sacré de purifier ses victimes ; et celui que le ciel punit, devient comme innocent pour nous.* »

Orozimbo rougit de la joie inhumaine qu'il venait de faire éclater.

« *Pardon, dit-il. J'ai tant souffert !*

J'ai tant vu souffrir ma patrie ! »

Le calme renaît. La colonne et le navire ont disparu. Mais, peu d'instants après, on aperçut de loin deux malheureux échappés du naufrage, qui nageaient à l'aide d'un banc, dont ils s'étaient saisis.

« *Ah !* s'écrie Orozimbo, *ils respirent encore : il faut les secourir. Cacique, hâtez-vous, détachez des canots, pour les sauver, s'il est possible. Je vais au-devant d'eux.* »

Il dit, et soudain se jette à la nage. Un canot le suivit de près, et le joignit avant qu'il eût atteint le bois flottant au gré de l'onde, que ces malheureux embrassaient.

Ces malheureux étaient sa sœur et son ami, qui prévoyant la chute de la trombe, s'étaient élancés dans les eaux, plus hardis que les castillans, et plus exercés à la nage.

« *On vient à nous ; courage, ma chère Amazili, disait Télasco : soutiens-toi ; nous touchons au salut*

— *Ah ! Je succombe, disait-elle ; ma faiblesse est extrême ; mes défaillantes mains vont abandonner leur appui. Si l'on tarde un moment encore, c'en est fait, tu ne me verras plus.* »

Cependant leur libérateur, monté sur le canot, fait redoubler l'effort des rames. Il arrive, il se penche, il tend les bras :

« *Venez, dit-il, ô qui que vous soyez ; vous êtes nos amis, puisque vous êtes malheureux.* »

Le péril, le trouble, l'effroi, l'image de la mort présente, empêcha de le reconnaître. Amazili saisit la main qu'il lui tendait. Il la prend dans ses bras, l'enlève et reconnaît sa sœur, une sœur adorée. Il jette un cri.

« *Ciel ! Est-ce toi ! Ma sœur ! Ma chère Amazili !*

— *Ah ! Laisse-moi, dit-elle, d'une voix expirante, et sauve Télasco.* »

À ce nom, Orozimbo la laissant étendue au milieu des rameurs, s'élance dans les flots, où son ami surnage encore ; il le saisit par les cheveux, dans le moment qu'il enfonçait, regagne la barque, y remonte, et y enlève son ami.

Télasco, qui l'a reconnu, succombe à sa joie ; il l'embrasse ; et sentant ses genoux ployer, il tombe auprès d'Amazili. Orozimbo, qui croit les voir expirer l'un et l'autre, les appelé à grands cris.

Télasco revient le premier d'un long évanouissement, mais c'est pour partager la crainte et la douleur de son ami. Livide, glacée, étendue entre son frère et son amant, Amazili respire à peine. Orozimbo sur ses genoux soutient sa tête languissante, dont les yeux sont fermés encore ; et sur ce visage, où se peint la pâleur de la mort, il verse un déluge de larmes. Télasco cherche inutilement, à travers sa paupière, quelques étincelles de vie.

« *Tu respires, lui disait-il ; mais tu as perdu le sentiment. Tu n'entends plus ma voix !*

Ton âme va-t-elle s'éteindre, et ton cœur se glacer ? Après tant de périls, après t'avoir sauvée, ô moitié de mon âme ! La mort, la mort cruelle te saisit dans nos bras ! Ô mon cher Orozimbo, le jour qui nous rassemble sera-t-il le plus malheureux de tes jours et des miens !

N'as-tu revu ta sœur que pour l'ensevelir ? N'as-tu embrassé ton ami, ne l'as-tu retiré des flots que pour le voir, désespère, s'y précipiter pour jamais ? »

Cependant le canot avait abordé au rivage ; et le cacique et Molina ne savaient que penser de cet événement.

« *Ah ! Vous voyez le plus heureux des hommes, si je puis ranimer cette femme expirante, leur dit Orozimbo : c'est ma sœur ; voilà cet ami dont je vous ai tant de fois parlé.*

Le ciel réunit dans mes bras ce que j'ai de plus cher au monde. Ah ! S'il est possible, aidez-moi à rendre la vie à ma sœur. »

Lorsqu'Amazili, ranimée, ouvrit les yeux à la lumière, elle crut, au sortir d'un pénible sommeil, être abusée par un songe. Elle regarde autour d'elle ; elle n'ose en croire ses yeux.

« *Quoi ! dit-elle, est-ce vous ? Mon frère ! Mon ami ! Parlez, rassurez-moi.*

— *Oui, tu revois Télasco.*

— *Tous mes sens sont troublés ; mon âme est égarée ; je ne sais encore où je suis ! Télasco ! J'étais avec toi, et nous allions périr ensemble. Mais mon frère !*

— *Il est dans tes bras. Notre bonheur est un prodige.*

— *Hélas ! Je suis trop faible pour l'excès de ma joie. Viens, Télasco, retiens mon âme sur mes lèvres. Je sens qu'elle va s'échapper.* »

Elle achève à peine ces mots ; et sans un déluge de larmes qui soulagea son cœur, elle allait expirer. Télasco recueillit ces larmes.

« *Rends le calme à tes sens, respire, ô mon unique bien ! lui disait-il ; vis, pour aimer, pour rendre heureux un frère, un époux qui t'adorent.*

— *Mon ami ! Mon frère ! C'est vous ! redisait-elle mille fois en leur tendant les mains ; je retrouve tout ce que j'aime. Dites-moi sur quels bords, et quel prodige nous rassemble. Sommes-nous chez un peuple ami ?*

— *Vraiment ami, lui dit Alonso ; et je vous réponds de son zèle. Voilà son roi qui nous est dévoué ; et plus loin, par-delà ces hautes montagnes, règne un monarque plus puissant, qui nous comble de ses bienfaits.* »

La joie et le ravissement de ces trois Mexicains ne peut se concevoir.

Ils ne se lassaient point d'entendre mutuellement leurs aventures ; et le souvenir retracé des dangers qu'ils avaient courus, les faisait frémir tour-à-tour.

Cependant le rempart s'élève ; Alonso le voit achever. Il instruit, il exerce le cacique et son peuple à la défense de leurs murs ; et après avoir tout prévu, tout disposé pour leur défense, il retourne auprès de l'inca, suivi de ses trois Mexicains. Atahualpa reçut avec tant de bonté la sœur et l'ami d'Orozimbo, qu'en se voyant dans son palais, ils croyaient être au sein de leur patrie, dans la cour des rois leurs aïeux.

Mais ce monarque généreux était loin de jouir lui-même du repos qu'il leur procurait. Une profonde mélancolie s'est emparée de son âme. Puissant, aimé, révéré de son peuple, il fait des heureux et il ne l'est point. La fortune, envieuse de ses propres dons, a mêlé l'amertume des chagrins domestiques aux douceurs apparentes de la prospérité.

TOME II

Francisco Pizarro

Chapitre XXVI

La confiance d'Atahualpa autorisait Alonso à chercher dans son âme le secret de cette tristesse, dont il le voyait consumé.

« Inca, lui dit-il, j'appréhende que le danger qui te menace, et dont j'ai voulu t'avertir, ne t'ait frappé trop vivement.

— Tu me soulages, lui dit l'inca, en interrogeant ma tristesse. Je n'osais t'affliger ; cependant j'ai besoin qu'un ami s'afflige avec moi. Écoute. Il s'agit de mes droits au trône que j'occupe, et d'où l'inca, roi de Cuzco, s'obstine à vouloir me chasser. J'aurais besoin, auprès de lui, d'un ministre éclairé, et d'un médiateur habile ; et j'ai jeté les yeux sur toi. Veux-tu l'être ?

— Oui, répond Alonso, si ta cause est juste.

— Elle est juste ; et tu vas toi-même en juger. Apprends donc quel fut le génie de cet empire dès sa naissance ; dans quelle vue il a été fondé ; et comment, destiné à s'agrandir sans cesse, il ne pouvait, sans s'affaiblir, n'être pas enfin partagé.

Autrefois ce pays immense était habité par des peuples sans lois, sans discipline et sans mœurs. Errants dans les forêts, ils vivaient de leur proie, et des fruits qu'une terre inculte semblait produire par pitié. Leur chasse était une guerre que l'homme faisait à l'homme.

Les vaincus servaient de pâture aux vainqueurs. Ils n'attendaient pas le dernier soupir de celui qu'ils avaient blessé, pour boire le sang de ses veines ; ils le déchiraient tout vivant. Ils faisaient des captifs, et ils les engraissaient pour leurs festins abominables. Si ces captifs avaient des femmes, ils les laissaient s'unir ensemble, ou ils rendaient eux-mêmes leurs esclaves fécondes, et ils dévoraient les enfants.

Quelques-uns d'entre eux, par l'instinct de la reconnaissance, adoraient, dans la nature, tout ce qui leur faisait du bien, les montagnes, mères des fleuves ; les fleuves mêmes, et les fontaines qui arrosaient la terre, et la fertilisaient ; les arbres, qui donnaient du bois à leurs foyers ; les animaux doux et timides, dont la chair était leur pâture ; la mer abondante en poissons, et qu'ils appelaient leur nourrice. Mais le culte de la terreur était celui du plus grand nombre.

Ils s'étaient fait des dieux de tout ce qu'il y avait de plus hideux, de plus horrible ; car il semble que l'homme se plaise à s'effrayer.

Ils adoraient le tigre, le lion, le vautour, les grandes couleuvres ; ils adoraient les éléments, les orages, les vents, la foudre, les cavernes, les précipices ; ils se prosternaient devant les torrents dont le bruit imprimait la crainte, devant les forêts ténébreuses, au pied de ces volcans terribles qui vomissaient sur eux des tourbillons de flamme et des rochers brûlants.

Après avoir imaginé des dieux cruels et sanguinaires, il fallut bien leur rendre un culte barbare comme eux. L'un crut leur plaire en se perçant le sein, en se déchirant les entrailles ; l'autre, plus forcené, arracha ses enfants de la mamelle de leur mère, et les égorgea sur l'autel de ces dieux altérés de sang. Plus la nature frémissait, plus la divinité devait se réjouir. On croyait pouvoir tout attendre des dieux à qui l'on immolait tout ce qu'on avait de plus cher.

Celui dont les rayons animent la nature, vit cet égarement ; et il en eut pitié. Il n'est pas étonnant, dit-il, que des insensés soient méchants. Au-lieu de les punir de s'égarer dans les ténèbres, envoyons-leur la vérité ; ils marcheront à sa lumière. Il ne m'est pas plus difficile d'éclairer leur intelligence que d'éclairer leurs yeux. Il dit, et il envoie dans ces climats sauvages deux de ses enfants bien-aimés, le sage et vertueux Manco, et la belle Oello, sa sœur et son épouse.

Mon cher Alonso, tu verras l'endroit célèbre et révéré où ces enfants du soleil descendirent. Les sauvages, répandus dans les forêts d'alentour, se rassemblèrent à leur voix. Manco apprit aux hommes à labourer la terre, à la semer, à diriger le cours des eaux, pour l'arroser ; Oello instruisit les femmes à filer, à ourdir la laine, à se vêtir de ces tissus, à vaquer aux soins domestiques, à servir leurs époux avec un zèle tendre, à élever leurs enfants.

Au don des arts, ces fondateurs ajoutèrent le don des lois. Le culte du soleil, leur père, ce culte inspiré par l'amour, fondé sur la reconnaissance, et qui ne coûta jamais un soupir à la nature, ni un murmure à la raison, fut la première de ces lois et l'âme de toutes les autres.

L'homme, étonné de voir si près de lui des biens qu'il ne soupçonnait pas, l'abondance, la sûreté, la paix, crut recevoir un nouvel être. Ses besoins satisfaits, ses terreurs dissipées, le plaisir d'adorer un dieu propice et bienfaisant, le devoir d'être juste et bon à son exemple, la facilité d'être heureux, la bienveillance mutuelle, le charme enfin d'une innocente et paisible société, captiva tous les cœurs. Honteux d'avoir été aveugles et barbares, ces peuples se laissèrent apprivoiser sans peine, et ranger sous de douces lois. Cuzco fut fondée par leurs mains ; cent villages l'environnèrent ; et le vénérable Manco, avant d'aller se reposer auprès du soleil, son père, vit prospérer, dès sa naissance, l'empire qu'il avait fondé.

Son fils aîné lui succéda ; et, comme lui, par la douceur, la persuasion, les bienfaits, il recula les bornes de cet heureux empire.

Le fils aîné de celui-ci fit respecter ses armes, mais ne les employa qu'à rendre ses voisins dociles, sans tremper ses mains dans leur sang.

Son successeur fut moins heureux : les peuples qu'il voulait gagner le forcèrent de les combattre. Le premier combat fut sanglant ; mais le vainqueur, par ses vertus, se fit pardonner sa victoire. Sa valeur apprit à le craindre ; sa clémence apprit à l'aimer.

Le fils aîné de ce héros fit des conquêtes encore plus vastes, sans coûter ni larmes ni sang aux peuples qu'il soumit à son obéissance. Son retour à Cuzco fut le plus beau triomphe : il y fut porté par des rois.

Les incas qui lui succédèrent, furent obligés quelquefois, pour dompter des peuples féroces, d'assiéger leur retraite, de les y repousser, et de leur laisser prendre conseil de la nécessité. Mais nos armes les attendaient, et ne les provoquaient jamais. On avait pour maxime de les abandonner, plutôt que de les détruire, s'ils s'obstinaient à vivre indépendants et malheureux. La paix allait au-devant d'eux, toujours indulgente et facile, et n'exigeant de ces rebelles que de consentir à goûter les biens qu'elle leur présentait. Engager le monde à être heureux, fut le grand projet des incas.

Un culte pur, de sages lois, des lumières, des arts utiles étaient les fruits de la victoire ; et ils les laissaient aux vaincus. Telle a été, pendant onze règnes, leur ambition et leur gloire ; tel a été le prix de leurs travaux.

Cependant, plus on étendait les limites de cet empire, plus on avait de peine à les garder.

Dans tout l'espace de dix règnes, l'empire n'avait vu qu'une seule révolte. Mon père, le plus doux et le plus juste des rois, en vit trois, l'une vers le nord, deux au midi de ces montagnes. Les extrémités, reculées, n'étaient plus sous les yeux du monarque. Vers l'aurore, on avait franchi la haute barrière des Andes ; on touchait à la mer dans les régions du couchant ; vers le nord et vers le midi, nous avions encore à pénétrer dans des déserts profonds et vastes ; enfin, le plan de nos conquêtes embrassait tout ce continent. Il exigeait donc un partage entre les enfants du soleil.

Mon père, après avoir conquis cette vaste et riche province, a cru que le moment du partage était arrivé. Il avait épousé deux femmes ; l'une était Ocello, sa sœur ; l'autre, Zulma, fille du sang des rois. Huascar est l'aîné des enfants d'Ocello ; il possède Cuzco, la ville du soleil, et l'empire de nos ancêtres. Je suis l'aîné des enfants de Zulma ; et la province de Quito, ce fruit des exploits de mon père, est l'héritage qu'en mourant il a bien voulu me laisser. A-t-il pu disposer d'un bien qu'il ne tenait que de lui-même, qu'il ne devait qu'à sa valeur ? C'est ce qui cause, entre mon frère et moi, des débats qui seront sanglants, s'il me force à prendre les armes.

Mon frère est altier et superbe. Son froid orgueil ne sut jamais fléchir. Au mépris de la volonté et de la mémoire d'un père, il exige de moi que je descende du trône, et que je me range sous ses lois. Tu sens si je puis m'y résoudre. J'aime mon frère ; il m'est affreux de voir sa haine me poursuivre ; il m'est affreux de penser que son peuple et le mien vont être ennemis l'un de l'autre, et qu'une guerre domestique, allumée entre les incas, va les livrer, demi-vaincus, à un oppresseur étranger.

Mais ce sceptre, ce diadème, c'est de mon père que je les tiens ; laisserai-je outrager mon père ? Il n'est rien qu'à titre d'égal, d'allié, de frère et d'ami, Huascar n'obtienne de moi. Veut-il étendre ses conquêtes par-delà les bords du Mauli, ou sur le fleuve des Couleuvres ? Je le seconderai. Lui reste-t-il encore, dans les vallées de Nasca ou de Pisco, quelques rebelles à dompter ? Je l'aiderai à les soumettre. Ses ennemis seront les miens. Mais pourquoi demander ma honte ? Pourquoi vouloir déshonorer et avilir son propre sang ? Les larmes que tu vois s'échapper de mes yeux, te sont témoins de ma franchise. Je désire ardemment la paix : je suis sensible, mais je suis violent ; et je me crains surtout moi-même. C'est à toi, cher Alonso, à nous sauver des maux dont la discorde nous menace. Va trouver mon frère à Cuzco.

L'humanité réside dans ton cœur, et la vérité sur tes lèvres ; ta candeur, ta droiture, l'ascendant naturel de ta raison sur nos esprits, enfin ce charme si touchant que tu donnes à tes paroles, le fléchira peut-être, et nous épargnera d'effroyables calamités. Ne crains pas d'exprimer trop vivement l'horreur que me fait la guerre civile ; mais aussi ne crains pas d'assurer, que jamais je n'abandonnerai mes droits. Mon père, en *mourant, m'a placé sur un trône élevé, affermi par lui-même ; il faut m'en arracher sanglant.* »

Alonso sentit l'importance et les difficultés d'une telle entremise ; mais il voulut bien s'en charger ; et tout fut préparé dans peu, pour donner à son ambassade une splendeur qui répondît à la majesté des deux rois.

Chapitre XXVII

Représentations de cérémonies religieuses chez les Incas, d'après Bernard Picart, 1723

Avant le départ d'Alonso, l'inca, pour entreprendre l'ouvrage de la paix sous de favorables auspices, fit un sacrifice au soleil. Les Mexicains y assistèrent ; et Alonso lui-même, sans y participer, crut pouvoir en être témoin. Les vierges du soleil, admises dans son temple, servaient le pontife à l'autel.

C'est de leur main qu'il recevait le pain du sacrifice ; et l'une d'elles, après l'offrande, le présentait aux incas. La destinée de Cora voulut qu'en ce jour solennel, ce fût elle qui dût remplir ce ministère si funeste. Alonso, par une faveur signalée du monarque, était placé auprès de lui. La prêtresse s'avance, un voile sur la tête, et le front couronné de fleurs. Ses yeux étaient baissés ; mais ses longues paupières en laissaient échapper des feux étincelants. Ses belles mains tremblaient ; ses lèvres palpitantes, son sein vivement agité, tout en elle exprimait l'émotion d'un cœur sensible.

Heureuse si ses yeux timides ne s'étaient pas levés sur Alonso ! Un regard la perdit ; ce regard imprudent lui fit voir le plus redoutable ennemi de son repos et de son innocence. Lui, dont la grâce et la beauté, chez les féroces anthropophages, avaient apprivoisé des cœurs nourris de sang, quel charme n'eut-il pas pour le cœur d'une vierge, simple, tendre, ingénue, et faite pour aimer ! Ce sentiment, dont la nature avait mis dans son sein le germe dangereux, se développa tout-à-coup.

Dans le tressaillement que lui causa la vue de ce mortel, dont la parure relevait encore la beauté, peu s'en fallut que la corbeille d'or qui contenait l'offrande, ne lui tombât des mains. Elle pâlit ; son cœur suspendit tout-à-coup et redoubla ses battements. Un frisson rapide est suivi d'un feu brûlant qui coule dans ses veines ; et sur ses genoux défaillants elle a peine à se soutenir.

Son ministère enfin rempli, elle retourne vers l'autel. Mais Alonso, présent à ses esprits, semble l'être encore à ses yeux. Interdite et confuse de son égarement, elle jette un regard suppliant sur l'image du soleil ; elle y croit voir les traits d'Alonso.

« *Ô dieu ! dit-elle, ô dieu ! Quel est donc ce délire ? Quel trouble ce jeune étranger a mis dans tous mes sens ! Je ne me connais plus.* »

Le sacrifice et les vœux offerts, l'inca, suivi de sa cour, se retire ; les prêtresses sortent du temple, et rentrent dans l'asile inviolable et saint qui les cache aux yeux des mortels.

Cette retraite, où Cora voyait couler ses jours dans une paisible langueur, fut pour elle, dès ce moment, une prison triste et funeste. Elle sentit tout le poids de sa chaîne, et son cœur ne désira plus qu'un désert et la liberté, un désert où fût Alonso ; car elle ne cessait de le voir, de l'entendre, de lui parler, et de se plaindre à lui, comme s'il eût été présent.

« *Quoi ! Jamais, jamais, disait-elle, l'illusion que je me fais ne sera qu'une illusion !*

Ah ! Pourquoi t'ai-je vu, charme unique de ma pensée, si je suis condamnée à ne plus te revoir ? Ah ! Du moins, avant que j'expire, viens, mortel adoré, viens voir quel ravage ta seule vue a causé dans un faible cœur ; viens voir et plaindre ta victime.

Où es-tu ? Daignes-tu penser à moi, à moi, qui brûle, qui me meurs du désir, sans espoir, de te revoir encore ? Hélas ! Quel malheur est le mien ! Je sens qu'un pouvoir invincible m'attire sans cesse vers lui ; sans cesse mon âme s'élance hors de ces murs pour le chercher ; dans la veille et dans le sommeil, lui seul occupe mes esprits ; je donnerais ma vie pour qu'un seul de mes songes pût se réaliser, ne fût-ce qu'un moment ; et ce moment, on l'a retranché de ma vie !

Ô dieu bienfaisant ! Est-ce toi qui te plais à tyranniser, à déchirer un cœur sensible ? Tu sais si le mien consentait au serment que t'a fait ma bouche. Un pouvoir absolu me l'a fait prononcer ; mais la nature, par un cri qui a dû s'élever jusqu'à toi, réclamait dans le même instant contre une injuste violence. Mon cœur n'est point parjure, il ne t'a rien promis. Rends-moi donc à moi-même. Hélas !

Suis-je digne de toi ? Trop faible, trop fragile, un seul moment, tu le vois, un seul regard a mis le trouble dans mon âme : éperdue, insensée, je ne commande plus à ma raison ni à mes sens. »

À ces mots, prosternée, et n'osant plus voir la lumière du Dieu qu'elle croyait trahir, elle se couvrait le visage de son voile, arrosé de larmes. Mais bientôt l'image d'Alonso, et cette pensée accablante : *je ne le verrai plus*, venant s'offrir encore, faisaient éclater sa douleur.

« *Ô mon père ! Qu'avez-vous fait ? Que vous avais-je fait moi-même ? Pourquoi me séparer de vous ? Pourquoi m'ensevelir vivante ? Hélas ! J'avais pour vous une vénération si tendre ! Je vous aurais servi avec tant de zèle et d'amour ! Ô mon père ! Mon père ! Vous m'auriez vue auprès de vous, douce consolation de votre paisible vieillesse, partager avec mon époux le devoir de vous rendre heureux, élever sous vos yeux mes enfants...*

Mes enfants ! Ah ! Jamais je ne serai mère ; jamais ce nom cher et sacré ne fera tressaillir mon cœur. Ce cœur est mort aux sentiments les plus tendres de la nature : ses penchants les plus doux, ses plaisirs les plus purs me sont interdits pour jamais. »

Cet éclair rapide et terrible, qui embrase à la fois deux cœurs faits l'un pour l'autre, avait frappé le jeune Espagnol au même instant que la jeune indienne. Étonné de voir tant de charmes, ému, troublé jusqu'à l'ivresse, d'un seul regard qu'elle lui avait lancé, il la suivit des yeux au fond du temple ; et il fut jaloux du Dieu même, en le lui voyant adorer. Sombre, inquiet, impatient, il retourne au palais. Tout l'afflige et le gêne. Il veut rappeler sa raison ; il se reproche un fol amour, il le condamne, il en rougit, il veut l'éloigner de son âme ; vain reproche ! Efforts inutiles ! La réflexion même enfonce plus avant le trait qu'il voudrait arracher. Un seul regard de la prêtresse a versé au fond de son cœur le doux poison de l'espérance. Des vœux indissolubles, un étroit esclavage, une garde incorruptible et vigilante, une austère prison, il voit tout ; et il espère encore. Il lui est impossible de posséder Cora, mais non pas d'avoir su lui plaire ;

« *Et si elle m'aimait, disait-il, si elle savait que je l'adore, si nos deux cœurs, d'intelligence, pouvaient du moins s'entendre, ah ! Ce serait assez.* »

En s'occupant d'elle sans cesse, il passait mille fois le jour par tous les mouvements d'un amour insensé. Mais la réflexion le rendait à lui-même, et lui faisait voir l'imprudence et la honte de ses transports. Chez un peuple religieux, oser tenter un sacrilège ! Dans la cour d'un roi, son ami, violer les droits de l'hospitalité ! Exposer celle qu'il aimait à l'opprobre et au châtiment qui suivraient l'oubli de ses vœux ! C'étaient autant de crimes, dont un seul eût suffi pour faire frémir Alonso. Il en repoussait la pensée, bien résolu de n'y jamais céder.

Seulement il allait nourrir sa profonde mélancolie autour de l'enceinte sacrée des murs qui renfermaient Cora. L'enclos des vierges était vaste, et ombragé d'arbres épais, dont la hauteur majestueuse ajoutait encore au respect qu'imprimait ce lieu révéré.

« *C'est sous ces arbres, disait-il, que la belle Cora respire.*

Hélas ! Peut-être elle y gémit ; et ni la pitié ni l'amour n'oseraient entreprendre de rompre ses liens. Ces murs sont élevés ; la garde en est sévère ; mais combien ne serait-il pas facile encore d'y pénétrer ! C'est leur sainteté qui les garde. L'amour, cet ennemi fatal du repos et de l'innocence, l'amour, tel que je le ressens, n'est point connu de ce bon peuple. L'habitude à ne désirer que les biens qui lui sont permis, le fait marcher paisiblement dans l'étroit sentier de ses lois. Qu'elles sont cruelles ces lois, dont la jeunesse, la beauté, l'amour, sont les tristes victimes ! Qu'il serait juste et généreux de les en affranchir ! »

À ces mots, effrayé lui-même de sentir tressaillir son cœur, il s'éloignait.

 « *Ah ! disait-il, est-ce là ce projet si beau, si magnanime qui m'avait amené à la cour de l'inca ! Je m'annonce comme un héros ; je finis par être un perfide, un faible et lâche ravisseur.* »

Ainsi sa vertu combattait ; elle aurait triomphé sans doute. Mais un événement terrible la fit céder aux mouvements de la crainte et de la pitié.

Chapitre XXVIII

Heureux les peuples qui cultivent les vallées et les collines que la mer forma dans son sein, des sables que roulent ses flots, et des dépouilles de la terre ! Le pasteur y conduit ses troupeaux sans alarmes ; le laboureur y sème et y moissonne en paix. Mais malheur aux peuples voisins de ces montagnes sourcilleuses, dont le pied n'a jamais trempé dans l'océan, et dont la cime s'élève au-dessus des nues ! Ce sont des soupiraux que le feu souterrain s'est ouverts, en brisant la voûte des fournaises profondes où sans cesse il bouillonne. Il a formé ces monts des rochers calcinés, des métaux brûlants et liquides, des flots de cendre et de bitume qu'il lançait, et qui, dans leur chute, s'accumulaient aux bords de ces gouffres ouverts. Malheur aux peuples que la fertilité de ce terrain perfide attache : les fleurs, les fruits et les moissons couvrent l'abîme sous leurs pas. Ces germes de fécondité, dont la terre est pénétrée, sont les exhalaisons du feu qui la dévore : sa richesse, en croissant, présage sa ruine ; et c'est au sein de l'abondance qu'on lui voit engloutir ses heureux possesseurs. Tel est le climat de Quito. La ville est dominée par un volcan terrible, qui, par de fréquentes secousses, en ébranle les fondements.

Un jour que le peuple indien, répandu dans les campagnes, labourait, semait, moissonnait, (car ce riche vallon présente tous ces travaux à la fois) et que les filles du soleil, dans l'intérieur de leur palais, étaient occupées les unes à filer, les autres à ourdir les précieux tissus de laine dont le pontife et le roi sont vêtus, un bruit sourd se fait d'abord entendre dans les entrailles du volcan. Ce bruit, semblable à celui de la mer, lorsqu'elle conçoit les tempêtes, s'accroît, et se change bientôt en un mugissement profond. La terre tremble, le ciel gronde, de noires vapeurs l'enveloppent ; le temple et les palais chancellent et menacent de s'écrouler ; la montagne s'ébranle, et sa cime entr'ouverte vomit, avec les vents enfermés dans son sein, des flots de bitume liquide, et des tourbillons de fumée qui rougissent, s'enflamment et lancent dans les airs des éclats de rocher brûlants qu'ils ont détachés de l'abîme : superbe et terrible spectacle, de voir des rivières de feu bondir à flots étincelants à travers des monceaux de neige, et s'y creuser un lit vaste et profond.

Dans les murs, hors des murs, la désolation, l'épouvante, le vertige de la terreur se répandent en un instant. Le laboureur regarde et reste immobile. Il n'oserait entamer la terre, qu'il sent comme une mer flottante sous ses pas. Parmi les prêtres du soleil, les uns, tremblants, s'élancent hors du temple ; les autres, consternés, embrassent l'autel de leur dieu. Les vierges, éperdues, sortent de leur palais, dont les toits menacent de fondre sur leur tête ; et courant dans leur vaste enclos, pâles, échevelées, elles tendent leurs mains timides vers ces murs, d'où la pitié même n'ose approcher pour les secourir.

Alonso seul, errant autour de cette enceinte, entend leurs gémissantes voix. Dans le péril de la nature entière, il ne tremble que pour Cora.

Les cris qui frappent son oreille, lui semblent tous être les siens. Égaré, frémissant de douleur et de crainte, et pareil au ramier, qui, d'une aile tremblante, voltige autour de la prison où sa palombe est enfermée ; ou tel plutôt que la lionne, qui, l'œil étincelant, rode et rugit autour du piège où l'on a pris ses lionceaux, il cherche, il découvre à la fin des ruines et un passage. Transporté de joie, il gravit sur les débris du mur sacré. Il pénètre dans cet asile, où nul mortel jamais n'osa pénétrer avant lui.

Les ténèbres le favorisent : un jour lugubre et sombre a fait place à la nuit ; la nuit n'est éclairée que par les flots brûlants qui s'élancent de la montagne ; et cette effroyable lueur, pareille à celle de l'érebe, ne laisse voir aux yeux d'Alonso que comme des ombres errantes, les prêtresses du soleil, courant épouvantées dans les jardins de leur palais.

D'autres yeux que ceux d'un amant, tout occupé de l'objet qu'il adore, chercheraient inutilement l'une d'elles entre ses compagnes.

Alonso reconnaît Cora. Les grâces, qui, dans la frayeur, ne l'ont point abandonnée, la lui font distinguer de loin. Il retient ses premiers transports, de peur de l'effrayer. Il s'avance d'un pas timide.

« *Cora, lui dit-il, de la voix la plus douce et la plus sensible, un dieu veille sur vous et prend soin de vos jours.* »

À cette voix, Cora s'arrête, intimidée ; et à l'instant la terre tremble, et la montagne, avec éclat, jette une colonne de flamme, qui, dans l'obscurité, découvre aux yeux de la prêtresse son amant, qui lui tend les bras.

Soit par un mouvement soudain de frayeur, ou d'amour peut-être, Cora se précipite et tombe évanouie dans les bras du jeune Espagnol. Il la soutient, il la ranime, il tâche de la rassurer.

« *Ô toi, lui dit-il, que j'adore depuis que je t'ai vue au temple, toi, pour qui seule je respire*

— Cora, ne crains rien : c'est le ciel qui t'envoie un libérateur. Suis-moi. Quittons ces lieux funestes ; laisse-moi te sauver. »

Cora, faible et tremblante, s'abandonne à son guide. Il l'emporte ; il franchit sans peine les débris du mur écroulé ; et le premier asile qui s'offre à sa pensée, est le vallon de Capana, du Cacique, ami de Las-Casas.

« *Où vais-je, lui disait Cora ? La frayeur a troublé mes sens. Je ne sais où je suis ; je ne sais même qui vous êtes. Que vais-je devenir ? Ayez pitié de moi.*

— Vous êtes, lui dit Alonso, sous la garde d'un homme qui ne respire que pour vous. Je vous mène loin du danger, dans un vallon délicieux, où un Cacique, mon ami, vous recevra comme sa fille.

— Ah ! Cachez-moi plutôt, dit-elle, à tous les yeux. Il y va de ma vie ; il y va de bien plus ! Vous ignorez la loi terrible que vous me faites violer. Me voilà hors de cet asile où je devais vivre cachée. Je suis les pas d'un homme, après avoir fait vœu de fuir à jamais tous les hommes. À quoi m'exposez-vous ? Ah ! Plutôt laissez-moi périr.

— Cora, lui répondit Alonso, le premier devoir de tout ce qui respire, comme son premier sentiment, c'est le soin de sa propre vie ; et dans un moment où la mort vous environne et vous poursuit, il n'est ni vœu ni loi qui doive s'opposer à ce mouvement invincible.

Quand tout sera calmé, demain, avant l'aurore, vous rentrerez dans ces jardins, où vos compagnes effrayées auront passé la nuit sans doute ; et le secret de votre absence ne sera jamais révélé. »

Cependant le péril s'éloigne, et bientôt il s'évanouit. La terre cesse de trembler, le volcan cesse de mugir. Cette pyramide de feu, qui s'élevait du sommet de la montagne, s'émousse, et paraît s'enfoncer ; les noirs tourbillons de fumée dont le ciel était obscurci, commencent à se dissiper ; un vent d'orient les chasse vers la mer. L'azur du ciel s'épure ; et l'astre de la nuit, par sa consolante clarté, semble vouloir rassurer la nature.

Dans ce moment, Alonso et sa tendre compagne traversaient de belles prairies, où mille arbres, chargés de fruits, entrelaçaient leurs rameaux. Les rayons tremblants de la lune, perçant à travers le feuillage, allaient nuancer la verdure, et se jouer parmi les fleurs.

« *Respire, ma chère Cora, dit Alonso ; repose-toi ; et dans le calme et le silence d'une nuit qui nous favorise, laisse-moi me rassasier du plaisir de te voir, d'adorer tant de charmes.* »

Cora consentit à s'asseoir. Le premier soin d'Alonso fut de cueillir des fruits, qu'il vint lui présenter. Le doux savinte, le palta, d'un goût plus ravissant encore, la moelle du coco, son jus délicieux, furent les mets de ce festin.

Assis aux genoux de Cora, Alonso respirait à peine. Le trouble, le saisissement, cette timidité craintive qui se mêle aux brûlants désirs, et dont l'émotion redouble aux approches du bonheur, suspendent son impatience. Il presse de ses mains, il presse de ses lèvres la main tremblante de Cora.

« *Fille du ciel, lui disait-il, est-ce bien toi que je possède, toi, l'unique objet de mes vœux ? Qui m'eût dit qu'un prodige, dont frémit la nature, s'opérait pour nous réunir, et qu'il n'épouvantait la terre, que pour nous dérober aux yeux de tes surveillants inhumains ? Un dieu, sans doute, a pris pitié de mon amour et de mes peines. Ah ! Profitons de sa faveur. Nous voilà seuls, libres, cachés, et n'ayant pour témoin que la nuit, qui jamais n'a trahi les tendres amants. Mais ces instants si précieux s'écoulent ; n'en perdons plus aucun ; et, si je te suis cher, dis-moi : sois heureux.*

— Sois heureux, dit-elle. »

Et dès ce moment un nuage se répandit sur l'avenir.

À leurs yeux tout s'est embelli. La sérénité de la nuit, la solitude, le silence ont pour eux un charme nouveau.

« *Ah ! Le délicieux séjour ! Disait Cora. Pourquoi chercher un autre asile ?*

Cette douce clarté, ces gazons, ces feuillages semblent nous dire : où voulez-vous aller, où serez-vous mieux qu'avec nous ?

— Ô douce moitié de moi-même, dit Alonso, ainsi toujours puisses-tu te plaire avec moi ! Passons ici la nuit ; et demain, dès l'aube du jour,

fuyons des lieux où tu es captive. Allons ... Que sais-je ? Où le destin nous conduira : fût-ce dans un antre sauvage, j'y vivrais heureux avec toi ; et sans toi, je ne puis plus vivre. »

Ainsi le fol amour faisait parler Alonso. Cora le pressait dans ses bras ; et il sentait tomber sur son visage les larmes qu'elle répandait.

« *Mon ami, lui dit-elle, éloignons, s'il se peut, une prévoyance affligeante. Je suis avec toi, je ne veux m'occuper que de toi : qu'un bien que j'ai tant souhaité ne soit pas mêlé d'amertume.* »

Cora ne savait point encore le nom de son amant ; elle désira de l'entendre, et le répéta mille fois. Il lui parla de sa patrie, il voulut même la flatter de la douce espérance de voir un jour avec lui les bords où il était né. Elle n'en fut point abusée, et la réflexion cruelle écarta cette illusion. Enfin, le sommeil suspendit tous les mouvements de leurs âmes ; et Cora, aux genoux d'Alonso, reposa jusqu'au point du jour.

L'étoile du matin éveille les oiseaux, et leurs chants éveillent Alonso. Il ouvre les yeux, et il voit Cora : ses yeux parcourent mille charmes. Il approche sa bouche de ces lèvres de rose, où la volupté lui sourit ; il en respire l'haleine ; et son âme y vole, attirée par un souffle délicieux.

Cora s'éveille ; un tressaillement, mêlé de frayeur et de joie, exprime son émotion.

« *Est-ce toi, dit-elle, en se précipitant dans le sein d'Alonso, est-ce bien toi que je retrouve ? Ah ! Je croyais t'avoir perdu.*

— Non, Cora, non ; rassure-toi : nous ne serons point séparés. Mais hâtons-nous : voici l'aube du jour, gagnons le détroit des montagnes ; et sur la foi de la nature, qui nourrit les hôtes des bois, cherche avec moi, dans leur asile, la liberté, le premier des biens après l'amour.

— Ah ! Cher Alonso, dit Cora, que ne suis-je seule, avec toi, dans ces forêts où elle règne ! Que n'y suis-je inconnue au reste des mortels ! »

Et, en disant ces mots, elle le serrait dans ses bras ; elle frémissait ; et ses yeux, attachés sur ceux de son amant, se remplissaient de larmes. Attendri et troublé lui-même, il la presse de lui avouer ce qui l'agite. Elle s'effraie du coup qu'elle va lui porter ; mais elle cède enfin.

« *Délices de mon âme, mon cher Alonso, lui dit-elle, mon cœur est déchiré ; le tien va l'être ; mais pardonne : un devoir sacré, un devoir terrible m'enchaîne, il va m'arracher de tes bras ; voici le moment d'un éternel adieu.*

— Ah ! Que dis-tu, cruelle !

— Ecoute. En me dévouant aux autels, mes parents répondirent de ma fidélité.

Le sang d'un père, d'une mère, est garant des vœux que j'ai faits. Fugitive et parjure, je les livrerais au supplice ; mon crime retomberait sur eux, et ils en porteraient la peine : telle est la rigueur de la loi.

— Ô dieu !

— Tu frémis !

— Malheureuse ! Qu'as-tu fait ? Qu'ai-je fait moi-même, s'écria-t-il, en se précipitant le front contre terre, et en s'arrachant les cheveux. Que ne m'as-tu montré plutôt l'abîme où je tombais, où je t'entraînais ? ... Laisse-moi.

Ton amour, ta douleur, tes larmes redoublent l'horreur où je suis ... Que veux-tu ? Que je te ramène ? Tu veux ma mort ... Te retenir ! Oh ! Non ; je ne suis pas un monstre. Je ne souffrirai pas que tu sois parricide ; je ne le souffrirai jamais. Va-t-en ...

Cruelle ... Arrête ! Arrête ! Je me meurs. »

Cora, désolée et tremblante, était revenue à ses cris, était tombée à ses genoux. Il la regarde, il la prend dans ses bras, l'arrose de ses pleurs, se sent baigner des siens, lui jure un éternel amour ; et, dans l'excès de sa douleur, il s'égare et s'oublie encore.

« *Que faisons-nous, lui dit Cora ? Voilà le jour. Si nous tardons, il ne sera plus temps, et mon père, et ma mère, et leurs enfants, tout va périr. Je vois le bûcher qui s'allume.*

— Viens donc, viens, lui dit-il, avec le regard sombre, l'air farouche du désespoir. »

Et tout-à-coup, s'armant de force, de cette force courageuse qui foule aux pieds les passions, il la prend par la main, et, marchant à grands pas, la ramène, pâle et tremblante, jusqu'au pied de ces murs, où elle va cacher son crime, son amour et son désespoir.

L'amour, dans l'âme de Cora, n'avait été, jusqu'au moment de cette fatale entrevue, qu'un délire confus et vague : elle n'en connut bien la force que lorsqu'elle en eut possédé l'objet. Sa passion, en s'éclairant, a redoublé de violence ; le souvenir et le regret en sont devenus l'aliment ; et le désir, sans espérance, toujours trompé, toujours plus vif et plus ardent, en est le supplice éternel.

Mais du moins elle est sans remords, et sans frayeur sur l'avenir. Le désordre de cette nuit, où chacun tremblait pour soi-même, n'a pas permis qu'on s'aperçût de sa fuite et de son absence ; elle ne se fait point un crime de l'égarement où l'ont précipitée le péril, la crainte, et l'amour. Sa plus cruelle prévoyance est d'être en proie au feu qui la consume, et qui ne s'éteindra jamais. Son amant est plus malheureux ; il éprouve les mêmes peines, et de plus un souci rongeur qui le tourmente incessamment.

Ô ! Sous combien de formes, diversement cruelles, l'amour tyrannise les cœurs ! Alonso tremblait d'être père ; et ce danger, que l'innocence dérobait aux yeux de Cora, était sans cesse présent aux siens. Il se rappelé avec effroi les plus doux moments de sa vie, et déteste l'amour qui l'a rendu heureux. Cependant il fallut partir. Mais, en s'éloignant de Quito, il sentit son âme, attirée par une force irrésistible, se détacher de lui, s'élancer vers les murs où son amante gémissait.

Chapitre XXIX

Une route immense, aplanie d'une extrémité de l'empire à l'autre, à travers les hautes montagnes, les abîmes et les torrents, monument prodigieux de la grandeur des incas ; et sur cette route les arsenaux distribués par intervalles, les hospices sans cesse ouverts aux voyageurs, les forteresses et les temples, les canaux qui dans les campagnes faisaient circuler l'eau des fleuves, les merveilles de la nature, dans des climats nouveaux pour lui, rien ne put effacer Cora de sa pensée. Son image, qu'en soupirant il écartait toujours, lui revenait sans cesse.

Enfin l'impérieuse voix de l'amitié se fit entendre. Alonso tout-à-coup sortit comme d'un long délire ; et en approchant de Cuzco, les soins dont il était chargé commencèrent à l'occuper. Il se fit précéder par trois caciques, et s'annonça au monarque en ces mots :

« *Un homme né par delà les mers, et vers les bords d'où le soleil se lève, un castillan, reçu dans la cour de ton frère, vient te voir, et t'apporte des paroles de paix.* »

La renommée des castillans était parvenue à Cuzco ; et ce nom, devenu terrible, frappa le superbe Huascar. Il envoya au-devant d'Alonso une partie de sa cour, et le reçut lui-même dans toute la splendeur de la majesté des incas, élevé sur un trône d'or, dans un palais dont les lambris, les murs même étaient revêtus de ce métal éblouissant, ayant à ses pieds vingt caciques, et à ses côtés vingt tribus d'incas descendants de Manco.

Alonso, qui jamais n'avait rien vu de si auguste, en fut saisi d'étonnement. Le prince, avec une bonté majestueuse, lui fit signe de s'approcher, et de parler.

« *Inca, lui dit Alonso, c'est un présent du ciel, qu'un frère vertueux et tendre ; c'est un don du ciel, non moins rare, qu'un véritable ami. Réjouis-toi : le ciel t'a donné l'un et l'autre dans le roi de Quito. Son âme m'est connue ; et mon cœur, qui jamais n'a su mentir, répond du sien. Vous êtes tous deux menacés par un ennemi redoutable, qui s'avance de l'orient. Vous avez besoin l'un de l'autre, pour résister à ses efforts. Réunis, vous pouvez le vaincre ; divisés, vous êtes perdus. L'inca, ton frère, demande ton secours, et t'offre celui de ses armes. Tel est l'objet de l'ambassade dont il m'honore auprès de toi.*

— *J'ai bien voulu t'entendre, lui répondit l'inca, quoiqu'envoyé par un rebelle ; mais, avant tout, n'es-tu pas toi-même un de ces étrangers nouvellement descendus sur nos bords, et qui, dans la vallée, ont semé l'épouvante ? Tu te dis Castillan ; c'est, je crois, le nom qu'on leur donne ; ils viennent, dit-on, comme toi, des bords de l'orient.*

— *Oui, je suis du nombre de ceux que l'on a vus sur ce rivage, lui dit Alonso. Je cherchais la gloire sur leurs pas : je n'ai vu que le crime ; et je les ai abandonnés. J'aime la bonne foi, j'honore la droiture et la grandeur d'âme ; et c'est ce qui m'attache à ce généreux prince qui te parle ici par ma voix. Tous les deux nés du même sang, enfants du même père, aimez-vous, et vivez en paix ; vous serez heureux et puissants.*

— *S'il se souvient, reprit Huascar, de quel père nous sommes nés, qu'il se rappelle aussi quels rangs nous a marqués la naissance. Le soleil n'a donné qu'un maître à cet empire ; le règne de son fils doit être l'image du sien. Il n'a point d'égal dans le ciel ; et je n'en veux point sur la terre.*

— *Inca, lui répondit Alonso, je veux bien parler ton langage, et supposer ce que tu crois. N'aimes-tu pas assez les hommes, et n'estimes-tu pas assez les lois de tes aïeux, pour souhaiter que l'univers fût rangé sous ces lois paisibles ?*

— *Sans doute, répondit l'inca, je le souhaite, et je l'espère : c'est la volonté du soleil ; les temps la verront s'accomplir.*

— *Et alors, poursuivit Alonso, le monde n'aura-t-il qu'un roi, comme il n'a qu'un soleil ? La sagesse d'un homme étendra-t-elle ses regards aussi loin que l'astre du jour étend l'éclat de sa lumière ? Tu n'oserais le croire ; ose donc avouer que ta vigilance a des bornes, que ta puissance en doit avoir, et qu'il serait injuste de vouloir envahir ce que l'on ne peut gouverner.*

— *Etranger, quelle est ton audace,* interrompit l'inca, *de venir me marquer les limites de ma puissance ?*

— *Ce n'est pas moi,* lui dit Alonso, *c'est la nature qui les a marquées : je ne dis que ce qu'elle a fait. Je t'avertis que tu es homme par ta faiblesse, quand tu veux être un dieu par ton ambition.*

— *Je suis homme, mais je suis roi,* reprit l'inca ; *et ce nom seul t'apprend le respect qui m'est dû.*

— *Sache,* lui dit Alonso, *que mes pareils parlent aux rois sans les flatter, et les respectent sans les craindre. Il ne tient qu'à toi de me voir à tes pieds ; mais commence par être juste, et par honorer la mémoire d'un père, qui fut roi lui-même. C'est de sa main que ton frère a reçu le sceptre que tu lui disputes ; et en désavouant le don qu'il lui a fait, tu l'insultes dans son tombeau, et tu foules aux pieds sa cendre.*

L'inca frémit ; mais son orgueil l'emporta sur sa piété.

« *Mon père,* dit-il, *a vieilli ; et dans cet état de défaillance, l'homme est crédule et facile à tromper. Il a cédé aux artifices d'une femme ambitieuse ; et pour le fils de l'étrangère, il a déshérité celui que les sages lois de Manco lui avaient donné pour successeur.*

— *Il t'a remis,* lui dit Alonso, *tout ce qu'il avait reçu : il n'a disposé que de sa conquête.*

— *Si, comme lui, chacun de nos rois,* dit le prince, *eût dissipé ce qu'il avait acquis, où serait leur empire ? L'unité de pouvoir en fait la grandeur et la force ; et mon père, qui, sans partage, l'avait reçu de ses aïeux, devait le laisser sans partage. On l'a surpris ; et sans cesser d'honorer ses vertus, de révérer sa cendre, je puis désavouer un moment de faiblesse, qui lui fit oublier mes droits.*

— *Apprends,* lui dit Alonso, *qu'au nord de ces climats, un empire aussi vaste, plus puissant que le tien, vient d'être ravagé, détruit, inondé du sang de ses peuples, pour avoir été divisé. Ses princes, à peine échappés au glaive du vainqueur, se sont réfugiés dans la cour de l'inca ton frère ; et leur malheur atteste ce que je te prédis. Un ennemi terrible va vous trouver tous deux affaiblis, défaits l'un par l'autre. Ah ! Songe à sauver ton empire ; et quand la foudre est sur ta tête, et l'abîme à tes pieds, tremble, malheureux prince, tremble toi-même, au-lieu de menacer.* »

Toute la cour, qui l'entendait, parut troublée à ce langage ; l'inca lui-même en fut ému ; mais dissimulant sa frayeur sous les dehors de la fierté :

« *C'est,* dit-il, *à l'usurpateur à prévenir les maux dont il serait la cause, et à se ranger sous mes lois.*

— *Ne l'espère pas, dit Alonso, consterné de sa résistance. Atahualpa, couronné par un père expirant, ne croira jamais avoir usurpé ce qu'il a reçu de son père. Il regarde sa volonté comme une inviolable loi. Il faut, pour le chasser du trône, l'en arracher sanglant : je te répète ses paroles. C'est à toi de voir si tu veux te baigner dans le sang d'un frère, d'un frère vertueux qui t'aime, qui fait sa gloire et son bonheur d'être ton allié, ton ami le plus tendre ; qui te conjure, au nom d'un père, de ne pas révoquer les dons qu'il lui a faits ; qui te conjure, au nom de son peuple et du tien, de ne pas le forcer à une guerre impie.*

Dispose de lui, de ses armes : il ne craint point la guerre ; il a sous ses drapeaux un peuple fidèle et vaillant ; il a vingt rois autour de lui, tous aussi dévoués que moi. Tout ce qu'il craint, c'est de verser le sang de ses amis, de sa famille, de ces peuples, qui, sujets de vos pères, nés sous les mêmes lois, sont ses enfants comme les tiens. Consulte, comme lui, ton cœur : il doit être bon, magnanime, sensible au moins à la pitié. Il ne s'agit pas de régler entre nous tes droits et les siens : de pareils débats n'ont jamais été vides que par les armes. Il s'agit de savoir lequel des deux perd le plus à céder. Il y va, pour lui, d'un royaume ; pour toi, d'une province inutile à ta gloire, à ta puissance, à ta grandeur. Il défend, avec sa couronne, l'honneur de son père, et le sien ; et à ces intérêts qu'opposes-tu ? L'orgueil de ne point souffrir de partage !

Vois si cela mérite d'allumer entre vous les feux d'une guerre civile, au moment qu'un péril commun vous presse de vous réunir. »

Le fier Huascar n'en voulut pas entendre davantage. Mais la franchise courageuse, la noble fierté d'Alonso laissèrent dans tous les esprits l'étonnement et le respect ; l'inca lui-même en fut saisi.

« *Je ne sais, disait-il, mais cette race d'hommes a quelque chose d'imposant et de supérieur à nous. Je veux gagner la bienveillance et l'estime de celui-ci. Qu'on lui rende tous les honneurs qui sont dus à son ministère et à la dignité dont il est revêtu.* »

Il l'admit à sa table ; et prenant avec lui le ton de l'amitié :

« *Castillan, lui dit-il, je veux bien accéder, autant que je le puis sans honte, à la paix que tu me proposes. Qu'Atahualpa garde son apanage ; qu'il règne à Quito, j'y consens, mais tributaire de l'empire, et obligé de rendre hommage à l'aîné des fils du soleil.* »

Quoiqu'il y eût peu d'apparence qu'Atahualpa subît cette condition, Alonso ne crut pas devoir la rejeter sans l'en instruire ; et, en attendant sa réponse, il eut le temps de voir tout ce qui décorait, et au-dedans et au-dehors, cette florissante cité.

Chapitre XXX

Le temple du soleil, le palais du monarque, ceux des incas, celui des vierges, la forteresse à triple enceinte qui dominait la ville et qui la protégeait ; les canaux, qui, du haut des montagnes voisines, y répandaient en abondance les eaux vives et salutaires ; l'étendue et la magnificence des places qui la décoraient, ces monuments, dont il ne reste plus que de déplorables ruines, le frappaient d'admiration.

« *Sans le fer, disait-il, sans l'art des mécaniques, la main de l'homme a opéré tous ces prodiges ! Elle a roulé ces rochers énormes ; elle en a formé ces murailles dont la structure m'épouvante, dont la solidité ne cédera jamais qu'aux lentes secousses du temps, et à l'écroulement du globe. On peut donc suppléer à tout par le travail et la constance.* »

Mais il voyait avec effroi cet amas incroyable d'or, qui, dans le temple et les palais, tenait lieu du fer, du bois et de l'argile, et, sous mille formes diverses, éblouissait partout les yeux.

« *Ah ! disait-il, en soupirant, si jamais l'avarice européenne vient à découvrir ces richesses, avec quelle avide fureur elle va les dévorer !* »

Le culte du soleil avait à Cuzco une majesté sans égale. La magnificence du temple, la splendeur de la cour, l'affluence des peuples, l'ordre des prêtres du soleil et le chœur des vierges choisies, plus nombreux et plus imposants, donnaient, dans cette ville, à la pompe du culte un caractère si auguste, qu'Alonso même en fut pénétré de respect.

Il y avait dans toutes les fêtes, des rites, des jeux, des festins, des sacrifices usités. Ce qui distinguait celle du mariage, c'était le don du feu céleste. Alonso la vit célébrer. C'était le jour où le soleil, terminant sa course au midi, se repose sur le tropique, pour revenir sur ses pas vers le nord.

On observait l'instant où le flambeau du jour étant sur son déclin, les colonnes mystérieuses formaient, vers l'orient, une ombre égale à elles-mêmes ; et alors l'inca, prosterné devant le soleil son père :

« *Dieu bienfaisant, lui disait-il, tu vas t'éloigner de nous, et rendre la vie et la joie aux peuples d'un autre hémisphère, que l'hiver, enfant de la nuit, afflige loin de toi ; nous n'en murmurons pas. Tu ne serais pas juste, si tu n'aimais que nous, et si, pour tes enfants, tu oubliais le monde. Suis ton penchant ; mais laisse-nous, comme un gage de ta bonté, une émanation de toi-même ; et que le feu de tes rayons, nourri sur tes autels, répandu chez ton peuple, le console de ton absence, et l'assure de ton retour.* »

Il dit, et présente au soleil la surface creuse et polie d'un cristal enchâssé dans l'or, artifice mystérieux qu'on avait grand soin de cacher au peuple, et qui n'était connu que des incas. Les rayons croisés en un point, tombent sur un bûcher de cèdre et d'aloès, qui tout-à-coup s'enflamme, et répand dans les airs le plus délicieux parfum.

C'était ainsi que le sage Manco avait fait attester aux Indiens, par le soleil lui-même, qu'il l'envoyait pour leur donner des lois.

« *Ô soleil, lui dit-il, si je suis né de toi, que tes rayons, du haut des cieux, allument ce bûcher que ma main te consacre.* »

Et le bûcher fut allumé. La multitude, en voyant ce prodige se renouveler tous les ans, fait éclater les transports de sa joie ; chacun s'empresse à recueillir une parcelle du feu céleste ; le monarque le distribue à la famille des incas ; ceux-ci le font passer au peuple ; et les prêtres veillent au soin de l'entretenir sur l'autel.

Alors s'avancent les amants que l'âge appelé aux devoirs d'époux ; et rien de plus majestueux que ce cercle immense, formé d'une florissante jeunesse, la force et l'espoir de l'état, qui demande à se reproduire, et à l'enrichir à son tour d'une postérité nouvelle. La santé, fille du travail et de la tempérance, y règne, et s'y joint avec la beauté, ou supplée à la beauté même.

« *Enfants de l'état, dit le prince, c'est à présent qu'il attend de vous le prix de votre naissance. Tout homme qui regarde la vie comme un bien, est obligé de la transmettre, et d'en multiplier le don. Celui-là seul est dispensé de faire naître son semblable, pour qui c'est un malheur que de vivre et que d'être né. S'il en est quelqu'un parmi vous, qu'il élève la voix ; qu'il dise ce qui lui fait haïr le jour : c'est à moi d'écouter ses plaintes. Mais si chacun de vous jouit paisiblement des bienfaits du soleil mon père, venez, en vous donnant une foi mutuelle, vous engager à reproduire et à perpétuer le nombre des heureux. »*

On n'entendit pas une plainte ; et mille couples, tour-à-tour, se présentèrent devant lui.

« Aimez-vous, observez les lois, adorez le soleil mon père. »

Leur dit le prince ; et pour symbole des travaux et des soins qu'ils allaient partager, il leur faisait toucher, en se donnant la main, la bêche antique de Manco, et la quenouille d'Oello, sa laborieuse compagne.

Alonso, parcourant des yeux ce cercle de jeunes beautés, soupira, et dit en lui-même :

« Ah ! Si dans cette fête, Cora, tu paraissais, fille céleste, tous ces charmes seraient effacés par les tiens. »

L'une des jeunes épouses, en approchant de l'inca, avait les yeux mouillés de pleurs. Le prince, qui s'en aperçoit, lui demande ce qui l'afflige. Elle gardait encore un timide et triste silence.

L'inca daigne la rassurer.

« Hélas ! Dit-elle, j'espérais consoler l'amant de ma sœur ; car ma sœur est si belle, qu'on la réserve pour le temple ; et le malheureux Ircilo, à qui mon père la refuse, venait pleurer auprès de moi. Elina, me dit-il un jour, tu n'es pas aussi belle, mais tu es aussi douce : ton cœur est bon, il est sensible ; tu aimes tendrement Méloé ; je sais combien tu lui es chère ; je croirai la voir dans sa sœur : tiens-moi lieu d'elle, par pitié. Je refusai d'abord : Méloé, toute en pleurs, me pressa de prendre sa place. Qui le consolera, si ce n'est toi, me dit-elle ? Vois comme il est affligé. Je le veux bien, lui dis-je, si cela le console. Il le croyait ; il le promit. Hé bien, il vient de m'avouer qu'il ne peut jamais aimer qu'elle, et qu'il la pleurera toujours. »

L'inca fit appeler le père d'Elina et de Méloé.

« Amenez-moi Méloé, lui dit-il. Vous la réservez pour le temple ; mais le soleil veut des cœurs libres, et le sien ne l'est pas. Elle aime ce jeune homme ; et je veux qu'il soit son époux.

Pour Elina, je prendrai soin de lui en choisir un digne d'elle. »

Le père obéit. Méloé s'avance, affligée et tremblante. Mais dès qu'elle voit Ircilo, et qu'elle entend que c'est à lui qu'on accorde sa main, sa beauté se ranime ; un doux ravissement éclate sur son front ; et levant ses yeux attendris sur les yeux de son jeune amant :

« *Tu ne seras donc plus affligé, lui dit-elle ? C'est tout ce que je souhaitais.* »

Un nouveau couple se présente ; et tout-à-coup un jeune homme éperdu fend la foule, s'élance entre les deux époux, et tombant aux pieds de l'inca :

« *Fils du soleil, s'écria-t-il, empêchez Osaï de manquer à la foi qu'elle m'a donnée : c'est moi qu'elle aime. Elle va faire son malheur, en faisant le mien.* »

Le roi, surpris de son audace, mais touché de son désespoir, lui permit de parler.

« *Inca, dit-il, daigne m'entendre. C'était le temps de la moisson ; je faisais celle de mon père ; on annonça celle du sien. Hélas ! disais-je, c'est demain qu'on moissonne le champ du père d'Osaï ; mes rivaux s'y rendront en foule ; quel malheur, si je n'y suis pas ! Hâtons-nous, redoublons d'ardeur pour achever la moisson de mon père. J'en vins à bout ; j'étais épuisé de fatigue ; j'allai me reposer ; le sommeil me trompa ; et quand je m'éveillai, votre père éclairait le monde. Désolé, j'arrive ; et je trouve Osaï dans les champs, avec le jeune Mayobé, qui, dès l'aube du jour, avait moissonné avec elle. Va, Nelti, tu ne m'aimes point, et tu ne chéris point mon père, me dit-elle avec mépris : l'amour et l'amitié auraient été plus diligents. Elle ne voulut point m'entendre ; et depuis, elle n'a cessé de m'éviter et de me fuir.*

Mais elle m'aime encore ; oui, sois sûr qu'elle m'aime ; car elle, qui jamais ne trompe, m'a dit souvent : Nelti, je n'aimerai que toi.

— *Osaï, demanda le prince, est-il vrai ?*

— *Non, jamais je n'eusse aimé que lui ; mais l'ingrat ! Il a négligé la moisson de mon père, qui l'aimait comme son enfant.* »

À ces mots elle s'attendrit.

« *Tu l'aimes, et tu lui pardonnes, reprit l'inca. Reçois sa main. Et toi, dit-il à Mayobé, cède-lui son amante ; et pour te consoler, regarde : celle-ci n'est-elle pas assez belle ?*

— *Ah ! si belle, qu'Osaï même ne l'efface point à mes yeux, dit le jeune homme.*

— *Hé bien, si tu lui plais, je te la donne, dit le prince. Y consentez-vous, Elina ?*

— *Je le veux bien, dit-elle, pourvu qu'il ne s'afflige pas ; car c'est la joie du mari qui fait la gloire de la femme. Ma mère me l'a dit souvent, et mon cœur me le dit aussi.* »

Tels étaient, parmi ce bon peuple, les plus grands troubles de l'amour.

Au milieu des chants et des danses qui précédaient le sacrifice, un prodige parut dans l'air ; et il attira tous les yeux. On vit un aigle assailli et déchiré par des milans, qui, tour-à-tour, fondaient sur lui d'un vol rapide.

L'aigle, après s'être débattu sur leurs griffes tranchantes, tombe, épuisé de sang, au pied du trône de l'inca, et au milieu de sa famille. Le roi, comme le peuple, en fut d'abord saisi d'étonnement et de frayeur ; mais, avec cette fermeté qui ne l'abandonnait jamais :

« Pontife, dit-il, *immolez sur l'autel du soleil mon père, cet oiseau, l'image frappante de l'ennemi qui nous menace, et qui vient tomber sous nos coups.* »

Le pontife invita le prince à venir dans le sanctuaire.

« *Je vous suis, lui dit Huascar ; mais cachez la frayeur qui se peint sur votre visage. Le vulgaire n'a pas besoin qu'on l'avertisse de trembler.*

— *Regardez, lui dit le pontife, avant que d'entrer dans le temple, ces trois cercles empreints sur le front pâlissant de l'épouse du soleil.* »

La lune se levait alors sur l'horizon ; et l'inca vit distinctement trois cercles marqués sur son disque, l'un couleur de sang, l'autre noir, l'autre nébuleux, et semblable à une trace de fumée.

« *Prince, lui dit le prêtre, ne nous déguisons pas la vérité de ces présages. Ce cercle de sang est la guerre ; le cercle noir annonce les revers ; et ce trait de fumée, plus effrayant encore, est le présage de la ruine.*

— *Le soleil, lui dit le monarque, vous a-t-il révélé ce malheureux avenir ?*

— *Je l'entrevois, dit le pontife ; le soleil ne m'a point parlé.*

— *Laissez-moi donc, reprit l'inca, le dernier bien qui reste à l'homme, l'espérance, qui l'encourage, et le soutient dans ses malheurs. Tout ce qui peut n'être qu'un jeu, qu'un accident de la nature, ne se doit jamais expliquer comme un signe prodigieux, à moins qu'il ne soit à propos d'en intimider le vulgaire. Ce n'est pas ici le moment.* »

Chapitre XXXI

Huascar, loin de laisser paraître le trouble élevé dans son âme, se montra, aux yeux d'Alonso, plus ferme et plus résolu que jamais. Il le mena le lendemain dans ces jardins éblouissants, où l'on voyait imités en or, et avec assez d'industrie, les plantes, les fleurs, et les fruits qui naissent dans ces climats. Ce qui eût été parmi nous un exemple inouï de luxe, n'annonçait là que l'abondance et l'inutilité de l'or.

De ces jardins, où l'art s'était joué à copier la nature, l'inca fit passer Alonso dans ceux où la nature même étalait ses propres richesses. Ils occupaient un vallon charmant, au bord du fleuve Apurimac. Ces jardins étaient l'abrégé des campagnes du nouveau monde. Des touffes d'arbres majestueux, associant leurs ombres, mariant leurs rameaux, formaient, par la variété de leurs bois et de leur feuillage, un mélange rare et frappant. Plus loin, des bosquets, composés d'arbustes couronnés de fleurs, attiraient et charmaient la vue. Là, des prairies odorantes répandaient les plus doux parfums. Ici, les arbres d'un verger, ployant sous le poids de leurs fruits, étendaient et ployaient leurs branches au-devant de la main, dont ils sollicitaient le choix. Là, des plantes, d'une vertu ou d'une saveur précieuse, semblaient présenter à l'envi des secours à la maladie, et des plaisirs à la santé.

Alonso parcourait ces jardins enchantés, d'un œil triste et compatissant.

« Ces beaux lieux, disait-il, ces asiles sacrés de la paix et de la sagesse, seront-ils violés par nos brigands d'Europe ? Et sous la hache impie les verrai-je tomber, ces arbres, dont l'antique ombrage a couvert la tête des rois ? »

Non loin de Cuzco est un lac que le peuple indien révère : car ce fut, dit-on, sur ses bords que Manco descendit, avec Oello, sa compagne, et au milieu du lac est une île riante, où les incas ont élevé un superbe temple au soleil.

Cette île est un lieu de délices ; et sa fertilité semble tenir de l'enchantement. Ni les prairies de Chita, où l'on voyait bondir les troupeaux du soleil, ni les champs de Colcampara, dont la moisson lui était consacrée, ni la vallée de Youcaï, qu'on appelait le jardin de l'empire, n'égalaient cette île en beauté. Là, mûrissaient les fruits les plus délicieux ; là, se recueillait le maïs, dont la main des vierges choisies faisait le pain des sacrifices.

Le roi voulut aussi lui-même y conduire Alonso. Le jeune castillan ne pouvait se lasser d'y admirer, à chaque pas, les prodiges de la culture. Il vit les prêtres du soleil labourer eux-mêmes leurs champs. Il s'adresse à l'un d'eux, que sa vieillesse et son air vénérable lui avaient fait remarquer.

« Inca, lui dit-il, serait-ce à vous de vaquer à ces durs travaux ? N'en êtes-vous pas dispensé par votre ministère auguste ? Et n'est-ce point le profaner, que de vous dégrader ainsi ? »

Quoiqu'Alonso parlât la langue des incas, celui-ci crut ne pas l'entendre. Appuyé sur sa bêche, il le regarde avec étonnement.

« Jeune homme, lui dit-il, que me demandes-tu ? Et que vois-tu d'avilissant dans l'art de rendre la terre fertile ? Ne sais-tu pas que, sans cet art divin, les hommes, épars dans les bois, seraient encore réduits à disputer la proie aux animaux sauvages ? Souviens-toi que l'agriculture a fondé la société, et qu'elle a, de ses nobles mains, élevé nos murs et nos temples.

— Ces avantages, dit Alonso, honorent l'inventeur de l'art ; mais l'exercice n'en est pas moins humiliant et bas, autant qu'il est pénible : c'est du moins ainsi que l'on pense dans les climats où je suis né.

— Dans vos climats, dit le vieillard, il doit être honteux de vivre, puisqu'on attache de la honte à travailler pour se nourrir ? Ce travail, sans doute, est pénible, et c'est pour cela que chacun y doit contribuer ; mais il est honorable autant qu'il est utile ; et parmi nous, rien ne dégrade que le vice et l'oisiveté.

— Il est étrange cependant, reprit Alonso, que des mains qui se consacrent aux autels, et qui viennent d'y présenter les parfums et les sacrifices, prennent, l'instant d'après, la bêche et le hoyau, et que la terre soit labourée par les enfants du soleil.

— Les enfants du soleil font ce que fait leur père, dit le prêtre. Ne vois-tu pas qu'il est tout le jour occupé à fertiliser nos campagnes ?

Tu l'admires dans ses bienfaits, et tu reproches à ses enfants de l'imiter dans leurs travaux ! »

Le jeune Espagnol, confondu, insistait cependant encore.

« Mais le peuple, dit-il, n'est-il pas obligé de cultiver pour vous les champs qui vous nourrissent ?

— Le peuple est obligé de venir à notre aide, dit le vieillard ; mais c'est à nous d'être avares de sa sueur.

— Vous avez, dit Alonso, de quoi payer ses peines ; et votre superflu...

— Nous n'en avons jamais, dit le vieillard.

— Comment ! Ces richesses immenses ?

— Ces richesses ont leur emploi. Si tu as vu nos sacrifices, ils consistent dans une offrande pure, dont la plus légère partie est consumée sur l'autel : le reste en est distribué au peuple. Tel est l'emploi que le soleil veut que l'on fasse de ses biens. C'est lui rendre le culte le plus digne de lui : c'est surtout à ce caractère que l'on reconnaît ses enfants. Nos besoins satisfaits, le reste de nos biens n'est plus à nous : c'est l'apanage de l'orphelin et de l'infirme. Le prince en est dépositaire ; c'est à lui de le dispenser : car personne ne doit mieux connaître les besoins du peuple, que le père du peuple.

— Mais, en vous dépouillant ainsi, ne retranchez-vous point de la vénération qu'aurait pour vous la multitude, si elle vous voyait vous-mêmes répandre avec magnificence ces richesses, qui vous échappent obscurément et sans éclat ? »

Le sage vieillard, à ces mots, sourit modestement ; et ses mains reprirent la bêche.

« Pardonnez, lui dit Alonso, à l'imprudence de mon âge : je vois que je vous fais pitié ; mais je ne cherche qu'à m'instruire.

— Mon ami, lui dit le vieillard, je ne sais si le faste et la magnificence inspireraient autant de vénération que la simplicité d'une vie innocente ; mais ce serait une raison de plus de nous dépouiller de nos biens : car, en nous flattant d'être aimés et honorés pour nos richesses, nous nous dispenserions peut-être de nous décorer de vertus. »

Alonso quitta le vieillard, attendri de sa piété, et pénétré de sa sagesse.

Il témoigna le désir de voir les sources de cet or, dont l'abondance l'étonnait ; et l'inca voulut bien lui-même l'accompagner sur l'Abitanis, la plus riche des mines que l'on connût encore. Un peuple nombreux, répandu sur la croupe de la montagne, y travaillait à tirer l'or des veines du rocher, mais avec indolence. Alonso s'aperçut qu'à peine on daignait effleurer la terre, et qu'on abandonnait les veines les plus riches, dès qu'il fallait s'ensevelir pour les suivre dans leurs rameaux.

« *Ah ! dit-il, que les castillans pousseront ces travaux avec bien plus d'ardeur ! Peuple timide et faible, ils te feront pénétrer dans les entrailles de la terre, en déchirer les flancs, en sonder les abîmes, t'y creuser un vaste tombeau. Encore n'assouviras-tu point leur impitoyable avarice. Tes maîtres opulents, paresseux et superbes, deviendront tributaires des talents et des arts de leurs laborieux voisins ; ils verseront dans l'Europe les trésors de l'Amérique ; et ce sera comme le bitume jeté dans la fournaise ardente : la cupidité, irritée par la richesse et par le luxe, s'étonnera de voir ses besoins renaissants ramener toujours l'indigence ; l'or, en s'accumulant, s'avilira bientôt lui-même ; le prix du travail, en croissant, suivra le progrès des richesses ; leur stérile abondance, dans des mains plus avides, fera moins que leur rareté ; et toi, malheureux peuple, et ta postérité, vous aurez péri dans ces mines, épuisées par vos travaux, sans avoir enrichi l'Europe.*

Hélas ! Peut-être même en aurez-vous accru la misère avec les besoins, et les malheurs avec les crimes. »

Chapitre XXXII

Alonso, de retour à la ville du Soleil, y reçut la réponse d'Atahualpa ; elle était conçue en ces mots :

« *Si le roi de Cuzco a oublié la volonté de son père, celui de Quito s'en souvient. Il désire d'être l'ami et l'allié de son frère ; mais il ne sera jamais au nombre de ses vassaux.* »

Le jeune ambassadeur, qui voyait le moment où la guerre allait s'allumer, voulut préparer Huascar au refus de l'inca son frère ; et l'ayant attiré au temple où étaient les tombeaux des rois :

« Explique-moi, lui dit-il, inca, par quel privilège ton père est le seul, entre tous ces rois, qui regarde en face l'image du soleil ?

— C'est comme son enfant chéri, lui répondit l'inca, qu'il a seul cette gloire.

— Son enfant chéri ! N'est-ce pas la complaisance et le mensonge qui l'ont décoré de ce titre ?

— Tout son peuple le lui a donné, et tout un peuple n'est point flatteur.

— Crois-moi, fais cesser, dit Alonso, cette injuste distinction : tu sais bien qu'il n'en est pas digne.

— Etranger, dit l'inca, respecte et ma présence et sa mémoire.

— Comment veux-tu, reprit Alonso, que je respecte un roi que son fils va demain déclarer insensé, parjure et sacrilège ? N'a-t-il pas couronné ton frère ? N'a-t-il pas violé les lois ? Celui dont les derniers soupirs ont allumé les feux de la guerre civile entre les enfants du soleil, a-t-il mérité d'avoir place dans le temple du soleil, et de le regarder en face ? Ou tu es injuste, ou il le fut : la guerre est ton crime ou le sien. Choisis ; car le roi de Quito est résolu de s'en tenir à la volonté de son père. »

Un coursier fougueux et superbe n'est pas plus étonné du frein qu'un maître habile et courageux lui a mis pour la première fois, que ne le fut le fier inca de l'intérêt puissant qu'opposait Alonso à sa colère impétueuse.

« *Tu as donc reçu, dit-il au jeune castillan, la réponse de ce rebelle ?*

— *Oui, dit Alonso ; et, grâce au ciel, il est digne, par sa constance, d'être ton ami et le mien. Je le désavouerais, si, légitime roi, il se fût rendu tributaire.* »

Huascar, plein de colère, rentra dans son palais. Le ressentiment, la vengeance furent les premiers mouvements qui s'élevèrent dans son cœur. Mais, en y cédant, il fallait déshonorer son père, outrager sa mémoire ; c'était, dans les mœurs des incas, le comble de l'impiété. La nature se soulevait à cette effroyable pensée ; et l'âme d'Huascar, tour-à-tour emportée par deux sentiments opposés, ne savait, dans le trouble où elle était plongée, auquel des deux s'abandonner.

Ce fut dans ce combat pénible, que son épouse favorite, la belle et modeste Idali, le trouva livré à lui-même, et si violemment agité, qu'elle n'approcha qu'en tremblant. Idali menait par la main le jeune Xaira, son fils, destiné à l'empire ; et ses yeux, tendrement baissés sur cet enfant, versaient des pleurs. Le roi, levant sur elle un regard triste et sombre, la voit pleurer, lui tend la main, et lui demande le sujet de ses larmes.

« *Hélas ! Je suis tremblante, lui dit-elle. J'étais avec mon fils ; je caressais l'image d'un époux adoré. Ocello, votre auguste mère, arrive pâle et désolée, le trouble et l'effroi dans les yeux. Tendre et malheureuse Idali ! m'a-t-elle dit, tu te complais dans cet enfant, ton unique espérance ; tu t'applaudis de sa destinée ; mais, hélas ! qu'elle est incertaine, et que le droit qui l'appelé à l'empire est mal assuré désormais !*

Voilà qu'une paix odieuse met la volonté des incas à la place de nos lois saintes ; et l'exemple une fois donné, tout leur sera permis. Le caprice d'un homme, l'adresse d'une femme, le charme de la nouveauté, la séduction d'un moment suffit pour renverser toutes nos espérances. Le sceptre des incas passera dans les mains de celle qui aura surpris un dernier mouvement d'amour ou de faiblesse. Le fils de l'étrangère couronné dans Quito, et reconnu roi légitime, rien ne peut plus être sacré.

Ah ! Cher enfant ! a-t-elle dit encore, en pressant mon fils dans ses bras, puisse ton père, après avoir autorisé le parjure de ton aïeul, ne pas s'en prévaloir lui-même ! Ainsi a parlé votre mère ; et elle demande à vous voir. »

À l'instant Ocello parut ; et aux reproches de l'inca, qui s'offensait de ses alarmes, elle ne répondit qu'en l'accablant lui-même des reproches les plus amers.

Rivale de Zulma, rivale abandonnée, elle gardait au fils la haine qu'elle avait eue pour la mère. Le nom d'Atahualpa lui était odieux. L'amour jaloux a beau s'affaiblir avec l'âge ; même en mourant, il laisse son venin dans la plaie : on cesse d'aimer l'infidèle ; on ne cesse point de haïr l'objet de l'infidélité. C'est avec cette haine pour le sang de Zulma, que la plus fière des pallas s'efforça d'animer son fils à la vengeance.

« *Hé bien, venez-vous, lui dit-elle, de céder à l'orgueil rebelle de l'usurpateur de vos droits ?*

Venez-vous d'annoncer au monde que les lois du soleil doivent toutes fléchir devant les volontés d'un homme ? Que l'ivresse, l'égarement, le caprice d'un roi fait le sort d'un état ? Qu'un père injuste peut exclure son fils de l'héritage auquel la nature l'appelé, et en disposer à son gré ?

— *Je suis loin d'applaudir, lui répondit l'inca, à ces dangereuses maximes ; et si je dissimule l'iniquité d'un père, croyez que je m'y vois forcé.* »

Alors il lui dit les raisons qui s'opposaient à son ressentiment.

« *Ces raisons spécieuses, lui répliqua sa mère, m'en cachent deux, que je pénètre, et que vous n'osez avouer. L'une est l'espoir qu'à votre tour, il vous sera permis de mettre la passion à la place des lois ; et déjà de fières rivales partagent entre leurs enfants les débris de votre héritage et de l'empire du soleil. L'autre raison qui vous retient, c'est l'indolence et la mollesse, la peine de prendre les armes, et la frayeur d'être vaincu : ainsi du moins va le penser tout un peuple, témoin de cette paix infâme ; et de vaines raisons ne l'éblouiront pas.*

Le règne de tous vos aïeux a été marqué par la gloire ; le vôtre le sera par une honte ineffaçable. Cet empire qu'ils ont fondé, qu'ils ont étendu, affermi par leur courage et leur constance, vous, par votre faiblesse, vous en aurez hâté la décadence et la ruine ; le sang aura perdu ses droits ; et le premier exemple de ce lâche abandon, c'est mon fils qui l'aura donné !

Est-ce là honorer la mémoire d'un père ? Et pour lui, et pour vos aïeux, et pour ce dieu lui-même, dont vous êtes issu, le plus coupable des outrages n'est-ce pas d'avilir leur sang ? Si votre père eut des vertus, imitez-les ; s'il eut un moment de faiblesse, avouez, en la réparant, ce que vous ne pouvez cacher, qu'il fut homme, fragile, et une fois séduit par les caresses d'une femme ; et après cet aveu, faites céder aux lois, qui sont toujours sages et justes, la passion, qui est aveugle, et le caprice passager, que le regret désavoue et condamne. »

L'inca voulut insister sur les maux qu'entraînait la guerre civile.

« Non, non, dit-elle ; allez souscrire à cette paix déshonorante que l'usurpateur vous impose ; et s'il le faut, pour le fléchir, mettez votre sceptre à ses pieds. Ô malheureux enfant ! s'écria-t-elle enfin, en embrassant le jeune prince, que je te plains ! Et qui m'eût dit qu'un jour tu aurais à rougir de ton père ? »

À ces mots elle s'éloigna.

L'inca, mortellement blessé de ces reproches, sortit, et fit dire à l'instant à l'ambassadeur de Quito, que la guerre était déclarée, et qu'il se hâtât de partir. Alonso lui fit demander qu'il voulût bien le voir encore ; mais ses instances furent vaines ; et le soir même il fut ramené au-delà de l'Abancaï.

Chapitre XXXIII

Atahualpa fut consterné, quand il apprit le mauvais succès de l'entremise d'Alonso. Il s'enferme seul avec lui ; et après l'avoir entendu :

« *Roi superbe, s'écria-t-il, rien ne peut donc te fléchir ; tu veux ou ma honte, ou ma perte ! Le ciel est plus juste que toi, et il punira ton orgueil.* »

À ces mots, se précipitant dans les bras du jeune Espagnol :

« *Ô mon ami ! s'écria-t-il, que de sang tu vas voir répandre ! Nos peuples égorgés l'un par l'autre !... Il l'a voulu ; il sera satisfait ; mais la peine suivra le crime.*

— *Dispose de moi*, lui dit Alonso. *Avec la même ardeur que j'implorais la paix, laisse-moi repousser la guerre ; et quel que soit le sort des armes, permets à ton ami de vaincre ou de mourir à tes côtés.*

— *Non*, dit le prince, en l'embrassant, *je ne veux point t'associer aux forfaits d'une guerre impie. Garde-moi ta valeur pour des périls dignes de toi. Tu n'es pas fait, sensible et vertueux jeune homme, pour commander des parricides. C'est bien assez que j'y sois condamné.*

Toi seul, et quelques vrais amis, à qui j'ai confié mes peines, vous lisez au fond de mon cœur. Le reste du monde, en voyant la discorde armer les deux frères, confondra l'innocent avec le criminel.

Laisse-moi ma honte à moi seul ; et ménage tes jours, pour ne partager que ma gloire. »

Orozimbo et ses Mexicains, Capana et ses sauvages voulaient aussi s'armer pour sa défense. Mais il les refusa de même ; et il ne leur permit, comme au jeune Espagnol, que de l'accompagner jusqu'aux champs d'Alausi, sur les confins des deux royaumes.

Cependant, à l'un des sommets du mont Ilinissa, l'inca de Quito fit arborer l'étendard de la guerre ; et ses peuples, à ce signal, se mirent tous en mouvement. C'est dans les fertiles plaines de Riobamba qu'ils s'assemblent ; et les premiers qui se présentent, sont les peuples de ces campagnes, qu'enferment, du nord au midi, deux longues chaînes de montagnes : vallons délicieux, et plus voisins du ciel que la cime des Pyrénées.

Du pied du Sangaï, dont le sommet brûlant fume sans cesse au-dessus des nuages ; du mugissant Cotopaxi ; du terrible Latacunga ; du Chimboraço, près duquel l'Emus, le Caucase, l'Atlas ne seraient que d'humbles collines ; du Cayambur, qui, noirci de bitume, le dispute au Chimboraço, tous ces peuples courent aux armes pour la défense de leur roi.

Des régions du nord s'avancent ceux d'Ibara et de Carangué, peuple indigent, fourbe et féroce, avant qu'il eût été dompté, mais depuis heureux et fidèle. Il avait jadis égorgé sur l'autel de ses dieux, et dévoré dans ses festins les incas qu'on lui avait laissés pour l'apprivoiser et l'instruire. Ce crime fut suivi d'un châtiment épouvantable ; et le lac où furent jetés les corps mutilés des perfides, s'est appelé le lac de sang. À ce peuple se joint celui d'Otovalo, pays fertile, et sillonné de mille ruisseaux, qui, sous un ciel brûlant, répandent une salutaire fraîcheur.

Des rivages du couchant, depuis Acatamès jusque aux champs de Sullana, tous les peuples de ces vallées, qu'arrosent l'émeraude, la Saya, le Dolé, et les rameaux du fleuve dont la rapidité refoule les flots du golfe de Tumbès, viennent, le carquois sur l'épaule, et la lance à la main, se rendre où l'inca les appelé ; et dès qu'il les voit assemblés, il leur parle en ces mots :

« *Peuples, que mon père a soumis par ses bienfaits autant que par ses armes, vous souvient-il de l'avoir vu, avec ses cheveux blancs, et son air vénérable, s'asseoir au milieu de vous, et vous dire : soyez heureux ; c'est tout le prix de ma victoire ? Il est mort ce bon roi ; il a laissé deux fils, et il leur a dit en mourant :* « Régnez en paix, l'un au midi, et l'autre au nord de mon empire ». *Mon frère alors, content de ce partage, a dit à ce père expirant :* « Ta volonté sacrée sera pour nous une loi. » *Il l'a dit, et il se dément, et il prétend me dépouiller de l'héritage de mon père.*

Peuples, je vous prends pour mes juges. Abandonnez-moi, si j'ai tort ; si j'ai raison, défendez-moi.

— *Tu as raison, s'écrièrent-ils d'une commune voix ; et nous embrassons ta défense.*

— *Voilà mon fils, reprit l'inca, celui qui me doit succéder, et me surpasser en sagesse ; car il a, comme moi, l'exemple des rois, nos aïeux, et de plus il aura le mien.*

— *Qu'il vive, répondent ces peuples ; et quand tu ne seras plus, qu'il nous rappelle son père.*

— *Venez donc, poursuivit l'inca, défendre mes droits et les siens. Mon frère, plus puissant que moi, me dédaigne, et fait à loisir les apprêts d'une guerre, dont sans doute il se flatte que le signal me fait trembler ; je veux le prévenir, avant qu'il ait pu rassembler ses forces. Demain nous marchons à Cuzco.* »

Dès le jour suivant, il s'avance, par les champs d'Alausi, vers les murs de Cannare, ville célèbre encore par sa magnificence et par ses trésors enfouis. Les incas, en la décorant de murs, de palais et de temples, en avaient fait une forteresse, pour dominer sur les chancas.

Cette nation des chancas, nombreuse, aguerrie et puissante, embrasse une foule de peuples. Les uns, comme ceux de Curampa, de Quinvala et de Tacmar, fiers de se croire issus du lion, qu'adoraient leurs pères, se présentent, encore vêtus de la dépouille de leur Dieu, le front couvert de sa crinière, et portant dans les yeux son orgueil menaçant. D'autres, comme ceux de Sulla, de Vilca, d'Hanco, d'Urimarca, se vantent d'être nés, ceux-là d'une montagne, ceux-ci d'une caverne, ou d'un lac, ou d'un fleuve, à qui leurs pères immolaient les premiers nés de leurs enfants. Ce culte horrible est aboli ; mais on n'a pu les détromper de leur fabuleuse origine ; et cette erreur soutient leur courage guerrier.

À l'approche d'Atahualpa, ces peuples, surpris sans défense, lui firent demander pourquoi, les armes à la main, il pénétrait dans leur pays ?

« *Je vais, leur répondit l'inca, supplier le roi de Cuzco de m'accorder son alliance, et lui jurer, s'il y consent, sur le tombeau de notre père, une inviolable amitié.* »

Rien ne ressemblait moins à un roi suppliant, que ce prince à la tête d'une puissante armée ; mais on fit semblant de le croire ; et trompé par les apparences, il allait passer plus avant, lorsqu'il vit entrer dans sa tente l'un des caciques du pays. Ce cacique, qu'avait blessé l'orgueil de l'inca de Cuzco, salue Atahualpa, et lui tient ce langage :

« *Tu crois passer en sûreté chez un peuple à qui tu défends qu'on fasse injure et violence ; apprends que dans un conseil, où je viens d'assister, on a conspiré contre toi. Je t'aime, parce qu'on m'assure que tu es affable et bon ; et je hais ton rival, parce qu'il est dur et superbe. Il m'a humilié. Je suis fils du lion ; je ne veux pas qu'on m'humilie. »*

Atahualpa rendit grâce au cacique, et consulta ses lieutenants sur l'avis qu'il avait reçu. Ses lieutenants étaient Palmore et Corambé, tous deux nourris dans les combats, sous les drapeaux du roi son père, et révérés des troupes, qu'ils avaient aguerries dans la conquête de Quito.

« *Prince, lui dit l'un d'eux, voyez ces plaines où s'élèvent des monceaux d'ossements ensevelis sous l'herbe ; ce sont les restes honorables de vingt mille chancas, morts dans une bataille, en défendant leur liberté. Leurs enfants ne sont point des hommes sans courage. Vainqueurs, nous leur imposerons, je le crois ; mais le sort des combats est trompeur ; et celui-là est insensé qui n'en prévoit pas l'inconstance. J'ose espérer de vaincre, sans me dissimuler que nous pouvons être vaincus ; et alors je les vois, ces peuples, enhardis par notre défaite, tomber sur une armée alors éparse et fugitive, et achever de l'accabler. Ne négligez donc pas l'avis de ce cacique. La forteresse de Cannare est un point d'appui, de défense, et de ralliement au besoin.*

Ce poste, auquel le salut de l'armée est attaché, ne peut être remis en des mains trop fidèles ; et, si j'ose le dire, inca, c'est à vous-même à le garder. »

L'inca ne vit, dans ce conseil prudent, que l'intention de le laisser en un lieu sûr ; et il le prit pour une offense.

« *Si ma présence vous fait ombrage, dit-il à Corambé, vous me connaissez mal. Votre âge, vos exploits, l'estime de mon père, vous ont acquis ma confiance ; et je n'ai jamais su la donner à demi. Vous commanderez ; je serai votre premier soldat : on apprendra de moi à vous obéir avec zèle ; et si la victoire est à nous, n'ayez pas peur que votre roi vous en dérobe le mérite. Quant au soin de mes jours, ce n'est pas le moment de nous en occuper. Ce sont mes droits qu'on va défendre ; il serait honteux que, sans moi, l'on combattît pour moi. Ne me parlez donc plus de me tenir loin des combats.*

— *Non, prince, lui dit Corambé, je vous servirais mal, si je vous croyais lâche ; mais moi, vous me croyez jaloux et envieux de votre gloire. Vous vous reprocherez d'avoir fait cette injure au zèle d'un ami, que votre père a mieux connu.*

— *Ah ! Généreux vieillard, pardonne, lui dit l'inca, en l'embrassant.*

J'ai été un moment injuste. Mais pourquoi vouloir me laisser oisif à l'ombre de ces murs ?

— *J'y resterai, lui dit Corambé. Laissez-moi trois mille hommes, et ces vaillants caciques, et cet étranger, qui, comme eux, ne demande qu'à vous servir.* »

L'inca n'hésita point.

Alonso, Capana, le vaillant Orozimbo, les sauvages, les Mexicains applaudirent tous avec joie, résolus de verser leur sang pour la défense de l'inca. Ayant donc laissé avec eux trois mille hommes d'élite dans les murs de Cannare, il fit avancer son armée vers les champs de Tumibamba.

Chapitre XXXIV

Cependant le roi de Cuzco se hâtait d'assembler ses troupes ; et tous les peuples d'alentour quittaient leurs champs, volaient aux armes, et se rendaient auprès de lui.

Des bords de ce lac célèbre où Manco descendit, les peuples d'Assilo, d'Avancani, d'Uma, d'Urco, de Cayavir, de Mullama, d'Assan, de Cancola et d'Hillavi, compris sous le nom de Collas, quittent leurs riants pâturages, où ils adoraient autrefois un bélier blanc, comme le dieu de leurs troupeaux, et la source de leurs richesses. Ils se disent nés de ce lac que leurs cabanes environnent ; et c'est le Lethé, où leurs âmes se replongent après la vie, pour revoir un jour la lumière, et passer dans de nouveaux corps.

De son côté s'avance la fière et courageuse nation des charcas. C'est la raison qui l'a soumise et non pas la force des armes. Lorsque les incas lui annoncèrent qu'ils venaient lui donner des lois, ses jeunes guerriers, pleins d'ardeur, demandèrent tous à combattre, et à mourir, s'il le fallait, pour la défense de leur liberté. Les vieillards leur firent l'éloge de la sagesse des incas, et de leur bonté généreuse ; les armes leur tombèrent des mains, et ils allèrent tous en foule se prosterner aux pieds de ce fils du soleil qui voulait bien régner sur eux.

Plus sage encore avait été le vaillant peuple de Chayanta. Sa réduction volontaire sous la puissance des incas, est le modèle des bons conseils. Le prince qui l'allait soumettre, lui fit dire qu'il lui apportait des lois, des mœurs, une police, un culte, une façon de vivre enfin plus raisonnable et plus heureuse.

« S'il est vrai, répondirent les Chayantas aux députés, votre roi n'a pas besoin d'une armée pour nous réduire. Qu'il la laisse sur nos frontières ; qu'il vienne, et qu'il nous persuade ; nous lui serons soumis : c'est au plus sage à commander. Mais qu'il promette aussi de nous laisser en paix, si, après l'avoir entendu, nous ne voyons pas comme lui, à changer de culte et de mœurs, l'avantage qu'il nous annonce. »

À des conditions si justes, l'inca vint presque sans escorte ; il parla, il fut écouté ; et quand ce peuple eut bien compris qu'il était utile pour lui de se ranger sous les lois des incas, il se soumit et rendit grâces.

Tels étaient ces sauvages, que les européens n'ont cru pouvoir apprivoiser que par le meurtre et l'esclavage.

En plus petit nombre s'avancent les peuples qui, vers l'orient, cultivent le pied des montagnes inaccessibles des Antis. Leurs aïeux adoraient d'énormes couleuvres, dont ce pays sauvage abonde. Ils adoraient aussi le tigre, à cause de sa cruauté. Ils en ont abjuré le culte, mais ils font toujours gloire d'en porter la dépouille, et leur cœur n'en a point encore oublié la férocité. Chez les Antis, dont ils descendent, la mère, avant de présenter la mamelle à son nourrisson, la trempe dans le sang humain, afin qu'ayant sucé le sang avec le lait, les enfants en soient plus avides.

Du côté du nord, se replient vers les bords de l'Apurimac, les peuples de Tumibamba, de Cassamarca, de Zamore, et cette nation farouche, dont les murs ont gardé le nom du Contour, le dieu de ses pères. Un panache des plumes de cet oiseau terrible distingue les enfants de ses adorateurs, et flotte sur leur tête altière.

Après eux vient l'élite des peuples de Sura, pays fertile, où germe l'or de Rucana, où la beauté semble être un des dons du climat, tant la nature en est prodigue ; et des champs de Pumalacta, autrefois repaire sauvage des lions que l'homme adorait.

Des plaines du couchant se rassemblent en foule les vaillants peuples d'Imara, de Collapampa, de Quéva, par qui l'empire fut sauvé de la révolte des chancas, et qui portent encore les marques de leur gloire. Ces marques sont pour eux les mêmes que pour les enfants du soleil.

Enfin venaient les habitants des riches vallées d'Yca, de Pisco, d'Acari, de Nasca, de Rimac, docilement soumis ; et ceux d'Huaman, plus rebelles, mais enfin réduits à leur tour.

Lorsqu'on leur avait proposé de recevoir le culte et les lois des incas, ils avaient répondu qu'ils adoraient la mer, divinité féconde et libérale ; qu'ils ne défendaient point aux peuples des montagnes d'adorer le soleil, qui leur faisait du bien, et dont la chaleur tempérait l'âpreté de leurs froids climats : mais que pour eux, qu'il consumait, et dont il brûlait les campagnes, ils n'en feraient jamais leur dieu ; qu'ils étaient contents de leur roi comme de leur divinité, et qu'au prix de leur sang ils étaient résolus à les défendre l'un et l'autre. La guerre fut longue et terrible ; mais l'ennemi, pour les réduire, ayant fait couper les canaux qui arrosaient leurs sillons arides, la nécessité fit la loi ; et la douce équité du règne des incas justifia leur violence.

Ces nations à peine étaient rendues sous les murailles de Cuzco, lorsqu'on apprit que le roi de Quito s'avançait vers Tumibamba. Huascar voulait aller l'attendre au passage du fleuve qui baigne ces campagnes ; mais la fortune le servit mieux que la prudence et le conseil.

Atahualpa avait passé le fleuve ; et sur la colline opposée il voulait établir son camp. Le jour penchait vers son déclin. L'armée de Quito avait fait une longue marche ; et le soldat, excédé de fatigue, n'eût demandé que le repos. Mais le zèle donnant des forces, on montait la colline avec sécurité. Tout-à-coup, sur la cime, se présente en colonne l'armée du roi de Cuzco. À la vue de l'ennemi, elle se déploie ; à l'instant le signal du combat se donne. L'avantage du lieu, du nombre, sur des troupes déjà vaincues par l'épuisement de leurs forces, l'emporta sur la valeur. Ceux de Quito, vingt fois ralliés et rompus, ne durent leur salut qu'aux ombres de la nuit, qui favorisa leur retraite. Il fallut repasser le fleuve ; et le roi qui voulut en personne protéger ce passage, tomba aux mains des ennemis.

Huascar dédaigna de le voir.

« *Il aura le sort d'un rebelle, dit-il. Qu'on le garde avec soin dans le fort de Tumibamba.* »

Ce désastre porta la désolation dans l'armée du roi captif. Tout le camp était en tumulte.

Le fils d'Atahualpa y courait éperdu, et criait à ses peuples, en leur tendant les bras :

« *Mes amis ! Rendez-moi mon père.* »

Sa douleur, son égarement redoublait encore la tristesse dont les esprits étaient frappés.

Palmore affligé, mais tranquille, va au-devant de Zoraï, et le ramenant dans sa tente, lui dit :

« Prince, modérez-vous. Rien n'est désespère. Vos peuples sont fidèles. Votre père est vivant. Il vous sera rendu.

— Vous me flattez, dit le jeune homme, tremblant de frayeur et de joie.

— Je ne vous flatte point : il vous sera rendu, dit le vieillard. Allez, et donnez à vos peuples l'exemple de la fermeté. »

La nuit vint ; un silence morne, répandu dans toute l'armée, marquait la consternation.

Palmore, seul, enfermé dans sa tente, veillant et méditant, se disait à lui-même :

« Que ferai-je ? Si par la force je veux délivrer mon roi : je connais bien son ennemi ; il le fera périr, plutôt que de le rendre ; et si je laisse voir de l'irrésolution, de la faiblesse et de la crainte, le découragement s'empare de l'armée : elle va tout abandonner. »

Comme il était plongé dans ces tristes pensées, un vieux soldat se présente à lui.

« Me reconnais-tu, lui dit-il ? J'ai combattu sous tes enseignes dans la conquête de Quito. Tu vois encore mes cicatrices. Quand le cacique de Tacmar fut vaincu, pris et enfermé dans le fort de Tumibamba, je fus l'un de ses gardes.

On vint pour l'enlever ; et par une longue caverne, on allait percer sa prison. L'entreprise fut découverte ; et Tacmar, réduite à se rendre, obtint que son cacique fût mis en liberté. La paix fit oublier la guerre ; et l'on négligea de combler le chemin creusé sous le fort : seulement d'épais mangliers en dérobent l'entrée ; mais elle m'est connue ; et si la prison de l'inca est, comme je le crois, la prison du cacique, je ne veux que dix hommes, d'un courage éprouvé, pour le délivrer cette nuit. »

Palmore applaudit à son zèle, lui dit de se choisir lui-même des compagnons dignes de lui, et dans le plus profond silence il les voit s'éloigner du camp. Mais il passe la nuit dans les plus cruelles alarmes. Il craint, il espère, il médite l'incertitude, l'apparence, le danger de l'événement. Il y va de la liberté et de la vie de son roi. Il l'aura sauvé, ou perdu. Ce moment fatal en décide.

Cependant le roi de Quito gémit sous le poids de ses chaînes, plus tourmenté par la pensée de ses peuples et de son fils, que par le sentiment de son propre malheur.

Tout-à-coup, au milieu de ces réflexions, où son âme était abîmée, il entend un bruit souterrain. Il écoute ; ce bruit approche. Il sent frémir la terre sous ses pas. Il recule ; il la voit s'écrouler. À l'instant s'élève, comme d'un tombeau, un homme, qui, sans lui parler, lui fait le geste du silence, et l'ayant saisi par la main, l'entraîne dans l'abîme qui vient de s'ouvrir devant lui.

Atahualpa, sans résistance, se livre à son guide ; il le suit, et, à l'issue de la caverne, il se voit entouré de soldats qui lui disent :

« Venez, prince ; vous êtes libre. Venez ; vos peuples vous attendent. Rendez-leur la vie et l'espoir.

— Je suis libre ! Et par vous ! Ô mes libérateurs ! leur dit-il, en les embrassant, que ne vous dois-je pas ! Serai-je assez puissant pour vous récompenser jamais ? Achevez. Il s'agit de frapper les esprits par l'apparence d'un prodige.

Cachez-leur que c'est vous qui m'avez délivré. »

Ils lui promettent le silence ; et, à la faveur de la nuit, Atahualpa passe le fleuve, arrive dans son camp, et pénètre sans bruit jusqu'à la tente de Palmore.

Le vieillard, qu'avait épuisé le tourment de l'inquiétude, en revoyant son maître, se jette à ses genoux. L'inca le relève et l'embrasse.

« *Soldats, que l'un de vous, sans bruit, coure annoncer au prince le retour de son père, dit Palmore* »

Et l'instant d'après arrive, dans l'égarement de la surprise et de la joie, ce fils si tendre et si chéri. Les transports mutuels du jeune inca, et de son père, furent interrompus, au réveil de l'armée, par les cris d'une multitude empressée à revoir son roi. Il parut ; les cris redoublèrent :

« Le voilà ! C'est lui : c'est lui-même. Il est libre. Il nous est rendu.

— Oui, peuple, dit Atahualpa, le soleil mon père a trompé la vigilance de mes ennemis. Il m'a fait échapper des murs qui m'enfermaient. Ma délivrance est son ouvrage. »

À ce récit la multitude ajoute, (car elle aime à exagérer l'objet de son étonnement) elle ajoute qu'Atahualpa, pour s'échapper de sa prison, a été changé en serpent. Ce bruit vole de bouche en bouche. On le croit, et on le publie comme un signe éclatant de la faveur du ciel.

« Palmore, dit le roi, voilà bien le moment de surprendre mes ennemis, et de réparer ma disgrâce.

— *Non, prince, non, lui dit Palmore, vous ne vous exposerez plus. C'est assez des frayeurs que cette nuit nous a causées. Allez vous joindre à ceux qui défendent Cannare, et me renvoyez Corambé.* »

Le roi céda à ses instances ; et il fit appeler son fils.

« Prince, lui dit-il, je vous laisse sous la conduite de mes amis, et sous la garde de mes peuples. Souvenez-vous de vos aïeux. Ils portèrent dans les *combats une sage intrépidité. Imitez leur prudence, ou plutôt consultez celle des chefs qui vous commandent. Une sage docilité pour les conseils de ceux que les ans ont instruits, est la prudence de votre âge.*

Mes amis, dit-il à Palmore et aux guerriers qui l'entouraient, je vous le confie, et sur lui je vous donne les droits d'un père. Adieu, mon fils.

Reviens digne de toute ma tendresse. »

À ces mots, pressant dans ses bras ce jeune homme, dont la beauté noble avec modestie, et fière avec douceur, était l'image de la vertu dans l'ingénue adolescence, le roi laissa échapper quelques larmes ; et fixant sur Palmore et sur les caciques un regard qui leur exprimait toute l'émotion de son cœur paternel, il leur remit son fils, et détourna les yeux.

Chapitre XXXV

Tandis qu'Atahualpa, pour retourner à Cannare, traversait les champs de Loxa, la révolte des cannarins venait d'éclater. Tout un peuple environnait la citadelle, et menaçait de couper les canaux des fontaines qui l'abreuvaient.

L'extrémité était pressante. Pour forcer ce peuple aguerri à lever le siège, il fallait sortir des murs, et l'attaquer, au risque d'être enveloppé, et d'être accablé sous le nombre.

Alors parut le plus étonnant des phénomènes de la nature. L'astre adoré dans ces climats s'obscurcit tout-à-coup, au milieu d'un ciel sans nuage. Une nuit soudaine et profonde investit la terre. L'ombre ne venait point de l'orient ; elle tomba du haut des cieux, et enveloppa l'horizon. Un froid humide a saisi l'atmosphère. Les animaux, subitement privés de la chaleur qui les anime, de la lumière qui les conduit, dans une immobilité morne, semblent se demander la cause de cette nuit inopinée. Leur instinct, qui compte les heures, leur dit que ce n'est pas encore celle de leur repos. Dans les bois, ils s'appellent d'une voix frémissante, étonnés de ne pas se voir ; dans les vallons, ils se rassemblent et se pressent en frissonnant. Les oiseaux, qui, sur la foi du jour, ont pris leur essor dans les airs, surpris par les ténèbres, ne savent où voler. La tourterelle se précipite au-devant du vautour, qui s'épouvante à sa rencontre. Tout ce qui respire est saisi d'effroi. Les végétaux eux-mêmes se ressentent de cette crise universelle. On dirait que l'âme du monde va se dissiper ou s'éteindre ; et dans ses rameaux infinis, le fleuve immense de la vie semble avoir ralenti son cours.

Et l'homme ! ... Ah ! C'est pour lui que la réflexion ajoute aux frayeurs de l'instinct le trouble et les perplexités d'une prévoyance impuissante. Aveugle et curieux, il se fait des fantômes de tout ce qu'il ne conçoit pas, et se remplit de noirs présages, aimant mieux craindre qu'ignorer. Heureux, dans ce moment, les peuples à qui des sages ont révélé les mystères de la nature ! Ils ont vu sans inquiétude l'astre du jour, à son midi, dérober sa lumière au monde ; sans inquiétude ils attendent l'instant marqué où notre globe sortira de l'obscurité. Mais comment exprimer la terreur, l'épouvante dont ce phénomène a frappé les adorateurs du soleil ! Dans une pleine sérénité, au moment où leur dieu, dans toute sa splendeur, s'élève au plus haut de sa sphère, il s'évanouit ! Et la cause de ce prodige, et sa durée, ils l'ignorent profondément.

La ville de Quito, la ville du soleil, Cuzco, les camps des deux incas, tout gémit, tout est consterné.

À Cannare, une horreur subite avait glacé tous les esprits. Les assiégés, les assiégeants avaient le front dans la poussière. Alonso, tranquille au milieu de ces Indiens éperdus, observait avec un étonnement mêlé de compassion, ce que peuvent sur l'homme l'ignorance et la peur. Il voyait pâlir et trembler les guerriers les plus intrépides.

« *Amis, dit-il, écoutez-moi. Le temps presse. Il est important que votre erreur soit dissipée. Ce qui se passe dans le ciel n'est point un prodige funeste. Rien de plus naturel : vous l'allez concevoir ; vous allez cesser de le craindre.* »

Les Indiens, que ce langage commence à rassurer, prêtent une oreille attentive ; et Alonso poursuit.

« *Lorsqu'à l'ombre d'une montagne, vous ne voyez point le soleil ; sans vous en effrayer, vous dites : la montagne me le dérobe ; ce n'est pas lui, c'est moi qui suis dans l'ombre ; il est le même dans le ciel. Hé bien, au-lieu d'une montagne, c'est un globe épais et solide, un monde semblable à la terre, qui dans ce moment passe au-dessous du soleil. Mais ce monde, qui suit sa route dans l'espace, va s'éloigner ; et le soleil va reparaître plus radieux que jamais. N'ayez donc plus de peur d'une ombre passagère, et profitez de l'épouvante dont vos ennemis sont frappés.* »

Le caractère de l'erreur, chez les peuples du nouveau monde, est de n'avoir point de racines.

Elle tient si peu aux esprits, que le premier souffle de la vérité l'en détache. Ils l'ont prise sans examen, ils l'abandonnent sans regret.

Alonso, par le seul moyen d'une image claire et sensible, détrompa tous les esprits, et ranima tous les cœurs. On vit en effet le soleil, qui, comme un cercle d'or, brillant au bord de l'ombre, commençait à se dégager.

« Quoi ! Ce n'est donc ni défaillance, ni colère dans notre Dieu ? »

S'écrièrent-ils et Corambé achevant de bannir leur crainte :

« Soldats, dit-il, j'ai déjà vu arriver ce qu'il nous annonce. Il est plus éclairé que nous. Hâtez-vous donc, prenez vos armes, sortons et chassons ces rebelles, que la frayeur a déjà vaincus. »

Aux cris des assiégés, qui, dès le crépuscule du jour renaissant, s'élançaient hors des murs de la citadelle, les cannarins s'abandonnèrent à une terreur insensée. On fit main basse sur leur camp, un instant le mit en déroute ; et le soleil éclairant ces campagnes, les vit jonchées de mourants et de morts.

Alonso, dans cette sortie, n'avait point quitté Capana ; et à la tête des sauvages, ils achevaient de dissiper les bataillons qu'ils avaient rompus, lorsqu'ils virent de loin un autre combat s'engager.

« Voilà, je crois, dit Alonso, une troupe de nos amis sur qui les cannarins se vengent. Volons à leur secours. »

Ils traversent la plaine avec la rapidité d'un vent orageux ; et un tourbillon de poussière marque la trace de leurs pas. Ils arrivent. C'était le roi, c'était l'inca lui-même, qu'une vaillante escorte environnait, et défendait contre une foule d'ennemis.

Au bandeau qui lui ceint la tête, à l'éclat de son bouclier, et plus encore à son courage, Alonso reconnaît le roi de Quito. L'éclair fend le nuage avec moins de vitesse que le glaive du castillan n'entr'ouvre l'épais bataillon qui presse Atahualpa. Celui-ci voit Alonso, et croit voir la victoire. Il ne se trompait pas. Leurs efforts réunis enfoncent, repoussent, renversent tout ce qui s'oppose à leurs coups.

Dès que les cannarins, dispersés devant eux, ont pris la fuite, Atahualpa, se jetant dans les bras d'Alonso :

« Qu'il m'est doux, lui dit-il, ô mon ami, de te devoir ma délivrance ! Mais je suis blessé. Je te laisse le soin de rallier mes troupes. Fais grâce aux vaincus désarmés. »

À ces mots, pâle et chancelant, il se fit porter dans le fort.

Sa blessure était douloureuse ; mais elle ne fut pas mortelle. La gomme du mulli, ce baume précieux, dont la nature a fait présent à ces climats, comme pour expier le crime d'y avoir fait germer l'or ; ce baume, versé dans la plaie, en fut la guérison, et rendit ce malheureux prince à la vie et à la douleur.

Corambé porta dans le camp la nouvelle de la victoire de l'inca sur les cannarins. Mais Palmore voulut attendre qu'elle fût répandue dans le camp ennemi, et qu'elle y eût jeté l'alarme.

Alors il s'y rendit lui-même ; et parlant au roi de Cuzco :

« *L'inca ton frère, lui dit-il, t'a demandé la paix ; et tu lui as déclaré la guerre.*

Il est venu au-devant de la guerre, et il demande encore la paix. Un moment d'imprudence, qui t'a donné sur nous l'avantage d'une surprise, ne nous a point découragés, et ne doit point t'enorgueillir. Nous souhaitons la paix, uniquement par amour de la paix, et par la juste horreur que nous fait la guerre civile. Inca, pèse bien ta réponse. Nos lances sont baissées ; nos arcs sont détendus ; la flèche de la mort repose dans le carquois ; songe, avant qu'elle soit tirée, aux malheurs qu'un mot de ta bouche peut prévenir, ou peut causer. C'est ici surtout que la parole est meurtrière, et que la langue d'un roi est un dard à cent mille pointes.

Tu réponds au soleil ton père du sang de ses enfants, et de celui de tes sujets. L'égalité, l'indépendance, mais la concorde et l'union, voilà ce que le roi ton frère me charge de t'offrir, et de te demander. »

Le monarque lui répondit, que les incas ses aïeux n'avaient jamais reçu la loi. Palmore, en gémissant, lui dit :

« *Hé bien, tu le veux !... À demain.* »

Et il retourna dans son camp.

L'aube du jour vit les deux armées se déployer dans la campagne. C'était la première fois, depuis onze règnes, qu'on voyait arborer, dans les deux camps, l'étendard de Manco. C'est le gage de la victoire ; et le centre, où il est placé, est le point le plus important de l'attaque et de la défense.

Loin de ce centre périlleux, et sur une éminence, du côté de Cuzco, étincelle, aux rayons du jour, le trône d'Huascar, porté par vingt caciques, et ombragé d'un pavillon de plumes de mille couleurs. Huascar, du haut de ce trône, domine sur la campagne, et semble présider au sort du combat qui va se donner.

Les deux armées, d'un pas égal, marchent l'une à l'autre ; et soudain le cri de guerre de ces peuples, ce mot formidable, illapa, répété par cent mille voix, fait retentir les bois et les montagnes. À ce cri redoublé se joint le sifflement des flèches, qui vont se tremper dans le sang.

Mais bientôt les carquois s'épuisent ; et la flèche, dès ce moment, fait place au javelot, qui, lancé de plus près, porte des coups plus assurés.

Bientôt on voit les bataillons flottants, s'éclaircir et se resserrer pour remplir et cacher leurs vides. La douleur étouffe ses cris ; la mort est farouche et muette ; et pour ne pas donner à l'ennemi la joie d'entendre de honteuses plaintes, l'indien renferme en lui-même jusqu'à son dernier soupir.

Au javelot succèdent la hache et la massue : armes terribles chez des peuples à qui le fer et le salpêtre, ces présents des furies, sont encore inconnus. Jusque-là une égale intrépidité avait rendu le combat douteux : la victoire, incertaine entre les deux armées, planant sur le champ de bataille, trempait, des deux côtés, ses ailes dans le sang. Mais le moment de la mêlée fit voir quel avantage avaient des peuples aguerris sur des peuples longtemps paisibles. Ce que l'armée de Cuzco avait de plus vaillant, défendait la colline. Le reste, composé de pasteurs amollis dans une douce oisiveté, avait l'avantage du nombre, qui ne peut balancer longtemps celui de la valeur. De nouveaux bataillons se présentaient en foule à la place de ceux qui, rompus et défaits, tournaient le dos à l'ennemi ; mais ils succombaient à leur tour.

Pas à pas l'ennemi s'avance, et menace d'envelopper le corps qui défend l'étendard. Le roi de Cuzco voit de loin fléchir le centre de son armée ; il détache de la colline l'élite des peuples guerriers qui gardaient sa personne.

C'est ce qu'attendait Corambé ; et tandis que ce corps détaché vole au centre, lui-même, avec des bataillons qu'il a choisis et réservés, il marche droit à la colline, enfonce l'enceinte affaiblie du trône de l'inca, s'ouvre par le carnage un chemin sanglant jusqu'à lui, le fait prendre vivant, le fait charger de liens, et l'entraîne.

Aussitôt mille cris funestes annoncent ce désastre. Le bruit s'en répand dans l'armée, et y porte le désespoir. Tout s'épouvante et se disperse. On ne voit que des peuples désolés, éperdus, jeter leurs armes et s'enfuir. La douleur, le trouble, l'effroi leur interdit même la fuite ; ils tombent épars dans la plaine ; et vaincus, ils n'ont plus d'espoir qu'en la clémence des vainqueurs ; mais c'est vainement qu'ils l'implorent. Plus de pitié : l'aveugle rage transporte ceux d'Atahualpa. Les deux vieillards qui les commandent, ont beau leur crier de cesser, d'épargner le sang ; le sang coule et ne peut les rassasier. Jamais ils ne croiront avoir assez vengé la perte qui les rend furieux et barbares. Leur prince, le fils de leur roi, Zoraï ne vit plus. Ô père infortuné ! Que tu vas pleurer ta victoire !

À l'attaque de l'étendard, Zoraï s'avançait à la tête des siens, qu'il animait par son exemple. À sa jeunesse, à sa beauté, au feu de son courage, tous les cœurs se sentaient émus. L'ennemi, le voyant s'exposer à ses coups, l'admirait, le plaignait, oubliait de le craindre, et aucun n'osait le frapper. Un seul, et ce fut l'un des féroces antis, au moment que le jeune prince, au fort de la mêlée, venait de saisir l'étendard, lui lance une flèche homicide. Le caillou dont elle est armée, lui perce le sein.

Il chancelle ; ses Indiens s'empressent de le soutenir, mais, hélas ! Inutilement. Le feu de ses regards s'éteint, l'éclat de sa beauté s'efface, le frisson de la mort commence à se répandre dans ses veines. Tel, sur le bord d'une forêt, un jeune cèdre, déraciné par un coup de vent furieux, ne fait que se pencher sur les cèdres voisins, qui le soutiennent dans sa chute.

On le croirait encore vivant ; mais la langueur de ses rameaux et la pâleur de son feuillage annoncent qu'il est détaché de la terre qui l'a nourri. Tel, appuyé sur ses soldats, parut le jeune inca, mortellement blessé.

« Ô mon père ! dit-il, d'une voix défaillante, ô quelle sera ta douleur ! Amis, achevez. Que mon sang lui ait au moins acquis la victoire. Vous envelopperez mon corps dans ce drapeau qui m'a coûté la vie, pour dérober aux yeux d'un père une image trop affligeante, et pour le consoler, en l'assurant que je suis mort digne de lui. »

Le cri de la douleur, le cri de la vengeance retentissaient autour de lui.

« Non, dit-il, c'est assez de vaincre ; je ne veux point être vengé. Je suis inca, et je pardonne. »

On l'emporte loin du combat dont la fureur se renouvelle ; et quelques instants après, soulevant sa paupière vers les montagnes de Quito, il prononce encore une fois le nom, le tendre nom de père, et il rend le dernier soupir. C'est dans ce moment même que des cris lamentables annoncent à ceux de Cuzco que leur roi vient d'être enlevé.

D'un côté l'épouvante, de l'autre côté la fureur, ne présentent dèslors, dans les champs de Tumibamba, que la déroute et le carnage. Cuzco fut prise et saccagée ; l'aîné des frères de son roi, le vaillant et sage Mango, qui la défendait, vit enfin qu'il fallait périr, ou céder : il fit sa retraite en combattant, et se sauva vers les montagnes. À peine la fière Ocello, la belle et touchante Idali, avec cet enfant précieux que sa naissance avait destiné à l'empire, eurent le temps de s'échapper ; et les généraux d'Atahualpa, après des efforts inouïs pour faire cesser le ravage, rallièrent enfin leurs troupes sur le bord de l'Apurimac.

Chapitre XXXVI

C'est là que frémissait Huascar, sous une garde inexorable. Palmore et Corambé, en entrant dans sa tente, se prosternent, selon l'usage, et, par des paroles de paix, tâchent de l'adoucir. Il soulève à peine sa tête ; et d'un œil indigné regardant ses vainqueurs :

« Traîtres, dit-il, rompez mes chaînes, ou trempez vos mains dans mon sang. C'est insulter à mon malheur, que de mêler ainsi le respect à l'outrage. Si je suis roi, rendez-moi libre ; alors vous vous prosternerez. Mais, si je ne suis qu'un esclave, que ne me foulez-vous aux pieds ? »

À peine il achevait ces mots, que son oreille fut frappée de cris et de gémissements.

« *Tu n'es pas le seul malheureux, lui dit Palmore. Atahualpa vient de perdre son fils.*

— *Ah ! Je le verrai donc pleurer, s'écria Huascar avec une joie inhumaine. Puisse le ciel lui rendre tous les maux qu'il m'a faits !* »

Les peuples de Quito, rassemblés dans leur camp, ont demandé à voir le corps du jeune prince, que l'on dérobait à leurs yeux, et ce sont leurs cris de douleur et de rage qu'on vient d'entendre. On les apaise, on les retient, on les engage à repasser le fleuve ; et la marche de cette armée victorieuse et conquérante, ressemble à la pompe funèbre d'un jeune homme, que sa famille, dont il aurait été l'espoir, accompagnerait au tombeau. La consternation, le deuil et le silence environnaient le pavais où le prince était étendu, enveloppé dans cette enseigne, triste et glorieux monument de sa valeur. Après lui, le roi de Cuzco, porté sur un siège pareil, jouissait, au fond de son cœur, de la calamité publique.

Les deux généraux d'Atahualpa accompagnaient le lit funèbre, l'œil morne, le front abattu, oubliant qu'ils venaient de conquérir un empire, et ne pensant qu'à la douleur dont ce malheureux père allait être frappé.

« Hélas ! disait Palmore, il nous l'a confié ; il l'attend ; ses bras paternels seront ouverts pour l'embrasser ; et ce n'est plus qu'un corps glacé que nous allons lui rendre ! Comment paraître devant lui ?

— Il est homme, dit Corambé : son fils était mortel : je le plains ; mais au-lieu de flatter sa faiblesse, je veux lui donner le courage de résister à son malheur. Laissez-moi devancer l'armée, et le voir, avant que le bruit de cette mort soit répandu. »

Atahualpa, guéri de sa blessure, mais faible encore et languissant, avait eu le chagrin d'apprendre que la défaite des chancas ne l'avait que trop bien vengé. Il gémissait sur sa victoire, roulant dans sa pensée, avec inquiétude, les dangers qu'affrontaient pour lui son fils, ses amis et ses peuples, lorsqu'il s'entendit annoncer l'arrivée de Corambé. Surpris, impatient d'apprendre quel sujet peut le ramener, il ordonne qu'on l'introduise.

Corambé paraît devant lui.

« Inca, lui dit-il, c'en est fait : l'empire est à toi sans partage ; tes ennemis sont tous détruits ou désarmés : Huascar est le seul qui te reste ; il est captif ; on te l'amène. »

À peine il achevait ces mots, Atahualpa, transporté de joie, se lève, l'embrasse, et lui dit :

« Invincible guerrier, j'attendais tout de toi et de celui qui te seconde ; mais ce prodige a passé mon attente et les vœux que j'osais former. Achève de mettre le comble au bonheur de ton roi. Il est père ; il ressent les alarmes d'un père. Où est mon fils ? Où l'as-tu laissé ? Pourquoi n'est-il pas avec toi ?

— Ton fils... Il a vu des dangers dont le plus courageux s'étonne.

— Et sans doute il les a bravés ? Réponds. Ce silence est terrible.

— Que te dirais-je, hélas ! Pour la première fois il voyait l'horreur des batailles. La nature a des mouvements que la vertu ne peut dompter.

— Ciel ! Qu'entends-je ? Il a fui ! Il s'est couvert de honte ! Il a déshonoré son père !

— Eût-il mieux valu qu'exposé à une mort inévitable, il s'y fût livré ?

— Plût au ciel !

— Hé bien, console-toi. Il s'est comblé de gloire, et il est mort digne de toi.

— Il est mort !

— Ton armée te l'apporte en pleurant : il en fut l'amour et l'exemple. Jamais, dans un âge si tendre, on n'a montré tant de valeur. »

Ce coup terrible pénétra jusqu'au fond de l'âme d'un père ; mais il la soulagea, même en la déchirant. Il tombe accablé de douleur ; et alors deux sources de larmes coulent de ses yeux.

« *Ah ! Cruel ! Par quelle épreuve, disait-il, vous avez préparé mon cœur à la constance ! Vous avez pu calomnier mon fils ! Et moi j'ai pu vous croire !*

Ah ! Cher enfant ! Pardonne : des larmes éternels expieront mon erreur. La gloire même de ta mort ne me la rend que plus cruelle. Jour désastreux ! Combat funeste ! Ah ! C'est ainsi que le ciel venge le crime d'une guerre impie : les vaincus, les vainqueurs en partagent la peine horrible ; et sa colère les confond. »

Il fallut prendre, pour ce père affligé, le soin de son nouvel empire. Cette riche et vaste conquête, fruit des travaux de onze règnes, et qu'il avait faite en un jour, Cuzco, réduite sous ses lois, son rival même prisonnier et mis en son pouvoir, rien ne le touche. Il demande son fils.

Le cortège s'avance. Le corps enveloppé dans l'enseigne fatale, est déposé sous ses yeux. L'inca le regarde en silence. Il fait signe au cortège et à sa cour de s'éloigner. On lui obéit ; et seul au fond de son palais avec l'objet de sa douleur, il s'enferme ; il approche, et d'une main tremblante il soulève le voile, il découvre ce corps sanglant ; il jette un cri, et se renverse, comme frappé du coup mortel. Immobile et glacé lui-même, il est sans couleur et sans voix ; et quand il a repris ses sens, et que sa douleur se ranime, il s'y abandonne tout entier. Cent fois il embrasse son fils, cent fois, collant sa bouche sur ses lèvres éteintes, et de son sein pressant ce cœur, qui ne bat plus contre le sien, il demande au ciel de pouvoir le ranimer, en expirant lui-même. Tantôt, contemplant la blessure, il lave de ses pleurs le sang qui s'en est épanché ; tantôt ses regards immobiles, fixés sur les yeux de son fils, semblent y rechercher la vie.

« *Ah ! dit-il, si ce corps glacé pouvait revivre, si ces yeux pouvaient me revoir ! Hélas ! Plus d'espérance ! Ils sont fermés ces yeux ; ils le sont pour jamais. Ses grâces, sa beauté, ses vertus, rien n'a pu prolonger ses jours ; et d'un fils qui faisait ma gloire et ma félicité, voilà ce qui me reste.* »

C'est ainsi qu'oubliant ses prospérités, son triomphe, il s'abîmait dans sa douleur.

Après qu'elle fut épuisée, et que la nature affaiblie fut tombée de cet accès dans un stupide abattement, ce père malheureux se laissa détacher des tristes restes de son fils. Ses amis, et surtout Alonso, essayaient de le consoler.

« *Ah ! Laissez-moi, disait-il, payer à la nature le tribut d'une âme sensible. J'ai bu la coupe du bonheur ; j'en ai épuisé les délices.*

L'amertume est au fond ; je veux m'en abreuver.

Mon fils, mon cher fils m'a donné tant de douces illusions ! Tant de flatteuses espérances ! La douleur suit la joie ; hélas ! Elle sera plus longue. C'est sans retour, c'est pour jamais que la joie a quitté mon cœur.

On lui parla de sa puissance, du soin de l'affermir, des moyens de la conserver. *Qu'en ferais-je, dit-il, de cette puissance accablante ? Suis-je un dieu, pour veiller sur un empire immense, pour être sans cesse et partout présent à ses besoins ? Qu'on m'amène mon frère.*

Oui, je veux l'apaiser ; je veux que, témoin de mes larmes, il en soit touché, qu'il me plaigne, et qu'il me trouve encore plus malheureux que lui. »

Huascar, chargé de liens, parut devant Atahualpa.

« *Vois, lui dit ce père affligé, vois, cruel, ce que tu me coûtes.*

— Il te sied bien, répond le farouche Huascar, de me reprocher une mort, quand dix mille incas égorgés sont les victimes de ta rage ! Tu pleures, tigre ! Tu le dois ; mais est-ce là ce que tu pleures ?

Va voir le meurtre qu'on a fait des peuples sujets de tes pères, Cuzco, ses palais, et ses temples regorger du sang des vieillards, et des femmes et des enfants, ses murs saccagés, ses campagnes, qui ne sont plus que des tombeaux ; et pleure ton fils, si tu l'oses. »

Ces terribles mots étouffèrent dans le cœur d'Atahualpa le sentiment de son propre malheur : le roi prit la place du père. Il regarde ses lieutenants, et les interroge des yeux. Leur silence même est l'aveu de ce qu'il vient d'entendre.

« *Il est donc vrai, dit-il ? Et par une aveugle fureur on m'a rendu exécrable à la terre ! Cela seul manquait à mes maux.* »

Alors, renversé sur son trône, et détournant les yeux pour ne pas voir la lumière, il reste dans l'accablement, et ne respire que par de longs sanglots.

« *Jusqu'à l'instant où ton fils a péri, lui dit Palmore avec tristesse, j'ai pu commander à tes peuples ; mais, du moment qu'ils l'ont vu tomber, leur douleur, transformée en rage, n'a plus connu de frein. Punis-les, si tu veux, de l'avoir trop aimé ; ou pardonne à leur désespoir, dont la cause n'est que trop juste, et dont l'excuse est dans ton cœur. Ils ont vengé ton fils, comme l'aurait vengé son père.*

— Huascar, reprit Atahualpa après un long et douloureux silence, *voilà les excès effroyables où se portent les nations, lorsqu'une fois la discorde et la guerre ont rompu les nœuds les plus saints, et chassé des cœurs la nature.*

Etouffons ces fureurs dans nos embrassements.

Reprends ton sceptre et ton empire, et pardonne-moi tes malheurs. »

Huascar indigné le repousse, et lui dit :

« *Va, meurtrier de ma famille, va régner sur des morts, t'asseoir sur des ruines, et t'applaudir, en contemplant des massacres et des débris. Tel est l'empire que tu m'offres. Je ne veux de toi que la mort. Garde tes présents, ta pitié ; garde les fruits de tes forfaits ; qu'ils en éternisent la honte ; et que, pour mieux te détester, les malheureux que je te laisse soient condamnés à t'obéir.*

— Tu sais, lui dit Atahualpa, *que les crimes que tu m'imputes, ne sont pas les miens ; tu le sais, mais ta douleur te rend injuste. Je laisse au temps à la calmer. Un jour tu te ressouviendras que j'ai détesté la guerre, que je t'ai demandé la paix, que je te la demande encore, plus pénétré, plus accablé que toi des maux que nous nous sommes faits.*

Alors tu retrouveras ton frère tel que tu le vois aujourd'hui, traitable, humain, sensible et juste. Adieu.

Je te laisse en ces murs, captif, il est vrai, mais n'ayant qu'à vouloir, pour cesser de l'être. Le jour même que, sur l'autel du soleil notre père, tu consentiras, avec moi, à nous jurer une alliance et une paix inviolable, ton trône, ton empire, tout te sera rendu. »

Chapitre XXXVII

La citadelle de Cannare fut la prison du roi captif. Le vainqueur y laissa une garde fidèle sous le sévère Corambé. Il envoya Palmore gouverner en son nom les états de Cuzco ; et lui, rendant, sur son passage, aux vallons de Riobamba, de Muliambo, d'Iliniça, les laboureurs qu'il en avait tirés, il retourne à Quito sans pompe, accompagné du lit funèbre qui portait son malheureux fils.

L'arrivée d'Atahualpa fut le tableau le plus touchant d'une désolation publique. Sa famille éplorée vient au-devant de lui. Un peuple nombreux l'accompagne ; mais aucune voix ne s'élève pour féliciter le vainqueur : on n'est occupé que du père ; et si la nuit dérobait à ses yeux tout ce peuple qui l'environne, aux gémissements échappés à travers un vaste silence, il se croirait dans un désert, où quelques malheureux égarés et plaintifs implorent le secours du ciel.

Dans cette foule, et au milieu de la famille de l'inca, paraît une femme éperdue. Ses voiles déchirés, sa tête échevelée, son sein meurtri, ses yeux égarés, sa pâleur, les convulsions de la douleur dans tous les traits de son visage, ses mains qu'elle tend vers le ciel, tout annonce une mère, et une mère au désespoir.

Du plus loin que l'inca la voit, il descend de son siège, il va au-devant d'elle, et la recevant dans ses bras :

« *Ma bien-aimée, lui dit-il, le soleil notre père a rappelé ton fils : il dispose de ses enfants. Heureux celui que l'innocence, la vertu, la gloire, l'amour accompagnent jusqu'au tombeau ! Il a fait la moisson ; il quitte le champ de la vie. Ton fils a peu vécu pour nous, mais assez pour lui-même : il emporte avec lui ce que les ans donnent à peine, et ce qu'un instant peut ravir, les regrets et l'amour du monde.*

Affligeons-nous de lui survivre : l'homme à plaindre est celui qui pleure, et non pas celui qui est pleuré. Mais, par un excès de douleur, n'accusons pas la destinée ; ne reprochons pas au soleil d'avoir repris un de ses dons. »

Vérités consolantes pour de moindres douleurs, mais trop faible soulagement pour le cœur d'une mère ! Elle demande à voir son fils ; on apporte à ses pieds ce que la mort lui en a laissé ; et à l'instant, avec un cri qui part du fond de ses entrailles, elle se jette sur ce corps inanimé, elle l'embrasse, elle le serre étroitement, elle l'inonde de ses larmes, jusqu'à ce qu'elle-même, étouffée, expirante, elle ait perdu le sentiment de la vie et de la douleur.

L'inca, dans les bras d'Alonso, sentait r'ouvrir, à cette vue, toutes les plaies de son cœur ; le jeune homme mêlait ses larmes aux larmes de son ami ; et les neveux de Moctezuma, témoins de la désolation d'une auguste famille, pensaient à leurs propres malheurs.

Aciloé (c'était le nom de cette mère infortunée) fut portée dans son palais ; et l'inca se rendit au temple, où le corps de son fils, arrosé de parfums, fut déposé, en attendant le jour destiné à ses funérailles.

Après un humble sacrifice, pour rendre grâces au soleil, l'inca sortit du temple; et sous le portique, où son peuple l'environnait, il éleva la voix, et demanda silence.

« *Ma cause était juste*, dit-il, *et notre dieu l'a protégée ; mais l'aveugle ardeur de mes troupes à nous venger, mon fils et moi, a déshonoré ma victoire ; et c'est moi qui porte la peine des excès commis en mon nom. Peuple, je veux bien expier ce qu'on a fait d'injuste et d'inhumain. Mais c'est assez pour votre roi d'être malheureux ; n'achevez pas de l'accabler, en le croyant coupable. Il ne l'est point. J'étais expirant à Cannare, lorsqu'on y a versé tant de sang ; j'étais éloigné de Cuzco, lorsqu'on l'a saccagée ; et j'ai détesté ces fureurs. Je vous conjure, au nom du dieu qui m'en punit, de m'en épargner le reproche.*

Puisse mon nom être effacé de la mémoire des hommes, avant qu'on y ajoute le surnom de cruel ! Le roi mon frère, que le sort a mis entre mes mains, sera, malgré lui-même, un exemple de ma clémence. Cependant, si le cri de la calamité retentit jusqu'à vous, et s'il vous fait entendre qu'Ata-

hualpa fut violent et sanguinaire ; ô mon peuple, élevez la voix, et répondez qu'Atahualpa fut malheureux. »

Le soir même, avec Alonso, soulageant son âme oppressée :

« *Mon ami, lui dit-il, tu sais toute l'horreur que nos discordes m'inspiraient ; l'événement a passé mes craintes ; et dans cet abîme de maux, je vois trop s'accomplir mes funestes pressentiments. Vouloir la guerre, c'est vouloir tous les crimes et tous les malheurs à la fois. Dire à des meurtriers, qu'on assemble pour l'être, d'user de modération, c'est dire aux torrents des montagnes de suspendre leur chute et de régler leur cours.*

Aucun roi ne sera jamais plus résolu que je l'étais, à réprimer l'emportement et les abus de la victoire ; et voilà cependant que des millions d'hommes me regardent comme un fléau.

— *Hélas ! Prince, lui dit Alonso, l'homme, en proie à ses passions, est si faible contre lui-même, et si peu sûr de se dompter ! Comment pourrait-il s'assurer d'une multitude effrénée, à qui lui-même il a donné l'affreuse liberté du mal ? Mais tout cet empire est témoin que l'inflexible roi de Cuzco vous a forcé de tirer le glaive. Ne vous accablez point vous-même d'un injuste reproche ; et si les malheureux que la guerre a faits, vous accusent, laissez à vos vertus répondre de votre innocence, et repoussez l'injure par la clémence et les bienfaits.* »

Ces paroles relevèrent le courage d'Atahualpa ; et sa douleur fut suspendue jusqu'au jour qu'il avait marqué pour les funérailles de son fils.

C'était la fête du soleil, lorsque, repassant l'équateur, il rentre dans notre hémisphère, et revient donner le printemps et l'été aux climats du nord. C'était aussi la fête de la paternité.

Chapitre XXXVIII

Après les cantiques, les vœux et les offrandes accoutumées, le monarque, assis sur son trône, au milieu d'un parvis immense, ayant à ses pieds les caciques, et les vieillards juges des mœurs, voit s'avancer les pères de famille, qui mènent, chacun devant soi, leurs enfants parvenus à l'âge de l'adolescence. Ils s'inclinent devant l'inca, et après l'avoir adoré, le père, qui porte en ses mains un faisceau de palmes, les distribue à ceux de ses enfants qui ont fidèlement rempli les saints devoirs de la nature. Ces palmes sont les monuments de la piété filiale.

Tous les ans, chacun des enfants, dont l'obéissance et l'amour ont obtenu ce prix, l'ajoute à son trophée ; et de ces palmes réunies, qu'il recueille dans sa jeunesse, il compose le dais du siège paternel, d'où lui-même il dominera un jour sur sa postérité. Ce siège est dans chaque famille comme un autel inviolable : le chef a seul droit de s'y asseoir ; et les palmes qui le couronnent, rappelant ses vertus, disent à ses enfants : obéissez à celui qui sut obéir ; révérez celui qui révéra son père.

Dès qu'il sent la mort s'approcher, il se fait placer expirant sous ce vénérable trophée, il y rend le dernier soupir ; et, au moment de sa sépulture, ses enfants détachent ces palmes pour en ombrager son tombeau. La menace la plus terrible d'un père à son fils, qui s'oublie, c'est de lui dire :

« *Que fais-tu ? Malheureux ! Si tu es indigne de mon amour, tu n'auras point de palmes sur ta tombe.* »

C'est donc là le signe et le gage que chaque père vient donner au monarque, père du peuple, de l'obéissance, du zèle et de l'amour de ses enfants. Si quelqu'un d'eux a manqué de remplir ces pieux devoirs, la palme lui est refusée. Le père, en soupirant, obéit à la loi, qui l'oblige de l'accuser. Une plainte sincère et tendre échappe à regret de sa bouche ; et si le sujet en est grave, l'enfant rebelle est exilé de la maison de son père.

Condamné, durant son exil, à la honte d'être inutile, attachée à l'oisiveté, il n'est admis à la culture ni du domaine du soleil, ni des champs de l'inca, ni de celui des veuves, des orphelins et des infirmes ; le champ même qui nourrit son père est interdit à ses profanes mains. Ce temps d'expiation est prescrit par la loi. Le malheureux jeune homme en compte les moments ; et on le voit, seul, étranger à ses amis, à sa famille, errer sans cesse autour de la demeure paternelle, dont il n'ose toucher le seuil. Celui dont l'exil finissait avec l'année révolue, rentrait ce jour-là même en grâce ; les décurions le ramenaient devant le trône du monarque ; son père lui tendait les bras en signe de réconciliation ; à l'instant il s'y précipitait avec la même ardeur qu'un malheureux, longtemps agité sur les mers par les vents et par les tempêtes, embrasse le rivage où le jettent les flots

Dès-lors il était rétabli dans tous les droits de l'innocence : car on ne connaissait point chez ce peuple si sage, la coutume d'ôter au coupable puni tout espoir de retour dans l'estime des hommes. La faute une fois expiée, il n'en restait aucune tache ; tout, jusqu'au souvenir, en était effacé.

Après que la clémence et la sévérité ont donné d'utiles leçons, le monarque prend la parole.

« *Pères, dit-il, écoutez-moi. Comme vous je suis père ; je le suis encore avec vous : vos enfants sont les miens. Et la royauté est-elle autre chose qu'une paternité publique ? C'est là le titre le plus auguste que le soleil, père de la nature, ait pu donner à ses enfants. Je viens donc, comme le garant de vos droits, vous les confirmer ; mais je viens, comme le modèle de vos devoirs, vous en instruire : car vos devoirs fondent vos droits, et vos bienfaits en sont les titres. La vie est un présent du ciel, qui seul la dispense à son gré.*

Gardez-vous donc de vous prévaloir d'un prodige opéré par vous, et sachez où vous commencez à mériter le nom de pères : c'est lorsqu'ayant reçu des mains de la nature le nouveau né de votre sang, et l'ayant remis dans les bras de celle qui doit le nourrir, vous veillez sur les jours et de l'enfant et de la mère, chargé du soin d'assurer leur repos, et de pourvoir à leurs besoins. Jusque-là même encore vous ne faites pour eux, que ce que font pour leurs petits le vautour, le serpent, le tigre, les plus cruels des animaux.

Ce qui, dans l'homme, distingue et consacre la paternité, c'est l'éducation, c'est le soin de semer, de cultiver dans ses enfants ce qu'on a recueilli soi-même, l'expérience, le seul gain de la vie, et la sagesse qui en est le fruit, et qui seule nous dédommage de la peine d'avoir vécu. Former, dès l'âge le plus tendre, par votre exemple et vos leçons, une âme honnête, un cœur sensible, un citoyen docile aux lois, un époux, un ami fidèle, un père à son tour révéré, chéri de ses enfants ; un homme enfin selon le vœu de la nature et de la société : ce sont là vos devoirs, vos bienfaits et vos titres ; c'est là ce qui fonde vos droits.

Et vous, enfants, souvenez-vous que la nature n'a prolongé la faiblesse et l'imbécillité de l'homme, que pour le lier plus étroitement à ceux dont il a reçu la naissance, et lui faire, par le besoin, une longue et douce habitude d'en dépendre et de les aimer. Si elle eût voulu le dispenser de ce tribut d'amour et de reconnaissance, elle l'eût pourvu des moyens de vivre indépendant presque aussitôt qu'il serait né, et de se suffire à lui-même.

Sa longue enfance est dénuée de force et d'intelligence ; sa faiblesse n'a pour ressource ni l'agilité, ni la ruse, ni la finesse de l'instinct. Tel est l'ordre de la nature, pour forcer l'enfant à chérir et à révérer ses parents. Il semble qu'elle ait voulu l'abandonner à leurs soins, pour leur en laisser le mérite, et qu'elle ait consenti à passer pour marâtre, afin de donner lieu à toute leur tendresse de s'exercer sur leur enfant. Ainsi, en lui refusant tout, elle supplée à tout par l'amour paternel.

Rappelez-vous donc votre enfance ; et tout ce qui vous a manqué dans ce long état de faiblesse, pour vous dérober aux besoins, aux périls qui vous assiégeaient, songez que c'est de vos parents que vous l'avez reçu ; que la nature, en vous jetant parmi les écueils de la vie, s'est reposée sur leur amour du soin de vous en garantir.

Mais ce que vous devez surtout à leur tendresse vigilante, c'est de vous avoir éclairés sur les moyens de vivre heureux ; c'est de vous avoir adoucis, apprivoisés, soumis aux lois de l'équité, de la raison, de la sagesse. Sans les soins qu'ils ont pris de vous, vous seriez sauvages, stupides, féroces comme vos aïeux. Aimez donc vos parents, pour vous avoir appris l'usage du don de la vie, dont l'innocence fait le charme, et dont la vertu fait le prix. »

À ces mots, des larmes de joie et d'amour coulent de tous les yeux. Les enfants, aux genoux des pères, s'attendrissent et rendent grâces ; les pères, en les embrassant, s'applaudissent de leurs bienfaits. L'inca, témoin de ce spectacle, sent plus vivement que jamais la perte de son fils.

« *Guerre impitoyable, dit-il, sans toi, sans tes fureurs, je partagerais l'allégresse et la gloire de ces bons pères. Il serait là ; il aurait reçu de ma main la première palme. Qui la méritait mieux que lui ?* »

Il n'en put dire davantage : les sanglots lui étouffaient la voix. Il fut quelques instants muet et baigné dans ses larmes.

« *Non, reprit-il enfin, qu'on m'apporte mon fils ; je ne veux pas qu'il soit frustré de ce dernier tribut d'amour et de louange. Du haut du ciel, il entendra la voix gémissante d'un père ; il me plaindra d'être privé de lui.* »

On lui obéit ; et au pied de son trône fut apporté le lit funèbre où reposait le corps de Zoraï.

« *Peuple, s'écria le monarque, en s'y précipitant, le voilà ce modèle de l'amour filial ; le voilà, le plus tendre, le plus respectueux, le plus aimable des enfants. Oui, depuis sa naissance, il l'a été pour moi, il l'a été jusqu'à sa mort. Des jouissances délicieuses, des espérances encore plus douces, et tout ce que l'âme d'un père peut éprouver de joie et de consolation, tel était le prix de mes soins, et le présage du bonheur qui vous attendait sous son règne.*

Il était impossible qu'un si bon fils ne fût pas un bon roi. Le goût du bien, l'amour de l'ordre, le sentiment de l'équité lui étaient naturels. Il n'estimait dans la gloire que la compagne de la vertu ; il détestait le mensonge comme le complaisant du vice ; il adorait la vérité. Magnanime sans faste, et modeste avec dignité, il était simple, et il aimait tout ce qui l'était comme lui. Il ne voyait dans sa naissance que la destination et que le dévouement de sa vie au bonheur du monde ; et le nom de fils du soleil, loin de l'enorgueillir, l'humiliait sans cesse, en lui faisant sentir le poids des devoirs qu'il lui imposait.

Si quelqu'un des jeunes incas se montre plus digne que moi de régir cet empire auguste, c'est à lui, me disait-il souvent, de vous remplacer sur le trône ; c'est à moi de le lui céder. Jugez, s'il eût fait des heureux ! Vous l'auriez été sous son règne ; et son père, encore plus heureux, serait mort sans inquiétude dans les bras d'un tel successeur. Un dieu juste n'a pas voulu que cette âme sensible ait vu les crimes et les ravages d'une guerre, hélas ! Trop funeste.

Mon fils eût arrosé de larmes ce trophée de ma victoire, cet étendard qu'on a trempé dans un déluge de sang. Il n'est plus. Nous avons perdu, moi, le plus vertueux fils ; et vous, le plus vertueux prince. Soumettons-nous, et allons lui rendre les tristes honneurs du tombeau. »

Alors le monarque, à la tête de sa famille et de son peuple, accompagna le corps de son fils jusqu'au temple, où, sur un trône d'or, il fut placé en face de l'image du soleil, ayant à ses pieds l'étendard qui lui avait coûté la vie, et dans sa main la palme de l'amour filial.

Cora ne parut point au temple. Alonso l'y chercha des yeux ; et ne l'ayant point aperçue, il en fut pénétré d'effroi. Le monarque, au retour du temple, le fit appeler.

« *Mon ami, lui dit-il, mes tristes devoirs sont remplis. Il est temps que le père cède la place au roi, et que je me mette en défense contre cet ennemi terrible, dont tu nous as menacés. C'est à toi que je me confie. Ton zèle, ton expérience, ta valeur, voilà mon espoir.*

— *Je le remplirai*, dit Alonso ; *et plût au ciel que la défense et le salut de cet empire ne dût te coûter que mon sang ! Je le verserais avec joie.*

— *Ô mon ami ! Qu'ai-je donc fait*, lui dit l'inca, en l'embrassant, *pour avoir mérité de toi un zèle si noble et si tendre ?...* »

À ces mots, on vient dire au roi que le grand-prêtre du soleil demande à lui parler. Alonso se retire, et va, s'il est possible, chercher, dans le sommeil, un soulagement à ses peines, et aux pressentiments terribles dont il venait d'être frappé.

Chapitre XXXIX

Pour une âme abandonnée à l'orage des passions, l'incertitude est le plus grand des maux. Battu sans cesse par les vagues de l'espérance et de la crainte, le courage n'a point de prise ; la résolution même d'être malheureux n'a point de terme où se fixer.

Telle fut, pour l'âme d'Alonso, cette longue et pénible nuit. Enfin, le sommeil, par pitié, laissait tomber quelques pavots sur sa paupière appesantie. Un bruit le frappe ; il se lève, et, à la faible lueur du crépuscule du matin, il voit paraître un vieillard vénérable, le front couvert de cheveux blancs, pâle et triste comme les spectres, mais conservant dans sa douleur un air noble et majestueux.

« Je suis le père de Cora, lui dit-il. Ma fille m'envoie ; c'est sa dernière volonté que j'accomplis. Va-t-en, malheureux jeune homme, et laisse-nous les maux que tu nous fais. Tu as porté l'opprobre et la mort dans une famille innocente, qui, sans toi, le serait encore. »

À ces mots, le vieillard sentit ses genoux qui ployaient sous lui ; et il tomba de défaillance. Alonso, pâle et frémissant, lui tend les bras, et le relève.

« Parlez, lui-dit-il ; qu'ai-je fait ? De quel malheur suis-je la cause ?

— Cruel ! Peux-tu le demander ? Peux-tu vouloir l'entendre de la bouche d'un père ? Tu nous annonçais des vertus : la bonté, la candeur étaient peintes sur ton visage ; le crime et la trahison se cachaient au fond de ton cœur. Sois content.

Ma fille, trop faible, trop simple, hélas ! Pour avoir pu se sauver de tes artifices, ma fille vient de révéler le parjure et le sacrilège qu'elle a commis en se livrant à toi. Elle n'a pu cacher qu'elle allait être mère ; et demain notre honte éclate : demain, elle, sa mère et moi, ses sœurs, ses frères, innocents, nous serons menés au supplice. La solitude, l'infamie, une éternelle stérilité marqueront la place où ma fille est née. On dispersera notre cendre. Nous n'aurons pas même un tombeau.

Va-t-en : ma fille t'en conjure. La malheureuse t'aime encore ; et, en me confiant le secret de son âme, elle m'a fait promettre de ne le point trahir.

Mais elle craint que ta douleur ne te décèle et ne t'accuse ; et le seul prix qu'elle demande de sa mort, dont tu es la cause, c'est que tu n'en sois pas témoin. »

Tandis que l'indien parlait, le remords et le désespoir déchiraient le cœur d'Alonso. Ses yeux attachés à la terre, ses cheveux hérissés d'horreur, son immobilité stupide, tout annonçait un criminel, condamné par son juge ; et son juge était dans son cœur. Il tombe aux pieds du vieillard, et, d'une voix étouffée, il prononce à peine ces mots :

« *Ô mon père ! Tu sais mon crime ; sais-tu quelle fatalité m'y a poussé malgré moi ?*

Sais-tu dans quel moment terrible la frayeur et l'égarement m'ont livré ta fille mourante, et l'ont fait tomber dans mes bras ? J'atteste mon dieu et le tien, que dans ce péril effroyable, mon unique résolution était de la sauver. Nous nous sommes perdus, et nous t'avons perdu toi-même. Je ne prétends pas t'apaiser. Voilà mon sein, voilà mon épée. Frappe, venge-toi.

— Me venger ! Hé, ne sais-tu pas, dit le vieillard, *que la vengeance est insensée ; qu'au malheur elle joint le crime, et ne soulage que les méchants ? Va, ton sang ne rachèterait ni la mère, ni les enfants. Je n'en mourrais pas moins, et je mourrais coupable. Laisse-moi du moins l'innocence : tout le reste est perdu pour moi. Tu fus égaré, je le crois : tu n'es ni méchant, ni perfide ; mais, quand tu le serais, nous avons dans le ciel un dieu pour juger et punir.*

— Âme céleste ! s'écrie Alonso, *tu m'accables, tu me confonds… Et l'opprobre, et la mort, et le dernier supplice seraient le prix de tes vertus ! Et ta fille, aussi vertueuse, non moins innocente que toi !…*

Non, vous ne mourrez point. Ne me méprise pas assez pour croire que je veuille me cacher, m'enfuir lâchement. Je paraîtrai, j'avouerai tout, j'embrasserai votre défense, je vous tirerai de l'abîme où je vous ai précipités, ou bien j'y périrai moi-même.

Mais commence par t'éloigner avec ta femme et tes enfants.

— Connais-tu, lui dit le vieillard, quelque asile contre les lois, et contre le remords qui suivrait le parjure ? J'ai promis au soleil de rester soumis à ses lois. Ma parole, ma foi sont pour moi des liens plus forts que ne seraient des chaînes. Un inca n'en connaît point d'autres ; et je mourrai sans les briser. Toi, qui n'es point engagé sous ces lois redoutables, éloigne-toi ; donne à ma fille la consolation de te savoir hors de danger. Épargne-lui l'horreur de ton supplice.

— Va, dit Alonso, pénétré de respect, de douleur et de reconnaissance, va lui jurer que jamais son amant ne l'abandonnera. Je suis époux et père. Il n'est point de danger au-dessus d'un courage à la fois animé par l'amour et par la nature. »

À ces mots il tendit les bras au vieillard encore frémissant.

« *Mon père, lui dit-il, mon père ! Embrasse-moi, ou perce-moi le cœur. Je ne puis soutenir ta haine.* »

Le vieillard tombe dans son sein, l'embrasse, le plaint, lui pardonne ; et des torrents de larmes se confondent dans leurs adieux.

Cependant le bruit se répand que l'asile des vierges a été profané ; que l'une d'elles a violé ses vœux ; qu'elle porte le fruit d'un amour sacrilège ; et que le soleil, irrité de ce parjure abominable, en demande l'expiation. Un crime inouï jusqu'alors, remplit d'horreur tous les esprits. Les malheurs qui l'ont annoncé, et dont peut-être il est la cause ; les feux de la guerre civile allumés entre les deux frères ; tout le sang qu'elle a fait couler ; le fils d'Atahualpa, l'héritier du trône, enlevé à ses peuples par une mort funeste ; ce long amas de crimes et de calamités se retrace à la fois comme des signes de colère, que le soleil, en s'éclipsant, n'a déjà que trop confirmés. On craint même qu'un dieu jaloux ne soit pas encore apaisé, et ne se venge sur tout un peuple de l'injure faite à sa gloire. Ô superstition !

Le peuple le plus doux, le plus humain de l'univers, criait vengeance au nom d'un dieu dont il adorait la clémence. Il ne se rassura que lorsqu'il eut appris que le pontife avait dénoncé la criminelle au tribunal suprême ; que déjà l'on creusait la tombe, et que l'on dressait le bûcher.

Chapitre XL

Ce jour-là le soleil se couvrit de tristes nuages ; et ce deuil sombre de la nature ajoutait encore à l'effroi dont tous les cœurs étaient frappés. Le roi parut, selon l'usage, sous le portique du palais. Une multitude tremblante environnait le trône ; et à travers les flots de ce peuple assemblé, le pontife, les prêtres, les ministres des lois, se faisant ouvrir un passage, amenèrent devant l'inca la jeune et timide prêtresse. Son père accablé de douleur, sa mère pâle et défaillante, deux sœurs plus jeunes, aussi belles ; trois frères, l'espérance d'une auguste famille, victimes de la même loi, venaient tous s'offrir au supplice.

Cora, qu'il fallait soutenir, tant elle était faible et tremblante, tomba sans force et sans couleur, en paraissant devant son juge. On la ranime ; il l'interroge. Elle répond avec candeur.

« *Ce fut*, dit-elle, *dans cette nuit horrible, où le volcan menaçait d'ensevelir ces murs : ma frayeur me précipita dans les bras d'un libérateur. Voilà mon malheur et mon crime. Fils du soleil, s'il est possible d'en adoucir la peine, écoute la nature, qui réclame contre la loi. Ce n'est pas pour moi que j'implore ta clémence : il faut que je meure, je le sais.*

Mais regarde un père, une mère, des sœurs, des frères innocents ; c'est pour eux seuls qu'en mourant je demande grâce. »

Le père alors prit la parole.

« *Inca*, dit-il, *dans un moment d'égarement et de terreur, ma fille a* été faible, imprudente et fragile ; c'est au dieu qui voit dans les cœurs à la juger ; mais c'est à moi d'accuser l'auteur de sa perte.

Ce premier coupable, c'est moi. Ma piété aveugle a dévoué ma fille au culte des autels, et l'y a offerte en victime. Dans le moment du sacrifice, j'ai entendu gémir son cœur ; et religieusement cruel, le mien s'est endurci. Père dénaturé, j'ai vu ses larmes, je l'ai vue se précipiter dans le sein de sa mère, y chercher un asile contre la violence du pouvoir paternel ; et moi, sans pitié, sans remords, j'ai consommé le parricide.

Son crime, hélas ! Son premier crime fut de m'obéir ; son respect, son amour pour moi l'a perdue. Je suis le bourreau de ma fille. Je la traîne au supplice ! »

En prononçant ces mots le vieillard embrassait sa fille ; ses sanglots étouffaient sa voix ; son cœur se brisait de douleur ; et les larmes de sang qui coulaient de ses yeux inondaient le sein de Cora. Tous les cœurs étaient déchirés.

Le monarque attendri lui-même, mais contraint par la loi à user de rigueur, poursuit et ordonne à Cora de déclarer son ravisseur et son complice. Cora frémit, et son silence fut d'abord sa seule réponse ; mais les instances de son juge la forcèrent enfin de prononcer ces mots :

« *Fils du soleil, seras-tu plus cruel et plus violent que la loi ? La loi me condamne à la mort ; j'y traîne avec moi ma famille. N'est-ce pas assez ?*

Te faut-il encore un nouveau parricide ?

Veux-tu que, portant dans la tombe, où je vais descendre vivante, le fruit de mon funeste amour, j'accuse encore celui qui lui a donné la vie ?

Veux-tu voir mes entrailles se déchirer d'horreur, et mon enfant épouvanté s'arracher des flancs de sa mère ? »

Ces paroles firent sur l'âme d'Atahualpa l'impression la plus terrible ; et, sans insister davantage, il ordonnait, en gémissant, au dépositaire des lois de prononcer l'arrêt fatal, lorsqu'on vit tout-à-coup Alonso fendre la foule, et se précipiter au pied du trône de l'inca.

« C'est moi qui suis le criminel, inca, s'écria-t-il ; Cora est innocente. Ne punis que son ravisseur. »

À cette vue, à ces paroles que le désespoir animait, le roi frémit ; le peuple reste immobile d'étonnement ; et Cora, tremblante et glacée :

« *Hélas !* dit-elle en succombant, *je n'aurai donc pu le sauver !*

— Non, reprit Alonso, elle n'est point coupable. Je l'enlevai mourante ; et son âme éperdue ne put ni consentir, ni résister à son malheur. »

L'inca voulut sauver Alonso.

« *Étranger,* lui dit-il, *notre culte n'est pas le vôtre ; vous ne connaissez* pas nos lois ; et ce qui, pour nous, est un crime, n'est pour vous qu'une erreur, que je n'ai pas droit de punir. Éloignez-vous.

Nos lois n'obligent que mes sujets et moi. Vous fûtes imprudent, mais vous n'êtes point criminel, à moins que vous n'ayez usé de violence ; et Cora seule a droit de vous en accuser.

— Non, non, dit-elle ; un charme aussi doux qu'invincible m'a livrée à lui. Cesse, Alonso, cesse de t'imputer mon crime. Tu me fais mourir mille fois.

— Loin de vous accuser, vous voyez, dit le roi, qu'elle vous déclare innocent.

— Puis-je l'être, s'écrie Alonso, après avoir égaré sa jeunesse ; après avoir creusé la tombe sous ses pas, la tombe où vous allez la faire descendre vivante ? Ô comble d'horreur ! Elle s'ouvre cette tombe effroyable, elle s'ouvre à mes yeux, prête à la dévorer ; et je suis innocent ! Je vois s'allumer le bûcher où son père, sa mère, tous les siens vont périr ; et moi, l'auteur de tant de maux, juste ciel !

Je suis innocent ! Inca, ton amitié pour moi t'a mis un bandeau sur les yeux ; et tu ne veux pas voir mon crime. Plus juste que toi, je le sens, et je m'en accuse moi-même. Pardon, malheureuses victimes d'un amour insensé, pardon ! Je n'aurai pas du moins la honte et la douleur de vous survivre ; et si l'on vous mène à la mort, je vous devancerai ; j'irai, sur ce bûcher, me livrer le premier aux flammes.

Là, ce fer qui devait défendre un peuple vertueux, un roi, que je ne suis plus digne d'appeler mon ami, ce fer me percera le cœur.

Je ne demande, avant ma mort, que la grâce d'être entendu.

— Je ne suis ingrat ni perfide, reprit-il avec fermeté. Reçu dans la cour de l'inca, honoré de sa confiance, comblé de ses bienfaits, je n'ai jamais eu le dessein de trahir l'hospitalité. Je suis jeune, ardent, trop sensible. J'ai vu Cora : mon cœur s'est enflammé pour elle ; mais j'ai respecté son asile. Ce n'est qu'au moment effroyable où la montagne mugissante lançait un déluge de feu, où le ciel embrasé, où la terre tremblante n'offraient partout que les horreurs de mille morts inévitables ; ce n'est qu'en ce moment, qu'à travers les débris des murs de l'enceinte sacrée, j'ai cherché, j'ai saisi, j'ai enlevé Cora.

Elle vous dit qu'elle a cédé ! Et qui n'eût pas cédé comme elle ? Est-ce assez d'une loi pour étouffer en nous les sentiments de la nature, pour en vaincre les mouvements ? Vous exigez de la jeunesse la froideur d'un âge avancé !

Vous exigez de la faiblesse le triomphe le plus pénible de la force et de la vertu ! Ah ! C'est la superstition qui vous commande, au nom d'un dieu, d'être cruels. L'en croyez-vous ?

Oubliez-vous que le dieu que vous adorez est à vos yeux la bonté même ? Quoi ! Le soleil, la source de la fécondité, lui, par qui tout se régénère, ferait un crime de l'amour ! Et l'amour n'est lui-même que l'émanation de cet astre qui vous anime.

C'est ce même feu répandu au sein des métaux et des plantes, dans les veines des animaux, et surtout dans le cœur de l'homme, c'est ce feu que vous adorez dans son intarissable source. Vous condamnez son influence ; et parce qu'une vierge, innocente, faible et craintive, aura cédé aux mouvements les plus naturels, les plus doux d'un cœur que le ciel lui a donné, son père, sa mère, ses sœurs, ses frères, seront condamnés à mourir avec elle au milieu des supplices ! Non, peuple, j'en atteste votre dieu est le mien, car le soleil en est l'image : ces horreurs ne peuvent lui plaire ; et la loi qui vous les commande ne saurait émaner de lui. Elle est des hommes ; elle vous vient de quelque roi jaloux, superbe et tyrannique, qui attribuait à son dieu un cœur comme le sien.

On vous a dit que le soleil faisait à sa prêtresse un crime d'être mère, et qu'il fallait, pour expier ce crime, les supplices les plus affreux ; on vous l'a dit, et vous avez eu la simplicité de le croire !

Ah ! Peuple, on avait dit de même à vos aïeux, que leurs dieux, le serpent, le vautour et le tigre, demandaient qu'une mère versât sur leurs autels le sang de l'innocent qu'elle allaitait ; et, comme vous, pieusement crédule, la mère immolait son enfant. Vous l'avez aboli ce culte ; et le vôtre, non moins barbare, est encore plus insensé. »

Alors, du ton d'un homme inspiré par un dieu, et comme si ce dieu avait parlé par sa bouche :

« Roi, peuple, dit-il, apprenez à discerner, par d'infaillibles marques, la vérité qui vient du ciel, d'avec l'erreur qui vient des hommes.

Jetez les yeux sur la nature : voyez son ordre et son dessein. Quel que soit le dieu qui préside à cet ordre immuable établi par lui-même, il y a conformé ses lois. Et qu'importe à l'ordre éternel le vœu qu'a fait imprudemment une jeune et faible mortelle, de sécher, comme une plante oisive, dans la langueur de la stérilité ? Est-ce là ce qu'en la formant, lui a recommandé la nature ? Voyez, dit-il en saisissant les voiles de Cora, et en les déchirant avec une audace imposante, voyez ce sein : voilà le signe des desseins de son dieu sur elle. À ces deux sources de la vie, reconnaissez le droit, le devoir sacré d'être mère. C'est ainsi que parle et s'explique ce dieu qui n'a rien fait en vain. »

Pendant ce discours d'Alonso, un murmure confus élevé dans la multitude, annonça la révolution qui se faisait dans les esprits, et le monarque saisit l'instant de la décider sans retour.

« Il a raison, dit-il ; et la raison est au-dessus de la loi. Non, peuple, il faut que je l'avoue, cette loi cruelle ne vient point du sage Manco : ses successeurs l'ont faite ; ils ont cru plaire au dieu dont elle vengerait l'injure ; ils se sont trompés. L'erreur cesse ; la vérité reprend ses droits. Rendons grâces à l'étranger qui nous détrompe, nous éclaire, et nous fait révoquer une loi inhumaine. C'est un bienfait trop signalé, pour ne pas effacer une malheureuse imprudence. Que les prêtresses du soleil n'aient plus d'autre lien qu'un zèle pur et libre ; et que celle qui désavoue la témérité de ses vœux, en soit dès l'instant dégagée.

Un dieu juste ne peut vouloir qu'on le serve à regret ; et ses autels ne sont pas faits pour être environnés d'esclaves. »

Ainsi parlait ce prince, avec la double joie de détruire un abus funeste, et de conserver un ami. Le vieillard, père de Cora, se prosterne, avec ses enfants, aux genoux du monarque ; tout le peuple, les mains au ciel, pousse des cris de joie ; Alonso triomphant se jette aux pieds de son amante. Hélas ! Encore évanouie dans les bras de sa mère, ses yeux, obscurcis d'un nuage, n'aperçoivent point Alonso. En le voyant se dévouer pour elle, le trouble, l'attendrissement, la frayeur l'avaient accablée. Froide, tremblante, inanimée, laissant ployer sous elle ses genoux défaillants, elle s'était penchée dans le sein de sa mère, qui, croyant l'embrasser pour la dernière fois, n'avait pas eu la cruauté de la rappeler à la vie. Ce fut le cri de la nature, qui, du sein des pères, des mères, et de tout un peuple attendri, s'éleva jusqu'au ciel, ce fut ce cri qui ranima ses sens.

Elle revient du sommeil de la mort ; elle respire, ouvre les yeux, et se voit dans les bras d'Alonso, qui, transporté, lui dit, en l'embrassant :

« *Vis, chère amante ; tu es à moi ; la loi fatale est abolie.*

— *Que dis-tu ? Que fais-tu ? Malheureux ! lui dit-elle, va-t-en, et me laisse mourir.*

— *Non, tu vivras, reprit Alonso. La nature et l'amour l'emportent ; les saints noms de père et de mère ne sont plus un crime pour nous.* »

À ces mots, Cora, dans l'excès de la surprise et de la joie, soupire, serre dans ses bras son amant, son libérateur ; et, trop faible pour soutenir une révolution si violente et si soudaine, succombe une seconde fois. Tandis qu'Alonso la ranime, le peuple s'empresse à les voir, à se réjouir avec eux.

Un père, une mère éperdus, leurs enfants qui tremblent encore ;

Cora, qui, dans les bras d'Alonso, reprend avec peine l'usage de la vie et du sentiment ; le trouble, l'effroi, la tendresse de cet amant, qui craint de la voir expirer ; la joie et le ravissement du peuple qui les environne, forment un spectacle si doux, que le roi, les incas, les héros Mexicain ne peuvent retenir leurs larmes. Amazili surtout et son fidèle Télasco en jouissent avec transport.

« *Ah ! Télasco, disait cette fille charmante, que ces amants vont être heureux ! Ils passent, comme nous, de l'excès du malheur à la félicité suprême. Qu'ils vont bien s'aimer !*

— *Comme nous, lui dit Télasco. Le ciel a fait pour eux deux cœurs tout semblables aux nôtres.* »

La foule s'étant écoulée, et le monarque, avec les incas, étant rentré dans le palais, Cora et son amant sont appelés ; et le prêtre leur parle ainsi :

« *Cora est libre. Un dieu qui ne veut que l'amour, ne peut exiger la contrainte ; et j'ai la joie avant de descendre au tombeau, de voir du nombre de ses lois retrancher une loi cruelle, qui n'était pas digne de lui. Mais devant lui la sainteté de l'hymen est inviolable. Il veut qu'en sa présence le don d'une foi mutuelle en consacre les nœuds.*

— *Ah ! Le ciel et la terre me sont témoins, s'écrie Alonso, que je suis l'époux de Cora ; qu'elle est la moitié de moi-même ; qu'elle a reçu ma foi ; que mes jours sont à elle ; et que mon devoir le plus saint est de mériter son amour. Seulement je demande, sages et vertueux incas, que nous voyons, de votre culte ou de celui de ma patrie, quel est le plus digne du dieu que l'univers doit adorer. J'espère que bientôt nous n'aurons plus qu'un même autel ; et ce sera au pied de cet autel, sous les yeux de l'être suprême, que la religion sanctifiera les vœux de la nature et de l'amour.* »

Chapitre XLI

La superstition, qui par toute la terre va traînant ses chaînes sacrées, dont elle charge les nations, frémit de rage, en voyant abolir la seule loi qu'elle eût dictée aux adorateurs du soleil.

Mais pour s'en consoler, elle jeta les yeux sur l'Europe, où elle dominait ; sur l'Espagne, où elle avait placé le siège affreux de son empire. Son triomphe s'y préparait ; on y allait célébrer sa fête abominable ; lorsque le vaisseau de Pizarro, ayant franchi les vastes mers, entra dans ce golfe célèbre, par où l'océan s'est ouvert un passage jusqu'aux bords de l'Égypte et de la Scithie.

Ce grand homme, tout occupé de l'importance de ses desseins, en méditait profondément les difficultés effrayantes. L'une de ces difficultés était l'état de sa fortune. Le peu d'or qu'il avait recueilli de sa première course, s'était perdu et dissipé dans les mains de ses compagnons. Son entreprise, qui d'abord avait passé pour insensée, n'avait plus aucun partisan. La confiance était perdue ; et les secours en dépendaient. Il fallait pour la ranimer, l'éclat de la faveur du prince.

Mais quelle horreur la cour d'Espagne ne devait-elle pas avoir des ravages, des cruautés qui s'exerçaient en Amérique ? Ces brigands, ces fléaux de l'Inde n'étaient-ils pas en exécration à leur patrie, épouvantée des excès qu'ils avaient commis ? Un jeune roi, surtout, que la cupidité n'avait pas corrompu encore, devait les détester ; et dans l'opinion qu'il avait de ces cœurs féroces, il allait confondre celui qui solliciterait le droit d'imiter leur exemple, et de rendre odieux son règne aux peuples d'un autre hémisphère. Le cri plaintif de la nature, le cri de la religion, ses ministres tonnants, et lançant l'anathème sur les profanateurs qui la rendaient complice de leurs sacrilèges fureurs, c'est là ce que Pizarro roulait dans sa pensée, lorsqu'un vent favorable l'amenant vers les bords de la fertile Andalousie, le fit entrer dans le port de Palos, dans ce port d'où était parti l'intrépide Colomb, quand, sur la foi d'un nautonier que les tempêtes avaient instruit, il était allé découvrir ce malheureux nouveau monde.

Pizarro, en abordant, prit soin de mander à Truxillo (c'était le lieu de sa naissance) la nouvelle de son retour ; et il se rendit à Séville. Le jeune roi y tenait sa cour ; et Pizarro, pour observer les mœurs et le génie de cette cour nouvelle, arrivait inconnu. Tout lui parut changé dans sa déplorable patrie. En la revoyant, il gémit.

Le premier objet de son étonnement fut la solitude des villes, et l'abandon des campagnes, où la contagion semblait avoir passé.

« *Hé quoi, se disait-il à lui-même : est-ce pour se jeter dans les déserts du nouveau monde, qu'on a quitté des champs si fertiles, si fortunés !* »

Il ne fut pas moins interdit de la réserve austère, et de la gravité mystérieuse et taciturne de ce peuple, autrefois brillant, ingénieux, plein de candeur et de franchise, noble jusque dans ses plaisirs, et magnifique dans ses fêtes. La tristesse, l'abattement étaient peints sur tous les visages ; la défiance était dans tous les yeux ; la crainte avait resserré tous les cœurs.

À peine arrivé dans Séville, il veut la parcourir, et il la voit plongée dans le silence et dans le deuil. Il se trouve au milieu d'une place publique, lieu vaste, et décoré avec magnificence par les temples et les palais dont il était environné. Au centre un grand bûcher s'élève, et, non loin du bûcher, un trône resplendissant de pourpre et d'or. À cet appareil imposant, il s'arrête. Il voit arriver un peuple nombreux sans tumulte, et gardant un silence morne, tel que l'impose la terreur. Il interroge autour de lui ; il demande quel sacrilège, quel parricide on va punir avec tant de solennité, et si le roi vient présider au supplice des criminels, comme la pompe de ce trône l'annonce.

Mais personne ne lui répond.

« *Qui que tu sois, lui dit enfin un vieillard qu'il interrogeait, ou cesse de nous tendre un piège, ou, si tu es de bonne foi, regarde, écoute, et tremble comme nous.* »

Bientôt Pizarro voit paraître le cortège effrayant des juges et des vengeurs de la foi. Il les voit monter et s'asseoir sur ce trône terrible. Le calme est peint sur leur visage ; la joie éclate dans leurs yeux.

Les victimes s'avancent ; le bûcher s'allume.

Une foule de malheureux, pâles, tremblants, courbés sous le poids de leurs chaînes, viennent recevoir leur sentence. Et ce décret qui les condamne à être brûlés vivants, ce décret leur est prononcé du ton affectueux et tendre de la charité secourable et de l'indulgente bonté.

Le jeune roi avait demandé qu'au moins, dans ce moment terrible, en présence du peuple, à la face du ciel, lorsqu'ils entendraient leur sentence, il leur fût permis de parler, de se défendre, et de se plaindre : faible adoucissement qu'il aurait voulu mettre aux rigueurs de ce tribunal, mais qui, ayant révolté les juges, fut traité de scandale, et n'eut lieu qu'une fois.

Dans le nombre était un vieillard, qu'on avait surpris observant les pratiques du judaïsme. Les séductions, les menaces le lui avaient fait abjurer au temps de sa faible jeunesse. Imbu de la foi de ses pères, le regret de l'avoir quittée vint le troubler ; il la reprit ; et dans le silence et la crainte, il adressait au ciel les vœux de l'antique Sion. Son crime était connu ; sur le bord de sa tombe, il n'avait pas même daigné le désavouer ; il marchait au supplice, comme une victime à l'autel. Mais lorsqu'il entendit que tous ses biens, livrés à l'avidité de ses juges, étaient ravis à ses enfants, sa constance l'abandonna.

« *Cruels ! dit-il, c'est donc ainsi que vous dévorez votre proie ? J'ai mérité la mort, quand j'ai trahi mon âme, quand j'ai désavoué de bouche ce que j'adorais dans le cœur ; mais qu'ont fait mes enfants, pour être dépouillés du peu de bien que je leur laisse ? Ils ont subi, dès le berceau, le joug de votre loi nouvelle ; je vous les ai livrés.*

Ah ! Laissez à leur mère, pour nourrir ces infortunés, un pain arrosé de mon sang, et qu'ils tremperont dans leurs larmes.

— *Hé quoi ! lui répond d'un air serein le chef du tribunal terrible, ne sais-tu pas que Dieu poursuit dans les enfants l'iniquité des pères ; que la dépouille des criminels de lèse-majesté divine appartient aux ministres des vengeances divines, comme les entrailles de la victime appartenaient au sacrificateur ; que l'esclave n'a rien qui ne soit à son maître ; et qu'enfin tes pareils sont nés esclaves parmi les chrétiens ?*

Si l'on se réserve des biens qui n'étaient pas à toi, c'est pour en faire un digne usage ; et quel plus digne usage du bien des infidèles, que de servir de récompense aux défenseurs de la foi ? Si chacun vit de son travail, celui de poursuivre l'erreur sera-t-il privé de salaire ?

Et n'est-il pas bien juste qu'une race funeste paie, en mourant, le soin pénible et salutaire que l'on prend de l'exterminer ?

— Hommes sans pudeur et sans foi, s'écria le vieillard, la force vous seconde, et votre hypocrisie abuse insolemment du pouvoir de nous opprimer. Mais tremblez que le ciel enfin ne se lasse ... »

On ne permit pas au vieillard d'achever ; et il fut jeté dans les flammes.

Après lui, se présente devant le tribunal un jeune homme simple et timide, né parmi les chrétiens, élevé dans leur croyance, et n'ayant pas même l'idée des erreurs qu'on lui attribuait. Il aimait une fille aussi simple que lui, aussi pieuse, aussi docile ; il en était aimé : un rival furieux l'avait accusé d'hérésie ; et ce fourbe avait pour complice un confident digne de lui.

Dans les cachots, dans les tortures, l'infortuné jeune homme avait pris mille fois la terre et le ciel à témoins de sa foi, de son innocence ; on ne l'avait point écouté. En paraissant devant ses juges, et à la vue du bûcher, ses plaintes, ses cris redoublèrent.

« Ministre du dieu que j'adore, et vous, peuple, dit-il, je proteste en mourant que j'ai vécu fidèle à la religion de mes pères. Je crois tout ce que nos pasteurs, dès l'enfance, m'ont enseigné. Qu'on me dise dans quelle erreur j'ai pu tomber, sans le vouloir ; je l'abjure, et je la déteste. Que voulez-vous de plus ?

— Nous voulons que vous-même vous fassiez le sincère aveu de votre impiété.

— Je ne la connais pas. Opposez-moi du moins mes accusateurs. Qu'ils paraissent ; qu'ils me confondent à vos yeux.

— Non, lui dit-on encore : l'intérêt de la foi ne permet pas que l'on décèle ceux qui veillent à sa défense, et qui nous dénoncent l'erreur. N'avez-vous pas déclaré vous-même que vous n'aviez point d'ennemis ?

— Hélas ! Non : je ne hais personne ; j'ignore qui peut me haïr.

— Hé bien, ce n'est donc pas la haine, mais le zèle qui vous accuse ; et le zèle est digne de foi.

— Ô mon père ! dit le jeune homme à un religieux qui l'exhortait à la mort, *je suis attaché à la vie ; ce supplice me fait frémir.*

Dites-moi quel aveu l'on attend que je fasse ; et, tout innocent que je suis, je veux bien me calomnier.

— Moi ! Vous enseigner le mensonge ! lui dit cet homme pieusement cruel. *À dieu ne plaise. Non, mon fils, mourez martyr, plutôt que d'en imposer à vos juges. Après tout, ne vous flattez pas que cet aveu tardif pût*

vous sauver. Il n'est plus temps. C'est dans les fers que l'on doit s'avouer coupable. Mais, à l'approche du supplice, ce n'est plus un vrai repentir, c'est la frayeur qui parle ; on ne l'écoute plus. »

Ce fut alors que le jeune homme, s'abandonnant à sa douleur, et versant des torrents de larmes, en fit couler de tous les yeux.

« Ô dieu ! dit-il, on m'annonçait ta religion pure et sainte comme l'appui de l'innocence ; et tes ministres !... »

On l'interrompit, pour le traîner sur le bûcher.

Tandis qu'un tourbillon de feu l'enveloppait vivant, et que ses cris déchiraient tous les cœurs ; un maure, à peu près du même âge, mais plus ferme et plus courageux, fut condamné comme blasphémateur, pour avoir murmuré contre le fanatisme et son tribunal odieux. On lui prononça sa sentence, en l'exhortant à déclarer, devant Dieu et devant les hommes, qui pouvait l'avoir soulevé contre les vengeurs de la foi.

« Peuple, s'écria-t-il avec indignation, savez-vous qui l'on veut que j'accuse ? Mon père. On me l'a nommé dans les fers, ce complice dont on s'efforce de me rendre le délateur. C'est lui qu'on veut que je traîne au supplice. On m'a promis d'user envers moi d'indulgence, si j'étais assez lâche, assez dénaturé, pour noircir et calomnier celui qui m'a donné le jour. Ah ! Loin de l'accuser, j'atteste toutes les puissances du ciel, que ce vieillard est innocent. Il gémit comme vous, mais dans le fond de son âme ; et, à moins que des larmes n'offensent nos tyrans, il ne les offensa jamais.

Plus impatient, j'ai parlé, je l'ai détestée hautement, cette tyrannie odieuse. J'ai demandé, au nom du ciel, par quelle haine de la vérité, par quelle horreur de l'innocence, on refusait à l'accusé le droit naturel et sacré d'une défense légitime ?

Pourquoi le délateur, dispensé de paraître, portant ses coups dans l'ombre, comme un lâche assassin, et se tenant enveloppé dans le manteau du juge, était compté au nombre des témoins ? Cette procédure infernale, cet appareil d'iniquité, des fers, des cachots, des ténèbres, un silence affreux, tous les pièges de l'artifice et du mensonge, pour surprendre, ou pour effrayer un malheureux abandonné à la calomnie, à la fraude la plus subtile et la plus noire ; voilà ce qui m'a révolté. Je l'ai dit ; ma franchise les a blessés.

Ils m'en punissent ; mais un jour ces fourbes seront démasqués ; et leurs crimes retomberont sur eux, comme un déluge, avec les vengeances du ciel. »

À ces mots s'arrachant des bras de celui qui l'accompagnait :

« *Laissez-moi, lui dit-il, je ne reconnais point le dieu que mes bourreaux adorent.*

Dieu juste, dieu clément, père de tous les hommes, s'écria-t-il, reçois mon âme. »

Et lui-même, en traînant ses chaînes, il s'élança sur le bûcher.

Après lui, venait une foule d'adolescents de l'un et de l'autre sexe, élevés en silence sous la loi musulmane, et livrés pour ce crime aux inquisiteurs de la foi. On leur avait promis, s'ils se faisaient chrétiens, qu'on les sauverait du supplice. Faibles, timides et crédules, ils s'étaient faits chrétiens ; et on les menait au supplice. Ils réclamèrent la promesse sur la foi de laquelle ils avaient abjuré.

« *Cette promesse, leur dit-on, va s'accomplir dans l'autre vie. Vous serez sauvés du supplice, mais d'un supplice au prix duquel celui-ci n'est rien. Mes enfants, ne pensez qu'à mourir fidèles ; et trop heureux de n'avoir à subir qu'une expiation passagère, résignez-vous sans murmurer.* »

Leurs larmes furent inutiles ; et du milieu des flammes, où ils furent jetés, leurs bras s'étendirent en vain : leurs bras suppliants retombèrent ; et bientôt tout fut consumé.

Pizarro, qui, placé trop loin du tribunal, n'avait entendu que des cris, en voyant toutes ces victimes entassées sur le bûcher et dévorées par les flammes, tandis que l'air retentissait de saints cantiques d'allégresse, et que de pieux fanatiques, levant les mains au ciel, lui offraient pour encens la fumée du sacrifice ; Pizarro, saisi de terreur et de compassion, se disait à lui-même :

« *L'Espagne a-t-elle changé de culte ? Et lui a-t-on rapporté de l'Inde les dieux qu'adorent les sauvages, et qu'ils abreuvent de leur sang ?* »

Il vit la foule s'écouler, pensive et consternée ; il imita le peuple ; et de retour chez lui, il y trouva l'un de ses frères, Gonzale, qui venait d'arriver à Séville, impatient de le revoir.

Chapitre XLII

Après les premiers monuments de la tendresse et de la joie, Pizarro, ayant bien observé qu'aucun témoin ne pût entendre leur entretien, ni le troubler, commença par faire à Gonzale le récit de ses aventures. Il lui expose ensuite l'objet de son voyage ; et finit par lui demander quelle étrange révolution s'est faite, depuis son absence, dans le génie, dans les mœurs, dans le culte de sa patrie ; et quelle est cette horrible fête dont il vient d'être le témoin ?

« Trop jeune et trop obscur, quand tu as quitté ces bords, lui dit Gonzale, tu n'as pu voir préparer ces événements ; mais aujourd'hui que ta fortune en dépend, je dois t'en instruire. Écoute, mon frère, et gémis.

Les maures, nos vainqueurs, s'étaient répandus dans l'Espagne ; ils y avaient apporté les arts, l'agriculture et le commerce ; et en éclairant les esprits, ils avaient adouci les mœurs. La prospérité, la grandeur, l'opulence de ce royaume, cultivé, enrichi, décoré par leurs mains, méritait de faire oublier leur invasion et leurs ravages. Vaincus et soumis à leur tour, ils ne demandaient qu'à jouir d'une liberté légitime, qu'à vivre sujets de nos rois, en conservant le culte de leurs pères ; et si la superstition ne se fût emparée de l'esprit d'Isabelle, jamais règne n'eût été plus heureux, ni plus florissant que le sien. Mais cette reine, que son génie et son courage auraient placée au rang des plus grands hommes, eut le malheur d'être trompée par un confident fanatique, qui, dès la plus tendre jeunesse, l'enivrait d'un faux zèle, et l'avait fait jurer, si elle montait sur le trône, d'employer le fer et le *feu pour exterminer l'hérésie, et faire triompher la foi. Ce fut pour accomplir cette téméraire promesse, qu'elle érigea ce tribunal de sang.*

Armé d'une puissance énorme, affranchi de toutes les lois protectrices de l'innocence, et consacré par un pontife qui lui confiait tous ses droits, ce tyran des esprits les remplit d'une sainte horreur. C'est ici, dans Séville même, que fut célèbre le premier de ces sacrifices barbares, que l'on appelé actes de foi. Ce jour exécrable coûta vingt mille sujets à l'Espagne : ils s'enfuirent épouvantés ; et l'Afrique fut leur refuge. Dans la Castille et dans Léon de nouveaux bûchers s'allumèrent ; et on y jeta dans les flammes des milliers de malheureux. Le même fléau s'étendit dans l'Aragon, et y fit les mêmes ravages. L'Espagne entière en fut frappée, et d'un royaume à l'autre la superstition voyait comme autant de signaux, les feux qui dévoraient ses innombrables victimes. Des multitudes de proscrits, échappés à la rage de leurs persécuteurs, s'abandonnaient à la merci des flots ; et l'Afrique en fut repeuplée. Enfin la Grenade, conquise sur les maures, devint à son tour le théâtre de ces déplorables fureurs. Ah Pizarro ! Quelle province le fanatisme a désolée !

Un peuple industrieux, vaillant, éclairé, mêlant aux travaux le charme consolant des fêtes ; plus de trente villes superbes, où fleurissaient les arts ; cent autres villes moins opulentes, mais toutes riches et peuplées ; deux mille villages remplis de cultivateurs fortunés ; les plus belles campagnes, les plus riches de l'univers, tout est perdu, tout est détruit ; la mort, l'effroi, la solitude y règne ; la tyrannie des esprits, la plus odieuse de toutes, comme la plus injuste et la plus violente, en a fait de vastes tombeaux, où elle domine en silence sur des cendres et des débris.

— Ainsi, lui demanda Pizarro, les rapines, les cruautés que l'on exerce en Amérique, étonnent peu l'Espagne ?

— Elle y est endurcie par ses propres malheurs, reprit Gonzale. Et de quoi veux-tu qu'elle s'étonne et s'épouvante ?

Parmi nous dans son sein, elle voit consacrer les crimes les plus odieux. L'humanité n'a plus de droits ; le sang n'a plus de privilèges. Que le fils accuse son père, le père ses enfants, la femme son époux ; c'est le triomphe du faux zèle. Ils sont accueillis, écoutés ; et l'accusé périt sur leur délation. Un simple soupçon fait saisir, traîner dans les cachots la faible et timide innocence ; et l'imposture qui l'accuse, protégée à l'abri d'un silence éternel, est sûre de l'impunité. La seule ressource du faible, la fuite, est réputée une preuve du crime ; et l'anathème qui poursuit le transfuge, rompt pour lui les nœuds les plus saints. En lui, ses amis méconnaissent leur ami, ses enfants leur père, ses sujets leur roi : plus d'asile, plus de refuge assuré pour lui, pas même au sein de la nature. La main qui lui perce le cœur est innocente ; elle a vengé le ciel.

Tout chrétien est, de droit divin, le juge et le bourreau d'un infidèle fugitif. Telle est la loi du fanatisme ; et je t'épargne le détail de mille atrocités pareilles, qui forment son code infernal. Ne crains donc plus de voir les esprits soulevés de ce qui se passe dans l'Inde.

— Et la cour, demanda Pizarro, est-elle attaquée de ce délire ?

— La cour ne pense, lui répondit Gonzale, qu'à tirer avantage de nos calamités. Que le peuple tremble et fléchisse, c'est tout ce qu'elle veut ; et les malheurs de l'Inde ne la touchent que faiblement. Les grands, avec pleine licence, opprimaient autrefois le peuple. Les juges leur étaient vendus ; les lois se taisaient devant eux ; et sans frein, comme sans pudeur, ils exerçaient impunément les vexations les plus criantes. Le peuple est rentré dans ses droits ; la régence de Ximenès l'a tiré de l'oppression : il est armé, discipliné, ligué pour sa propre défense ; la force est du côté des lois ; et le peuple, qu'elles protègent, les protège à son tour contre les attentats des grands, leurs ennemis communs.

Ainsi le faste de la cour, n'ayant plus au-dedans les ressources du brigandage, a rendu les grands plus avides des richesses du dehors ; et l'espérance de partager les dépouilles du nouveau monde, en fait de zèles partisans au premier qui promet d'en payer le tribut à leur orgueilleuse avarice. Tout est vénal sous ce nouveau règne ; et quand l'or est le prix de tout, on obtient tout avec de l'or : c'est ce que j'ai voulu t'apprendre.

Flatte l'ambition et la cupidité ; ce sont elles qui nous dominent. Elles président dans les conseils ; elles ont l'oreille du prince ; elles sont l'âme de la cour. La religion même est ici leur esclave ; et tu verras qu'on la fait taire, quand elle prétend les gêner. Rome, le siège de l'église, vient d'être prise et saccagée ; le souverain pontife a été mis aux fers...

— Sans doute par les infidèles, demanda Pizarro ?

— Par nous, reprit Gonzale, par ce jeune empereur qui lui-même a porté le deuil de sa victoire. Va le trouver ; annonce-lui une vaste et riche conquête. Il gémira peut-être sur le malheur de l'Inde ; mais, si ce malheur est utile à sa grandeur, à sa puissance, il le laissera consommer. »

Pizarro, en profitant des instructions de Gonzale, eut sans peine accès à la cour. On le présente à l'empereur ; et au milieu du conseil assemblé, ce jeune prince ayant daigné l'entendre, le guerrier lui parle en ces mots :

« *Puissant et glorieux monarque, vous voyez l'un des premiers soldats,* qui, sous le règne de Ferdinand, ont porté les armes de la Castille dans le nouveau monde. Je m'appelé Pizarro ; Truxillo m'a vu naître le plus obscur de vos sujets ; mais j'ai l'ambition, peut-être le moyen de faire oublier ma naissance. Sur la côte de Carthagène et vers les bords du Darien, je suivis Alfonce Ojeda, l'homme le plus déterminé qui fut jamais. J'appris à son école qu'il n'est point de dangers que le courage ne surmonte ; et je puis dire qu'il m'a mis à l'épreuve de tous les maux. Après lui ce fut sous Vasco de Balboa que je servis, et que je conçus l'espérance d'égaler Colomb et Cortés.

On vous a vanté les richesses de l'Amérique ; et moi, je vous annonce qu'on ne les connaît pas. Les îles dont la découverte a fait la gloire de Colomb, le royaume dont la conquête a rendu Cortés si fameux, ne sont rien en comparaison des pays que j'ai découverts, et dont je viens vous faire hommage. C'est le royaume des incas, peuple adorateur du soleil, dont ses rois se vantent d'être issus, et qu'ils osent appeler leur père, sans doute à cause des richesses que la chaleur de ses rayons répand dans ces heureux climats. C'est une chaîne de montagnes d'or, qui s'étend depuis l'équateur jusqu'au tropique du midi, et parmi ces montagnes, les plus riants coteaux et les vallons les plus fertiles. Le même jour y présente toutes les saisons réunies ; la même terre y produit à la fois les fleurs, les fruits, et les moissons.

Les peuples de ces contrées sont vaillants, mais presque sans armes. Il est facile de les vaincre, plus facile de les gagner par la clémence et la douceur. J'avais abordé sur leurs côtes, je pénétrais dans leur pays ; et avec un vaisseau et moins de deux cents hommes, j'aurais mis sous vos lois des peuples innombrables, et à vos pieds des monceaux d'or. Le vice-roi de Panama, jaloux d'une entreprise commencée avant lui, et dont il n'avait pas la gloire, a rappelé mes compagnons ; il ne m'en est resté que douze ; et avec eux j'ai soutenu, dans une île déserte, au milieu des tempêtes, les plus rudes épreuves de la nécessité. J'attendais un faible secours ; on me l'a refusé, et on m'a rappelé moi-même. J'ai obéi, sans renoncer à ma glorieuse entreprise ; et pour vous soumettre un pays le plus riche de l'univers, je ne demande que l'honneur dont jouit Cortés au Mexique, l'honneur de commander pour vous, et de n'obéir qu'à vous seul. »

Pizarro mit alors sous les yeux du conseil le récit de ses aventures, attesté par ses compagnons ; et ce récit, quoique très-simple, ne fut pas lu sans étonnement. Mais, soit que le jeune empereur voulût encore éprouver Pizarro, soit que, par sa naissance, il ne le crût pas digne du titre auquel il aspirait :

« *L'audace de ton entreprise, lui dit-il, semble autoriser celle de ton ambition ; mais sois content de partager les richesses que tu m'annonces, et ne demande rien de plus.*

— Des richesses, lui dit Pizarro d'un air chagrin et dédaigneux ; mes matelots et mes soldats en reviendront chargés. Il me faut de la gloire. Le reste est au-dessous de moi. Si je ne suis pas digne de gouverner, je ne suis pas digne de vaincre. Nommez le vice-roi qui me doit remplacer ; je l'instruirai : mon plan, mes projets, mes découvertes, je lui communiquerai tout, excepté mon courage ... dont j'ai besoin, pour dévorer l'humiliation d'un refus. »

Cette franchise brusque et fière ne déplut point au jeune monarque.

« *Il me servira bien, dit-il, puisqu'il ne sait pas me flatter.* »

Il lui accorda sa demande ; et Pizarro, dès ce moment, vit une foule de courtisans l'entourer, le féliciter, briguer l'honneur de protéger ses cruautés et ses rapines, et mendier le prix infâme de l'appui qu'ils lui promettaient. Il vit une jeunesse ardente, ambitieuse, se disputer la gloire de le suivre, et de partager ses travaux ; il vit l'avarice elle-même s'empresser, à l'appât du gain, de lui équiper une flotte, et risquer, en tremblant, les frais d'une entreprise dont elle attendait des trésors.

Pizarro, sans croire en imposer à ceux qui se fiaient à lui, leur prodigua les espérances, se ménagea l'appui des grands, s'attira la faveur du peuple, fit un choix de bons matelots et de soldats déterminés, et, parmi les plus braves, prit vingt hommes d'élite pour commander sous lui. Ses frères furent de ce nombre. Le jeune Gonsalve Davila ne fut point oublié : Charles daigna recommander à Pizarro de l'emmener avec lui, en passant à l'île espagnole.

Ainsi, tout secondant ses vœux, Pizarro, dans le même temple et sur le même autel où Magellan avait fait le serment d'obéissance et de fidélité à la couronne de Castille, Pizarro, dans les mains de Charles, prononça le même serment.

« *Guerrier, lui dit le jeune prince, ici l'on confond tous les droits ; chacun, selon ses intérêts ou ses opinions, fait pencher la balance entre les Indiens et nous. Fatigué de tous ces débats, je te recommande deux choses : l'une, de faire à ton pays tout le bien que tu croiras juste, et qui dépendra de toi ; l'autre, de faire aux Indiens le moins de mal qu'il te sera possible : car si je veux en être obéi, je désire encore plus d'en être aimé.* »

À ces mots, il lui ceignit l'épée, cette épée qui devait être la marque de sa dignité, et qui ne fut pour lui qu'une trop faible défense, contre de lâches assassins.

Cependant, sa flotte à la rade, et ses compagnons rassemblés dans le port de Palos, n'attendent que lui et les vents. Il arrive ; les vents l'invitent à partir ; il s'embarque, il fait lever l'ancre, et part aux acclamations de tout un peuple, qui l'exhorte à revenir, chargé des richesses de l'Amérique, déposer les dépouilles des temples du soleil au pied des autels du vrai dieu.

Portrait de Charles Quint par Juan Pantoja de la Cruz (d'après Le Titien).

Chapitre XLIII

En abordant à l'île espagnole, Pizarro apprit que Las-Casas, attaqué d'une maladie que l'on croyait mortelle, languissait au bord du tombeau. Il l'alla voir. Gonzalve Davila était auprès de lui, et le servait avec ce zèle tendre qu'un fils aurait eu pour son père.

Le solitaire, en revoyant Pizarro, se sentit vivement ému. Sur son visage, où étaient peintes la douleur, la faiblesse et la sérénité, se répandit un rayon de joie.

« Mon ami, dit-il à Pizarro, en lui tendant la main, je vais le voir ce dieu qui nous a tous fait naître pour nous aimer mutuellement, pour vivre en paix, nous secourir et nous soulager dans nos peines.

Voyez combien l'image de la mort est tranquille et riante pour l'homme simple et doux, qui se dit à lui-même : je n'ai jamais fait gémir l'innocent. Voyez avec quelle confiance mes yeux, avant de se fermer, se lèvent encore vers le ciel ; avec quelle consolation mes bras s'étendent vers mon père. Il me voit expirant, et il dit : celui-là fut bien faible, mais il ne fut pas méchant ; son sein renferme un cœur sensible ; ses yeux n'ont jamais vu les larmes des malheureux sans y mêler des larmes ; ces mains, qu'il tend vers moi, il les tendait de même vers les infortunés qu'il pouvait secourir : je serai miséricordieux envers l'homme compatissant.

Ah, Pizarro ! Je vous souhaite une mort semblable à la mienne. Méritez-la en exerçant la justice et l'humanité. »

À cette voix faible et touchante, à ce langage qu'animait une piété vive et tendre, à ces regards où semblait éclater la dernière étincelle de la vie et du sentiment, Pizarro fut ému ; il pressa dans ses mains la main de l'homme juste.

« Ô mon père, dit-il, vivez, pour me voir pratiquer ce que votre exemple m'enseigne, ce que m'inspire vos vertus. Pour vous répondre de moi-même, j'avais besoin d'être revêtu d'une autorité imposante ; je le suis ; et j'espère apprendre à ma patrie à conquérir sans opprimer. »

Le solitaire lui demanda des nouvelles de son ami, du vertueux Alonso.

« Il m'a quitté, lui répondit Pizarro avec douleur ; il s'est jeté parmi les sauvages.

— Le bon jeune homme ! dit Las-Casas, il les aima toujours ; il est digne d'en être aimé.

Mais dites-moi quel est à leur égard l'esprit de la nouvelle cour d'Espagne ?

— Elle est partagée, lui dit Pizarro ; mais le parti de l'avarice et de la tyrannie est toujours le plus fort. J'ai même vu dans le sacerdoce des hommes dévoués à ce parti cruel. Ils s'autorisent de la cause de Dieu, pour conseiller la violence ; et ils l'exercent en Espagne avec une rigueur que je n'ai pu voir sans frémir. »

Alors il lui fit le tableau de cette fête abominable, à laquelle lui-même il avait assisté.

« Les monstres ! s'écria Las-Casas, avec un sentiment d'horreur si profond, si passionné, qu'il en oublia sa faiblesse.

Ô mon ami ! Daignez en croire le témoignage d'une bouche expirante, car les craintes, les espérances, et tous les intérêts humains s'évanouissent devant celui qui ne va plus laisser au monde qu'une poussière inanimée ; et c'est ce moment que je saisis pour rendre gloire à la religion. Vous avez entendu, vous entendrez encore autoriser, au nom du ciel, les plus détestables excès : l'orgueil, l'ambition, la cupidité, la passion insatiable de dominer et d'envahir, ont trouvé dans le sanctuaire, et jusqu'au pied des autels, de lâches partisans, de féroces apologistes, et, par une bassesse indigne d'un ministère auguste et saint, on a cru devoir se ranger du côté du puissant, du fort et de l'injuste, pour s'assurer de leur appui. Mais, mon ami, Dieu est immuable ; la vérité l'est comme lui. Ni l'un ni l'autre n'a besoin de la faveur d'une cour avare, et d'une populace avide. Le glaive de la tyrannie, le sceptre de l'iniquité seront réduits en poudre ; les trônes même ne seront plus ; et Dieu sera, et la vérité avec lui.

J'atteste donc ici ce Dieu, devant lequel je vais paraître, qu'il condamne dans ses ministres cette honteuse politique, vile esclave des passions : je l'atteste qu'il n'a donné à aucun homme sur la terre le droit de forcer la croyance, et d'annoncer sa loi le poignard à la main ; que celui qui a créé les âmes des maures et des Indiens, n'a pas besoin de nos tortures pour les changer et les réduire ; et que le dieu qui fait lever le soleil sur ces régions, y fera luire aussi, quand bon lui semblera, le flambeau de la vérité. Ainsi, toutes les fois que vous verrez des hommes sacrilèges remettre le fer et le feu dans les mains des rois et des peuples, et puis lever les mains au ciel, et dire : elles sont innocentes, elles n'ont point versé le sang ; fuyez ces fourbes hypocrites. Qu'ils soient bourreaux eux-mêmes, s'ils veulent des martyrs.

Mais gardez-vous d'attribuer à la religion la dureté, l'orgueil, la cruauté de ses ministres. La paix, l'indulgence et l'amour, voilà son esprit, son essence. C'est à ce caractère immuable, éternel, qu'on la reconnaîtra toujours. Mon ami, je l'ai dit aux rois, je l'ai dit aux tyrans de l'Inde ; et si Dieu prolongeait mes jours, j'irais le dire à ce jeune monarque dont on égare la raison ; je monterais sur ce bûcher où l'on fait périr, dites-vous, tant de malheureuses victimes ; et de là je demanderais à ce tribunal sanguinaire, si c'est sur l'autel de l'agneau qu'il a pris ces tisons ardents ?

Je demanderais à ce roi, qui l'a rendu le juge des pensées et le tyran des âmes ? Et si ces prêtres fanatiques ont pu lui conférer un pouvoir qu'ils n'ont pas ?

Ils le renverseraient ce bûcher infernal, ou m'y feraient brûler vivant.

— Homme juste, lui dit Pizarro, calmez-vous ; et n'abrégez point des jours qui nous sont précieux. Vous avez assez fait ; et ce zèle héroïque va même au-delà des devoirs que vous impose votre état.

— Mon état ! et qui rendra gloire à la religion, si ce n'est son ministre ?

Qui la vengera de l'injure qu'un fanatisme atroce lui fait en l'invoquant ? Les voilà nos devoirs, sans doute. Tant que les peuples et les rois ne mêlent point les intérêts du ciel dans leurs projets d'iniquité, ils peuvent nous fermer la bouche ; mais dès qu'ils s'autorisent de la cause de Dieu pour être injustes et cruels, c'est à nous, à travers les lances et les épées, de crier, que Dieu désavoue les crimes commis en son nom.

Malheur à nous, si par notre silence on l'en croyait complice. Hé quoi ! Le zèle ne saura-t-il jamais qu'opprimer et détruire ? La charité, comme la foi, n'aura-t-elle pas ses martyrs ? »

Tandis que Las-Casas, d'une voix ranimée par l'amour de l'humanité, tenait ce langage à Pizarro, la nuit avait enveloppé l'île espagnole de ses ombres ; le silence y régnait ; tout reposait, jusqu'aux esclaves ; on n'entendait que le bruit des flots, qui se brisaient contre le rivage, avec un murmure plaintif, qui semblait imiter celui de la nature, opprimée dans ces climats.

Alors on entendit frapper à la porte du solitaire.

Le jeune Davila se lève, va, et revient avec inquiétude ; et se penchant sur le lit de Las-Casas, il le consulte en secret.

« *Oui, qu'il entre, dit Las-Casas. Pizarro est magnanime ; et ce serait lui faire injure, que de nous méfier de lui. Vous allez voir, lui dit-il, un cacique, qui, s'étant retiré depuis plus de dix ans dans les montagnes de l'île, s'y conduit avec une valeur et une bonté sans exemple. Par lui sa retraite sauvage est devenue inaccessible ; et c'est le refuge assuré de tous les insulaires qui échappent à leurs tyrans. Il a discipliné trois cents hommes pleins de courage, et il les contient dans les bornes d'une défense légitime.*

Vigilant, actif, plein d'ardeur, et aussi prudent qu'intrépide, il se tient sur ses gardes, et il n'attaque jamais. Il a vu massacrer ses amis, sa famille entière ; il a vu brûler vifs son père et son aïeul ; et s'il lui tombe entre les mains un des bourreaux de sa patrie, il le désarme et le renvoie : son ennemi le plus cruel, dès qu'il est pris vivant, est assuré de son salut : il ne voit plus en lui qu'un homme. Heureusement, et pour la gloire de la religion, il est chrétien. J'ai eu le bonheur de l'instruire ; il s'en souvient ; il m'aime tendrement. Il a su que j'étais malade ; et vous voyez à quels dangers il s'est exposé pour me voir. »

Bartolomé achevait à peine, lorsque le jeune Davila revint, suivi du cacique, qu'une indienne accompagnait. Henri (c'était le nom de ce héros sauvage) se précipite avec transport sur le lit de Las-Casas, et lui baisant mille fois les mains avec un attendrissement inexprimable :

« *Ô mon père, dit-il, mon père ! Je te revois. Qu'il me tardait ! Mais je te revois souffrant ; et ta main brûle sous mes lèvres ! Mes frères, tes enfants, alarmés de ton mal, sont venus affliger mon âme. Je n'ai pu résister à l'impatience de te voir. Si j'étais pris, je sais ce qui m'attend ; mais j'ai voulu m'y exposer pour venir embrasser mon père.*

Écoute, ajouta le sauvage, en soulevant sa tête, ils disent que tu es attaqué d'une maladie à laquelle le lait de femme est salutaire. Je t'amène ici ma compagne. Elle a perdu son enfant ; elle a pleuré sur lui ; elle a baigné du lait de ses mamelles la poussière qui le couvre ; il ne lui demande plus rien. La voilà. Viens, ma femme, et présente à mon père ces deux sources de la santé. Je donnerais pour lui ma vie ; et si tu prolonges la sienne, je chérirai jusqu'au dernier soupir le sein qui l'aura allaité. »

Bartolomé, les yeux attachés sur Pizarro, jouissait de l'impression que faisait sur le cœur du castillan la bonté du cacique ; le jeune Davila, présent, versait de douces larmes ; et l'indienne, d'une beauté céleste, et d'une modestie encore plus ravissante, regardant Las-Casas d'un œil respectueux et tendre, n'attendait qu'un mot de sa bouche pour y porter son chaste sein.

Las-Casas, pénétré jusqu'au fond de l'âme, voulut refuser ce secours.

« *Ah, cruel ! s'écria le cacique, dis-nous donc, si tu veux mourir, quel est l'ami que tu nous laisses. Tu le sais, nous n'avons que toi pour consolation, pour espoir. Si tu nous armes, si tu nous plains, et si je te suis cher moi-même, accorde-moi ce que je viens te demander, au péril de ma tête, au milieu de mes ennemis. Viens, ma femme, embrasse mon père ; et que ton sein force sa bouche à y puiser la vie.* »

En achevant ces mots, il prend sa femme dans ses bras, et l'ayant fait pencher sur le lit de Las-Casas :

« *Adieu, mon père, lui dit-il. Je laisse auprès de toi la moitié de moi-même ; et je ne veux la revoir que lorsqu'elle t'aura rendu à la vie et à notre amour.* »

Cette jeune et belle indienne, à genoux devant Las-Casas, lui dit à son tour :

« *Que crains-tu, homme de paix et de douceur ? Ne suis-je pas ta fille ? N'est-tu pas notre père ?*

Mon bien-aimé me l'a tant dit ! Il donnerait pour toi son sang. Moi, je t'offre mon lait. Daigne puiser la vie dans ce sein que tu as fait tressaillir tant de fois, lorsqu'on me racontait les prodiges de ta bonté. »

Trop attendri pour rejeter une prière si touchante, trop vertueux pour rougir d'y céder, le solitaire, avec la même innocence que le bienfait lui était offert, le reçut ; il permit à la jeune indienne de ne plus s'éloigner de lui ; et ce fut à la piété de Henri et de sa compagne, que la terre dut le bonheur de posséder encore longtemps cet homme juste.

« *Ange tutélaire de ce nouveau monde, lui dit Pizarro, que vous êtes heureux d'y régner ainsi sur les cœurs ! D'autres auront subjugué l'Inde ; mais vous seul vous l'aurez soumise par l'ascendant de la vertu.* »

L'attendrissement du jeune Davila le fit remarquer de Pizarro ; et Las-Casas le lui nomma.

« *Fils d'un père trop ennemi des Indiens, lui dit Pizarro, vous voyez des exemples bien différents du sien !* »

Il lui apprit que l'empereur l'avait recommandé à lui, et qu'il était destiné à le suivre. Mais Gonsalve, dans ce moment, ne pouvait se résoudre à se séparer de Las-Casas.

« *Mon ami, lui dit le solitaire, votre devoir est d'obéir. J'aimerais mieux vous voir obscur, que de vous savoir coupable. Mais la confiance que Pizarro m'inspire adoucit mes regrets, et modère mes craintes. Je vous conseille de le suivre, et vous invite à l'imiter. Venez me voir encore demain : j'écrirai à mon cher Alonso ; je vous chargerai de ma lettre ; et si Pizarro peut savoir où ce bon jeune homme respire, il la lui fera parvenir.* »

En écrivant cette lettre fatale, qui lui eût dit qu'il allait signer la ruine des Indiens !

Chapitre XLIV

Impatient de se rendre sur l'isthme, Pizarro, au premier souffle d'un vent favorable, mit à la voile, et partit de l'île espagnole. Son arrivée à Panama rendit l'espérance et la joie à ses amis. On s'empressa de lui armer une flotte ; et dès qu'elle fut équipée, il s'embarqua, avec la résolution d'aller descendre aux bords qu'il avait reconnus. Mais il fut forcé par les vents d'aborder au port de Coaque, non loin du promontoire de Palmar ; et de-là, pour ne plus dépendre de l'inconstance des flots, il marcha le long du rivage, ayant commandé à sa flotte de le joindre au port de Tumbès.

Des sables, des vallons remplis de bois hérissés et touffus, dont la ronce et le manglier font un tissu impénétrable ; des torrents, des fleuves rapides, un air embrasé, les horreurs d'une solitude profonde, tout ce que la nature a de plus effrayant s'oppose à son passage, et ne peut arrêter ses pas. Il marche sous un ciel de feu, il foule une terre brûlante. Ses compagnons, qu'il encourage au nom de la gloire et de l'or, s'enfoncent avec lui dans ces bois, où jamais les serpents venimeux, dont ils étaient jonchés, n'avaient vu les traces de l'homme. Il s'élance dans les torrents ; il enseigne à ses compagnons à les traverser à la nage ; et ceux que le danger rebute, ou que les forces abandonnent, il les anime, il les soutient, il les dispute aux flots qui les entraînent ; et luttant d'une main, les soulevant de l'autre, il les amène au bord.

Intrépide et infatigable, il s'avance, il découvre enfin des champs cultivés, des cabanes, des hameaux peuplés d'Indiens ; et la terreur qu'il y répand fait bientôt passer à Quito la nouvelle de son retour. Mais le cruel état des choses, dans le royaume des incas, n'avait pas permis de veiller à la défense des vallées.

Huascar était captif dans les murs de Cannare ; mais l'un de ses frères, Mango, réfugié dans les détroits des montagnes de l'orient, avec les restes de sa famille et les débris de son armée, méditait le hardi dessein de rentrer dans Cuzco et d'en chasser Palmore. Il voyait même tous les jours son camp se grossir de nouveaux transfuges, qu'effrayait la domination de l'usurpateur de l'empire et de l'oppresseur de leur roi.

Tels, lorsqu'un vaste incendie se répand dans une forêt, les animaux qui l'habitaient, chassés de leur retraite par la rapidité des flammes, que pousse un vent impétueux, se retirent, en mugissant, sur des rochers inaccessibles, et de-là, fixant un œil morne sur la forêt que le feu dévore, ils semblent murmurer entre eux leur épouvante et leur douleur.

Bientôt l'intrépide Mango descend, à la tête des siens, des montagnes de l'orient. La renommée, qui le précède, a semé le bruit de sa marche. Le courage, dans tous les cœurs, se ranime avec l'espérance ; dans Cuzco le peuple commence à s'émouvoir ; et le bruit sourd et menaçant de la révolte s'y fait entendre.

Au signal d'un soulèvement et à l'approche d'une armée, Palmore abandonne la ville. Il fait pourvoir abondamment la citadelle qui la domine, et s'y enferme avec les siens.

Mango trouve la ville ouverte ; il y entre comme en triomphe ; et fier d'une nombreuse armée, qu'il fait camper autour des murs, il envoie à la citadelle sommer Palmore de se rendre. Celui-ci répond que la paix ou la mort le désarmera. On le presse, on lui fait entendre que tout l'empire est soulevé, qu'Atahualpa est perdu sans ressource, et que lui-même il n'a d'espoir qu'en la clémence de Mango.

« *Je ne sais point ce qui se passe hors des remparts que je défends, répond ce généreux guerrier. Atahualpa est homme ; il peut éprouver des revers. Mais, puisqu'il lui reste avec moi deux mille sujets fidèles, il n'a pas tout perdu. S'il n'était plus lui-même, peut-être alors prendrais-je conseil de la nécessité ; mais tant qu'il est vivant, je ne dépends que de lui seul ; et je laisse Mango exercer sa clémence sur des malheureux, s'il en est d'assez lâches pour l'implorer.* »

Cependant, comme il s'aperçut que quelques-uns des siens étaient troublés de ces menaces :

« Quand il serait vrai, leur dit-il, qu'Atahualpa fut malheureux, lui en serions-nous moins fidèles ?

Ressemblerions-nous aux oiseaux, qui s'envolent d'un arbre, dès qu'il est ébranlé par quelque tourbillon rapide ? L'arbre est courbé ; il se relèvera : laissons passer l'orage. »

Alors, choisissant parmi eux un messager intelligent et sûr :

« *Cherche Atahualpa, lui dit-il, apprends-lui que la forteresse de Cuzco est à nous encore ; que c'est moi qui la garde ; et que j'ai avec moi deux mille hommes déterminés à verser pour lui tout leur sang. Voilà,* dit-il, en se tournant vers ses soldats qui l'écoutaient, *voilà comme il faut que l'on parle à ses amis dans le malheur ; et le meilleur ami d'un bon peuple, c'est un bon roi.* »

Sur les premiers avis qu'on avait reçus du soulèvement de Cuzco, le roi de Quito s'avançait au secours de Palmore ; et Alonso avait voulu le suivre, malgré les larmes de Cora. Ils avaient passé les plaines de Loxa, vu les sources de l'Amazone, et du haut des monts qui dominent le fleuve Abancaï, ils découvraient les campagnes que ce beau fleuve arrose, quand le messager de Palmore vint au-devant d'Atahualpa, l'avertit que Mango venait à lui ; que Palmore, avec deux mille hommes, gardait encore la citadelle ; et que le chef et les soldats lui étaient dévoués.

Molina l'entendit, et dans le moment même il prit sa résolution.

« *Laisse-moi, dit-il à l'inca, te choisir, non loin de ce fleuve, un camp facile à retrancher, où ton armée se repose ; et profitons de l'avantage que le sort nous a ménagé.* »

Il fit donc avancer l'armée sur le coteau qui dominait la plaine, lui traça lui-même son camp ; et vers la nuit, il appela le messager de Palmore, l'instruisit, et le renvoya.

Mango passe l'Abancaï, s'avance, et voyant l'ennemi retranché dans son camp, l'insulte, et l'appelle au combat.

Atahualpa, vivement offensé, s'indignait de ne pas sortir ; il se croyait couvert de honte, et s'en plaignait à son ami.

« *Ne vois-tu pas, lui dit Alonso, que ces défis et ces menaces n'annoncent dans tes ennemis qu'imprudence et légèreté ? Laisse venir le jour que j'ai marqué pour leur défaite ; alors nous répondrons en hommes à ces témérités d'enfants.* »

Deux jours après, l'aurore ayant éclairé l'horizon, le roi de Quito vit paraître, au-delà du camp ennemi, sur une colline opposée, le drapeau flottant de Palmore.

« *Voici le moment, prince, dit le jeune Espagnol ; et si Palmore fait son devoir, l'empire est à toi sans partage.* »

Il dit ; et le signal donné, l'armée abandonne son camp, et va se ranger dans la plaine.

Alonso se réserve deux mille combattants, armés de haches et de massues, pour charger lui-même à leur tête. C'est la troupe de Capana ; et ce cacique anime ses sauvages à mériter l'honneur de combattre sous Alonso. Cependant la flèche et la fronde engagent le combat. On s'approche ; et bientôt une horrible mêlée confond les coups, et fait couler ensemble des flots du sang des deux partis.

Alors, du haut de l'éminence où Palmore s'est reposé, il fond sur l'armée ennemie ; et, d'une ardeur égale, l'impétueux Alonso marche à la tête du corps terrible qu'il réservait pour ce moment.

Entre ces deux attaques soudaines et rapides, Mango, surpris, épouvanté, dissimule en vain son effroi. Le trouble a gagné son armée. Tout se disperse, tout s'enfuit. La légion des incas résiste seule, et se tient immobile, comme un rocher au milieu des vagues qui le couvrent de leur écume. En vain ses pertes l'affaiblissent ; en vain elle se voit accablée sous le nombre ; trois fois on l'invite à se rendre, trois fois, avec un fier mépris, elle rejette son salut. Sa résistance, et le carnage qu'elle fait en se défendant, achèvent d'étouffer un reste de compassion dans les bataillons qui la pressent. Elle succombe enfin ; aucun de ses guerriers ne quitte son rang ; ils périssent dans la place où ils combattaient ; et ce qui reste des vaincus, cherchant leur salut dans la fuite, laissent sur le champ de bataille Atahualpa, vainqueur et consterné, parcourir ces plaines de sang, et se reprocher sa victoire.

Hélas ! Cette victoire qui lui arrachait des larmes, était pour lui le terme de la prospérité, et comme le dernier sourire, le sourire cruel et traître de la fortune qui l'abandonnait.

Ce même jour, ce jour funeste vit arriver Pizarro sur la rive du fleuve qui baigne les champs de Tumbès.

Chapitre XLV

Vers l'embouchure de ce fleuve, est une île sauvage, où Pizarro avait résolu de se ménager un refuge. Il y passa sur des canots ; car il avait devancé sa flotte. Mais cette île était la demeure d'un peuple indomptable et féroce.

Pizarro, dédaignant de perdre, à réduire ce peuple, un temps qui lui était précieux, n'attendit que sa flotte pour revenir camper sur le rivage, et devant le fort de Tumbès.

Dans ce fort étaient enfermés mille Indiens détachés de l'armée d'Atahualpa. Orozimbo était à leur tête. Sous lui commandait Télasco. La belle et tendre Amazili, l'arc à la main, le carquois sur l'épaule, telle et plus fière en son maintien et plus légère dans sa course qu'on ne peint Diane elle-même, avait suivi son frère et son amant, digne par son courage, de partager leur gloire.

Pizarro se souvint du peuple de Tumbès, de l'accueil plein d'humanité, de candeur et de bienveillance qu'il en avait reçu ; il résolut de bonne foi d'achever de gagner l'estime et l'amitié de ce bon peuple. Il assembla donc ses guerriers, et leur tint ce discours :

« *Castillans, je vous ai promis des richesses et de la gloire. De ces deux biens, l'un vous est assuré, l'autre dépend de vous. Ceux de vous qui veulent de l'or, s'en retourneront chargés d'or : je vous en suis garant ; ne vous abaissez pas jusqu'au soin vil d'en amasser. Pour la gloire, c'est autre chose : une haute entreprise la promet, ne l'assure* pas. Celui-là seul l'obtient, qui la mérite : jamais le crime ne la donne.

Les conquérants de l'Amérique ont fait tout ce qu'on peut attendre de l'audace et de la valeur. Ils ne seront pourtant jamais qu'au nombre des brigands insignes. L'homme étonnant à qui l'Espagne a dû le nouveau monde, Colomb, s'est dégradé par une trahison ; Cortés, par une perfidie plus noire et plus infâme encore ; et c'est lui qu'ont flétri les fers dont il a chargé Moctezuma. Le reste s'est déshonoré par les plus indignes excès. Il dépend de nous, mes amis, d'en partager l'opprobre, ou de nous en laver, nous et notre patrie, par une conduite opposée : nous en avons encore le choix.

Il s'agit de ranger sous la puissance de l'Espagne la plus riche moitié de ce nouveau monde ; et il en est deux moyens, la douceur et la violence. La violence est inutile ; et chez des nations guerrières, où nous sommes en petit nombre, elle serait aussi dangereuse qu'injuste.

Le danger n'est rien, je le sais ; mais la gloire, la gloire est tout ; et quand nous aurions opprimé, dévasté, changé ces contrées en des déserts sanglants, en de vastes tombeaux, oserions-nous repasser les mers, chargés de trésors et de crimes, et poursuivis par les remords ? Les malédictions d'un monde, les reproches de l'autre, la colère du ciel, enfin les cris de la nature et de l'humanité, tout cela fait horreur.

Ni les grandeurs, ni les richesses ne consolent d'être odieux : c'est un courage qui me manque ; vous ne l'avez pas plus que moi.

Faisons-nous des prospérités dont nous n'ayons point à rougir, ou un malheur qui nous honore. Rien n'est si beau que ce qui est juste. Rien n'est si juste sur la terre que l'empire de la vertu.

Tâchons de dominer par elle. Quelle conquête, mes amis, que celle qui n'aurait coûté ni larmes ni sang ! Quel triomphe, que celui qui ne serait dû qu'au pouvoir des bienfaits ! La reconnaissance et l'amour nous livreraient tous les biens de ces peuples ; pour les vaincre et les captiver, nos armes seraient inutiles ; et c'est alors qu'elles seraient dignes d'orner les temples de ce dieu que nous venons faire adorer. »

Toute la jeunesse applaudit ; mais ceux des guerriers castillans qui avaient servi sous Davila, et dont les mains s'étaient déjà trempées dans le sang des peuples de l'isthme, tirèrent un mauvais présage de ce qu'ils appelaient mollesse dans leur général. Vincent de Valverde surtout, ce prêtre ardent et fanatique, fut indigné de reconnaître dans le langage de Pizarro les sentiments de Las-Casas ; et fronçant un sourcil atroce :

« *Ils fléchiront, disait-il en lui-même, ils fléchiront sous le joug de la foi, ou ils seront exterminés. »*

Sans écouter cet odieux murmure, Pizarro marcha vers Tumbès, et fit demander au cacique de le recevoir en ami. Mais le cacique, enfermé dans sa ville, répondit qu'elle dépendait d'Atahualpa, roi de Quito, qui l'avait prise sous sa garde ; et que le fort la protégeait.

Il fallait attaquer ce fort. Pizarro s'approche ; il l'observe ; et quel est son étonnement, lorsqu'à cette enceinte, à ces angles, à ces murs de gazon, faits pour être à l'épreuve de ses plus foudroyantes armes, il reconnaît l'art des européens !

« C'est Molina, c'est lui qui enseigne aux Indiens à se retrancher devant nous, dit Pizarro : il a fait construire ces remparts ; peut-être il les défend lui-même. »

Impatient de s'en instruire, il demande à parler au commandant du fort ; et Orozimbo se présente.

« Espagnol, je suis mexicain, je suis neveu de Moctezuma. Juge si je dois te connaître, si je puis me fier à toi. C'est ici mon dernier asile.

Ce sera mon tombeau, si ce n'est pas le tien. »

Des Mexicains dans le fort de Tumbès ! Rien n'était plus inconcevable : Pizarro ne pouvait le croire. Cependant il fallut céder aux instances des castillans. Indignés d'une résistance qu'ils regardaient comme une insulte, ils murmuraient, ils demandaient l'assaut. Pizarro le promit. Mais, afin qu'il fût moins sanglant, il voulut agir de surprise, et à la faveur de la nuit. On se plaignit de sa prudence : elle faisait injure à ceux qu'elle paraissait ménager : ses guerriers, ses soldats eux-mêmes se seraient crus déshonorés par ces précautions timides : ce n'était pas devant ces troupeaux d'Indiens qu'il fallait craindre le grand jour, si favorable à la valeur. Le héros gémit, et céda.

L'attaque fut vive et rapide. Les foudres de l'Europe volaient sur les remparts ; les Indiens épouvantés n'osaient paraître ; et la fascine amoncelée allait aplanir le fossé. Orozimbo, qui voit la terreur dont tous les esprits sont frappés, les ranime et les encourage.

« Hé quoi ! Mes amis, leur dit-il, qu'a donc ce bruit qui vous effraie ? Est-ce le bruit qui tue ? Et faut-il tant d'effort pour rompre le fil de la vie ? Ces bouches brûlantes, sans doute, vomissent la mort ; mais la mort est aussi au bout d'une flèche ; et l'arc, dans la main d'un brave homme, est terrible comme le feu. Chacun de vous n'a qu'une mort à craindre, et il en a mille à donner : vos carquois en sont pleins. Paraissez donc, et repoussez une troupe d'hommes hardis, mais faibles, vulnérables et mortels comme vous. »

Il dit, et à l'instant une grêle de traits répond au feu des castillans. L'approche du fossé, la route du soldat, qui vient y jeter sa fascine, commence à être périlleuse. Plus d'une flèche, mais surtout celles des Mexicains, se trempent dans le sang. Un œil vengeur les guide, et choisit ses victimes. Pennate, Mendès et Salcédo se retirent blessés ; l'intrépide Lerma entend siffler à travers son panache le trait qui lui était destiné. Le vaillant Péralte s'étonne de voir une flèche rapide percer son épais bouclier, et venir effleurer son sein. Le bras nerveux de Télasco l'avait lancée ; mais l'airain l'émoussa : elle tomba sans force aux pieds du superbe Espagnol.

Bénalcasar, qui devait être l'un des fléaux de ces contrées, du haut de son coursier fougueux, pressait les travaux des soldats. Une flèche qui part de la main d'Orozimbo, atteint le coursier dans le flanc. L'animal indompté se dresse, frappe l'air de ses pieds, se renverse, et sous lui foule son guide étendu sur le sable.

Orozimbo, qui le voit tomber, en pousse un cri de joie.

« *Ombres de Moctezuma et de Guatimozin !*

Ombre de mon père ! dit-il, ombres de mes amis ! Recevez ce tribut, ce faible tribut de vengeance. Je ne mourrai donc pas sans avoir fait vomir le sang et l'âme à l'un de nos tyrans ! »

Il se trompait : la molle arène céda sous le poids du coursier ; le castillan y fut enseveli, mais se releva de sa chute, plus furieux, plus implacable, plus altéré du sang des Indiens.

Le plomb mortel, qui portait sur les murs de plus inévitables coups, ne vengeait que trop bien Pizarro, mais ne le consolait pas. Pour lui la plus légère perte était funeste. Il s'affligeait surtout de voir les Indiens s'aguerrir, et s'accoutumer à ce bruit, à ce feu des armes, qui partout avait répandu tant d'effroi dans ce nouveau monde. Il fallait, ou les rendre encore plus intrépides, en cédant à leur résistance, ou faire tout dépendre du hasard d'un moment. Le fossé, dans sa profondeur, était comblé de l'un à l'autre bord, et l'escalade était possible. Pizarro s'y résout, et l'ordonne. À l'instant le feu redouble et la protège.

Orozimbo ne perd point courage. Il défend à ses Indiens de s'exposer au feu. « Imitez-nous, dit-il : Télasco, mes amis et moi, nous allons vous donner l'exemple. » Il eut seulement soin d'écarter du lieu de l'assaut sa sœur, qui lui tendait les bras, et le conjurait par ses larmes de la souffrir auprès de lui.

Alors, s'armant de haches et de lourdes massues, ils attendent, tête baissée, les plus hardis des assaillants.

Il en parut trois à la fois, Moscose, Alvare, et Fernand, le jeune frère de Pizarro. Ils s'élèvent, tenant le glaive d'une main, le bouclier de l'autre, et portant dans les yeux un courage déterminé.

Télasco s'adresse à Moscose, et d'un coup de massue, lui brisant sur la tête l'écu qui lui sert de défense, le renverse du haut des murs. Il tombe comme foudroyé sur ses soldats qui allaient le suivre, et roule sur leurs boucliers.

Fernand Pizarro va s'élancer de l'échelle sur le rempart ; mais, encore chancelant sur un appui fragile, il ne peut ni parer, ni porter des coups assurés. Orozimbo, l'ayant saisi au bras dont il tenait le glaive, le désarme et l'entraîne à lui.

Il se débat ; mais il est terrassé. Son vainqueur lui laisse la vie ; et le soldat qui prend sa place, reçoit pour lui le coup mortel.

Alvare, dans l'instant qu'il s'attache au bord du mur, pour le franchir, sent tomber sur son casque la hache meurtrière ; et le coup, en glissant, le blesse au bras qui lui servait d'appui. Il est précipité sanglant ; et ses soldats, voyant sur leur tête la massue levée pour les frapper, n'osent s'exposer après lui à une mort inévitable.

Pizarro croit avoir perdu le plus tendre, le plus aimable, le plus vertueux de ses frères ; mais il dévore sa douleur. Il voit la consternation de ceux qu'il a trop écoutés ; et sans y ajouter le reproche, il fait interrompre l'assaut.

Le premier soin d'Orozimbo, après que l'ennemi se fut retiré dans son camp, fut de faire réduire en cendres ce vaste monceau de fascines dont on avait comblé le fossé du rempart ; et tandis que des tourbillons de fumée et de flammes s'élevaient au-dessus des murs :

« *Viens, dit-il au jeune Pizarro, et vois ce bûcher allumé. Quand je t'y jetterais vivant, quand j'y ferais brûler avec toi tous tes compagnons, et avec eux leurs pères, leurs enfants et leurs femmes, je ne vous rendrais pas les maux que ta nation nous a faits ... Va-t-en, va dire à ces barbares que les neveux de Moctezuma, ayant à leurs pieds un brasier, et dans leurs mains un castillan ... Va-t-en, te dis-je, et ne tarde pas ; car je crois entendre les plaintes de l'ombre de Guatimozin.* »

Fernand Pizarro s'en allait, le cœur flétri, l'âme abattue, n'osant s'avouer à lui-même qu'il respirait par la clémence d'un indien, d'un indien neveu de Moctezuma !

Dans la plaine qui séparait le camp des Espagnols du fort de Tumbès, il rencontre un vieillard étendu sur le sable, et baigné dans son sang. Ce vieillard respirait encore ; et tendant les bras au jeune homme, il l'appelait à son secours. Pizarro approche.

L'indien lève sur lui un œil mourant, lui montre son flanc déchiré, et fait un signe vers le rivage, un autre signe vers le ciel, comme pour indiquer le crime et le vengeur.

Le guerrier attendri lui donne tous les soins de l'humanité ; il étanche le sang de sa blessure ; et l'aidant à se soulever et à se soutenir, il veut le mener au camp. Le vieillard, frissonnant d'horreur, le conjurait, en lui baisant les mains, de prendre une route opposée.

« *Non, disait-il ; c'est de ce côté-là qu'ils sont allés.*

— Qui donc ? lui demanda Pizarro.

— Les meurtriers, dit le vieillard. Ils étaient vêtus comme toi ; ils te ressemblaient... Non, pardonne, je ne veux pas te faire injure : tu es aussi bon qu'ils sont méchants. Ils venaient du fort, ils allaient vers le rivage de la mer ; et moi, je traversais la plaine ; je ne leur faisais aucun mal. L'un d'eux m'a regardé d'un œil menaçant et farouche. Je tremblais ; je l'ai salué pour l'adoucir ; et lui, tirant son glaive, il me l'a plongé dans le flanc.

— Ah ! Les barbares ! s'écria le jeune homme saisi d'horreur. Et moi, et moi, dans le moment qu'ils t'assassinaient !... »

Il n'en put dire davantage : les sanglots lui étouffaient la voix. Il embrasse, il baigne de pleurs le vieillard indien.

« *Ah ! Si tu savais, reprit-il, combien je déteste leur crime ! Combien je le dois abhorrer ! Bon vieillard, tes jours me sont chers : je ne t'abandonnerai pas. Dis-moi, où faut-il te conduire ?*

— À ce village que tu vois, dit l'indien. C'est là que mes enfants m'attendent. Au nom de ton père, aide-moi à me traîner vers ma cabane : je ne demande au ciel que de voir encore une fois mes enfants, et de mourir entre leurs bras. »

Il n'eut pas même cette joie.

À quelques pas de là, ses genoux s'affaiblirent ; il sentit son corps défaillir ; et se laissant tomber dans le sein de Pizarro, il fixa ses yeux sur les siens, lui serra la main tendrement, regarda le ciel, et tournant sa vue attendrie et mourante vers son village, il expira.

Fernand, accablé de tristesse, retourne au camp des Espagnols. Le conseil était assemblé dans la tente du général ; et quel fut le ravissement de ce héros, en revoyant son frère, un frère tendrement chéri, qu'il croyait perdu pour jamais ! Il se lève, il l'embrasse. Les deux autres guerriers du même sang témoignent les mêmes transports ; et tout le conseil s'intéresse à leur joie et à son retour. On l'interroge. Il dit ce qu'il a vu, et la valeur des Mexicains, et la clémence de leur chef, et la rencontre du vieillard. Son âme se répand dans ce récit qui la soulage ; son attendrissement s'exprime par des larmes, et il en fait couler.

« *Ô mon frère ! dit-il enfin, en s'adressant au général, c'est nous qui apprenons aux sauvages à être cruels et perfides ; et ils ne peuvent nous apprendre à être bons et généreux ! Quelle honte pour nous !*

Je demande vengeance du meurtre de cet Indien ; je la demande au nom du ciel et au nom de l'humanité. Découvrez quel est parmi nous l'homme assez lâche, assez féroce, pour avoir plongé son épée dans le sein d'un homme paisible, d'un faible et timide vieillard. »

Il y avait dans ce conseil des hommes durs, qui, en souriant, disaient tout bas, que le jeune Pizarro mettait un grand prix à la vie, puisqu'en daignant la lui laisser, on l'avait si fort attendri. Il s'aperçut de ce sourire, et il en était indigné ; mais le général, imposant à son impatience, lui dit de prendre place dans le conseil.

Le grand intérêt des castillans était de ménager leurs forces. Ils étaient en trop petit nombre pour hasarder encore de s'affaiblir par un nouvel assaut. Il fallait donc ou laisser en arrière la ville et le fort de Tumbès, ou chercher une plage d'un abord plus facile, ou réduire, par un long siège, les défenseurs de celle-ci aux plus dures extrémités.

Le parti de former le siège parut le plus sage et le plus glorieux : il réunit toutes les voix. Le général lui seul, recueilli en lui-même, et profondément occupé, semblait encore irrésolu. Sa tête, longtemps appuyée sur ses deux mains, se relève avec majesté, et des yeux parcourant lentement l'assemblée :

« *Castillans, dit-il, j'ai voulu vous donner, par ma déférence, une marque de mon estime. J'ai permis l'attaque du fort ; l'événement a démontré l'imprudence de l'entreprise. Vous voulez assiéger ces murs, vous le voulez, et j'y consens encore. Mais chez des peuples, qui, sans nous, et loin de nous, vivaient paisibles, sur des bords où, quoi qu'on en dise, nous portons une guerre injuste, ne vous attendez pas que je fasse éprouver à une ville entière les dernières extrémités de la disette et de la faim. Je veux bien les leur faire craindre ; mais si ce peuple a le courage de les attendre, je n'aurai pas la barbarie de les lui faire souffrir.*

Lorsque dans un combat je risque et je défends mes jours et ceux de mes amis, le danger auquel je m'expose compense le mal que je fais ; et je puis me le pardonner.

Mais sans péril être inhumain ! Mais voir languir devant ses yeux une multitude affamée, l'enfant sur le sein de sa mère, le vieillard dans les bras de son fils expirant ! Les voir se déchirer, les voir se dévorer entre eux, dans les accès de la douleur, de la rage et du désespoir ! Je ne m'y résoudrai jamais ; je vous en avertis. Jusque-là, je ferai tout ce que la guerre autorise. »

Chapitre XLVI

Ce que Pizarro avait prévu ne tarda point à arriver. Le trésor des moissons était déposé dans les villages ; la disette fut dans les murs. Il fallait, pour faciliter les secours du dehors, attaquer et forcer les lignes. Orozimbo voulut commander ces sorties ; et ni sa sœur ni son ami ne voulurent l'abandonner.

Les Espagnols, trop affaiblis par l'étendue de leur enceinte, surpris, attaqués dans la nuit, avaient d'abord cédé au nombre. La première sortie avait, pour quelques jours, rendu la vie aux assièges ; mais la seconde fut fatale aux héros Mexicains : l'un et l'autre y perdirent ce qu'ils avaient de plus cher au monde.

L'attaque avait été si vive, que les lignes forcées, le secours introduit, les Indiens se retiraient sans être poursuivis. Ce fut dans cette retraite qu'Amazili crut voir, à l'incertaine clarté de l'astre de la nuit, un jeune indien se débattre entre deux soldats espagnols. Ils l'avaient pris ; ils l'entraînaient. Télasco n'est pas avec elle, et ce jeune homme lui ressemble. Elle approche. C'est lui. Éperdue, elle crie au secours ; on ne l'entend point. Il n'a qu'elle pour sa défense. Il faut le sauver ou périr. Elle tend son arc. Mais va-t-elle percer le sein d'un ennemi ? Percer le cœur de son amant ? Son œil est sûr, mais sa main tremble ; et la crainte ajoute au danger. Deux fois elle vise, et deux fois son amant se présente devant la flèche qui va partir. Un frisson mortel la saisit ; ses genoux chancelants fléchissent ; son arc va lui tomber des mains ; il ne lui reste plus que la force de le détendre. La nature et l'amour font pour elle un de ces efforts réservés aux périls extrêmes. Elle saisit le moment où l'un des deux Espagnols sert de bouclier au Mexicain ; le trait part : le soldat blessé tombe ; le bras de Télasco, le bras qui tient la hache est dégagé ; l'autre ennemi en éprouve l'effort terrible ; et délivré comme par un prodige, Télasco va rejoindre ses compagnons, qui rentrent dans les murs ... Que fais-tu, malheureux ? Tu laisses ton amante au pouvoir de tes ennemis.

À peine la flèche est partie, à peine Amazili a pu voir son amant se dégager et s'enfuir, elle n'a plus la force de le suivre. Cette frayeur de réflexion qui suit les grands périls, et qui reste dans l'âme, lorsque le péril est passé, s'est emparée de son cœur épuisé de courage, et l'a saisi si violemment, qu'une défaillance mortelle l'a fait tomber évanouie. Elle ne se ranime, elle n'ouvre les yeux que pour se voir environnée de soldats castillans, que le bruit de l'attaque a fait accourir dans ce lieu. Ils la trouvent sans mouvement ; ils en sont émus ; ils s'empressent de la rappeler à la vie.

Sa beauté, en se ranimant, leur imprime un tendre respect. Cœurs féroces ! Du moins la beauté vous désarme : c'est un droit que sur vous encore la nature n'a point perdu.

Le jeune et valeureux Mendoce, monté sur un coursier superbe, rencontre, au milieu des soldats, cette jeune guerrière ; il en est ébloui. Le panache de plumes dont elle est couronnée ; son carquois d'or suspendu à une chaîne d'émeraudes, riche présent d'Atahualpa ; le tissu dont sa taille est ceinte, et qui presse au-dessus des flancs les plis de sa robe flottante, mais surtout la noble fierté de son air et de son maintien, la trahit, et annonce une illustre origine.

« *Jeune beauté, lui dit Mendoce, quel malheur, ou quelle imprudence vous fait tomber entre nos mains ?*

— *La vengeance et l'amour, dit-elle, les deux passions de mon cœur.*

— *Êtes-vous la fille, ou l'épouse du roi de Tumbès ?*

— *Non, dit-elle : je suis née en d'autres climats. Ces murs ont été mon refuge. La liberté, qui m'est ravie, était mon unique bien.*

— *Il vous sera rendu, lui dit Mendoce ; daignez vous confier à moi.* »

Et l'ayant fait asseoir sur la croupe de son coursier, il la mène au camp de Pizarro.

Le jour répandait sa lumière ; et Pizarro au milieu du camp, se faisait instruire des événements de la nuit. Mendoce arrive, et lui présente la jeune indienne captive. Le héros la reçoit avec cette bonté noble, modeste et consolante qu'on doit à l'infortune, et que l'on a toujours pour la faiblesse et l'innocence, protégées par la beauté.

Mais le malheur qui poursuivait Amazili, voulut qu'elle fût reconnue par le jeune Fernand Pizarro, qu'elle avait vu dans le fort de Tumbès.

« *Ah ! Mon frère ! s'écria-t-il, c'est elle-même, c'est la sœur de ce vaillant cacique, de ce généreux Mexicain qui m'a sauvé la vie, et m'a rendu la liberté. Acquittez-moi, je vous conjure.* »

Pizarro allait la renvoyer ; mais le plus grand nombre des Espagnols en firent éclater leurs plaintes. Était-ce avec des Mexicains qu'il fallait se piquer de frivoles égards, et de ménagements timides ? Un Espagnol espérait-il s'en faire des amis ? Il avait dans ses mains le sûr moyen, le seul peut-être de les obliger à se rendre ; et il le laissait échapper ! Aimait-il mieux voir deux cents hommes qui s'étaient confiés à lui, manquant de tout sur ce rivage, et n'ayant pas même un asile, périr autour de ces remparts, ou de fatigue ou de misère, ou par les flèches des sauvages ? Voulait-il les sacrifier ?

Le général eût méprisé ces plaintes, si l'échange des deux captifs ne l'eût pas touché de si près.

Mais un intérêt personnel eût rendu odieux ce qui n'était que juste ; et il voulut se mettre au-dessus du soupçon. Il fit donc appeler Valverde, le seul homme, qui, par état, pût être chargé décemment de la garde de sa captive ; il la lui confia, et lui remit le soin de la mener sur le vaisseau.

Le même jour il fit savoir au commandant du fort, que sa sœur était prisonnière ; qu'il lui avait donné son vaisseau pour asile ; que tous les égards, tous les soins qui pouvaient adoucir le sort d'une captive, il les aurait pour elle ; mais qu'un devoir encore plus saint que la reconnaissance lui défendait de la lui rendre, à moins que renonçant lui-même à une résistance inutilement obstinée, il ne le reçût dans le fort.

Dès que les héros Mexicains s'étaient aperçus de l'absence d'Amazili, ils en avaient poussé des cris de douleur et de rage. Ils la cherchaient des yeux ; ils l'appelaient ; ils parcouraient toute l'enceinte du rempart qui les séparait d'elle, prêts à s'en élancer, à travers mille morts, s'ils avaient entendu ses cris. L'un d'eux, et c'était son amant, osa même sortir du fort, et la chercher dans la campagne. Enfin désespères, et la croyant perdue, ils la pleuraient ensemble, lorsque l'envoyé de Pizarro leur annonça qu'elle vivait.

Leur premier mouvement fut donné à la joie, mais cette joie était trompeuse : la douleur la suivit de près.

Amazili dans l'esclavage, et au pouvoir des Espagnols, sans qu'il fût possible de la délivrer, à moins de leur rendre les armes ! C'était un genre de malheur aussi cruel que celui de sa mort.

Mais l'indignation, dans le cœur d'Orozimbo, ayant ranimé le courage, il répondit avec fierté, que sa sœur lui était bien chère, mais que pour elle il ne trahirait pas un roi, son bienfaiteur, son hôte et son ami ; qu'il rendait grâce au chef des castillans des ménagements qu'il avait pour une princesse captive ; mais qu'en lui renvoyant son frère, il croyait lui avoir donné un exemple plus généreux.

Lorsque Pizarro entendit la réponse d'Orozimbo, il regarda d'un œil sévère les castillans qui l'entouraient.

« *Voyez-vous, leur dit-il, combien ces hommes-là sont au-dessus de nous, et combien, auprès d'eux, nous sommes vils, méchants et lâches ? Apprenons à rougir, et à les imiter.* »

Dès ce moment, il résolut de renvoyer Amazili, et de charger Fernand lui-même de la ramener à son frère. Le jour baissait ; il crut pouvoir différer jusqu'au lendemain.

Cependant le fourbe hypocrite à qui elle était confiée, l'ayant menée sur le vaisseau, et s'y voyant seul avec elle, sentit s'allumer dans ses veines le plus noir poison de l'amour. Il s'approche d'elle, et d'abord il feint de vouloir la consoler.

« *Ma fille, lui dit-il, modérez vos douleurs. Le ciel veille sur vous ; et l'asile qu'il vous procure, le gardien qu'il vous choisit, sont des signes de sa bonté. Sous cet habit simple et modeste, savez-vous qui je suis, et tout ce que je puis pour vous ? Je n'ai point d'armes, mais je commande à ceux qui sont armés. Je n'ai qu'à leur dire de verser le sang ; le sang sera versé. Je n'ai qu'à dire au glaive de s'arrêter ; et le glaive s'arrêtera. Les peuples, les armées, les rois eux-mêmes, tout est soumis à mes pareils ; et nous dominons sur les hommes comme sur de faibles enfants.* »

Amazili, qui se souvenait des prêtres du Mexique, comprit que Valverde exerçait ce ministère redoutable.

« *Vous êtes donc, lui dit-elle, un des interprètes des dieux ?*

— *Des dieux ! reprit Valverde ; sachez qu'il n'en est qu'un : c'est celui que je sers. Tout tremble devant lui ; et il m'a remis sa puissance. Mon esprit est le sien ; ma voix est son organe ; je parle, et c'est lui qu'on entend ; c'est sa volonté que j'annonce ; et sa volonté change quand et comme il me plaît : car il m'écoute ; et ma prière l'irrite, ou l'apaise à mon gré.*

— *Veuillez donc, lui dit-elle, que votre dieu soit juste, et qu'il cesse* enfin de poursuivre des malheureux, qui, ne l'ayant point connu, n'ont jamais pu l'offenser.

— Votre malheur, je l'avoue, est digne de pitié, lui dit Valverde ; et sans un prodige, vous ne pouvez guère sortir du précipice où je vous vois. On sait que vous êtes la sœur du guerrier qui défend ces murs : on lui propose de se rendre ; votre rançon est à ce prix. S'il vous aime assez pour souscrire à cette indigne loi, vous serez réunis, mais dans la honte et l'esclavage : je dis dans la honte, ma fille ; car il n'est plus qu'un perfide et qu'un lâche, s'il trahit pour vous son devoir. »

Amazili en l'écoutant, était tremblante et consternée.

« Hé bien ? reprit-il, croyez-vous que s'il venait du ciel un être bienfaisant, qui vous ombrageant de ses ailes, frappât vos ennemis de confusion et de terreur, et vous enlevât de leurs mains, il fallût dédaigner ses soins et refuser son assistance ?

— Et quel sera, demanda-t-elle, cet être secourable ?

— Moi, répondit Valverde.

— Ah ! Vous serez pour nous, dit-elle, un dieu libérateur.

— Il dépend de vous seule que je le sois, reprit le fourbe ; et c'est à vous de m'y engager.

— Hélas ! Comment ?

— Pensez au bienheureux moment où ce frère si désiré, où cet amant plus désiré encore, vous voyant arriver, se précipiteraient dans vos bras.

— Je succomberais à ma joie.

— Je le crois.

Je me peins cette bienheureuse entrevue. Fille aimable, je crois vous voir voler dans leur sein, les combler de vos plus touchantes caresses ; je vois vos charmes s'animer, et briller d'un éclat céleste ; je vois votre cœur palpiter, votre sein tressaillir ; je vois vos yeux lancer les étincelles de la joie, et bientôt répandre les larmes de la plus douce volupté. Oui, je vous le rendrai cet amant, cet heureux amant. Goûtez d'avance les délices d'une réunion qui sera mon ouvrage, et laissez-m'en jouir moi-même, en vous faisant l'illusion que je me fais.

Croyez le voir, qui vous appelle, qui vous voit, qui fait éclater sa joie et son amour.

Jetez-vous dans ses bras, et partagez l'égarement, l'ivresse, le délire où vous le plongez. »

À ces mots, les yeux enflammés, il s'élançait ... Elle s'échappe, et portant la main sur son arc, qu'elle arme d'une flèche :

« Arrête ! lui dit-elle, d'un air où l'indignation se mêle avec la *frayeur ; arrête, homme faux et cruel ! Je t'entends, je vois à quel prix tu mets ton indigne pitié. Je suis faible, je suis captive et livrée à nos oppresseurs ; mais j'ai dans ma faiblesse une force qui me soutient. Cette force, au-dessus de celle des tyrans, est un fier mépris de la mort.*

— Imprudente ! reprit Valverde, ne vois-tu que la mort à craindre ? Et un éternel esclavage ?

Et le malheur de ne plus voir ce que tu as de plus cher au monde ? Et le malheur plus effroyable encore d'avoir entraîné dans les fers ton frère et ton amant ?... Tremble, et tombe à genoux pour fléchir ma colère ; ou ces transfuges d'un pays que nous avons réduit en cendres, ton frère, ton amant, toi-même, vous subirez à votre tour le sort que vos rois ont subi.

— Va, lui dit-elle avec horreur, quand je verrais là, sous mes yeux, le brasier de Guatimozin, j'aimerais mieux m'y jeter vivante, qu'aux pieds d'un fourbe que j'abhorre. »

Et en parlant, elle tenait son arc tendu pour le percer.

Valverde, confondu, s'éloigne, plein de rage, mais sans remords.

Abandonnée à elle-même, la malheureuse se plongea dans l'abyme de sa douleur. Se voir séparée à jamais de son frère et de son amant, ou les voir se livrer eux-mêmes aux meurtriers de leurs parents, aux destructeurs de leur patrie ! Ils ne s'y résoudraient jamais ; et quand ils pourraient s'y résoudre, en seraient-ils plus épargnés ? On avait appris à les craindre ; on n'aurait garde de laisser au Mexique de si redoutables vengeurs.

Dans le silence de la nuit, ces réflexions, animées par l'image de sa patrie, qui s'offrait sanglante à ses yeux, l'agitèrent si violemment, qu'elle aurait donné mille vies pour empêcher que, pour sa délivrance, on ne subît la loi des castillans.

Mais non, ce n'était pas ainsi qu'Orozimbo et Télasco méditaient de la délivrer. Choisir une nuit sombre, sortir de leurs remparts, attaquer le camp ennemi, périr ensemble, ou pénétrer jusqu'au vaisseau où Amazili était captive, et l'enlever ; tel était le digne conseil qu'ils avaient pris du désespoir.

Tous deux brûlaient d'impatience que le jour éclairât le port. Ils espéraient qu'Amazili paraîtrait sur la poupe, où, du haut des remparts, ils auraient pu la reconnaître. Leur espoir ne fut pas trompé.

Amazili, l'âme encore pleine du trouble de la nuit, attendait sur la poupe que la clarté, qui commençait à se répandre, fût plus vive ; et cependant ses yeux, à travers le mélange des ombres et de la lumière, se fatiguaient à découvrir le fort qui dominait la mer. D'abord elle croit l'entrevoir ; elle le voit enfin ; et sur le mur elle découvre deux hommes que son cœur lui assure être son frère et son amant.

« *Ils me cherchent des yeux, dit-elle ; ils ne peuvent vivre sans moi. Je les rendrai faibles et lâches, perfides envers leur patrie, infidèles envers un roi, leur bienfaiteur et leur ami. Non, non, je ne mets point ce funeste prix à ma vie ; et si elle est pour eux une honteuse chaîne, je saurai les en délivrer.* »

Alors, pour fixer leurs regards, elle détache sa ceinture, et la fait voltiger dans l'air. L'un des deux, c'est son cher Télasco, répond à ce signal, en faisant voltiger de même le panache de plumes dont il ornait sa tête ; et lorsqu'elle est bien assurée que leurs yeux, attachés sur elle, observent tous ses mouvements, elle tire une flèche de son carquois, lève le bras, et dit, mais sans espoir d'être entendue :

« *Adieu, mon frère, adieu, malheureux Télasco. Pleurez-moi, surtout vengez-moi, vengez le Mexique.* »

À ces mots, se perçant le sein, elle s'élance dans la mer.

« *Ô ciel ! Ma sœur ! Amazili !...*

C'en est fait. Je l'ai vue se frapper, et tomber. J'ai vu, s'écrie Orozimbo, *les flots s'ouvrir, se refermer sur elle. Ma sœur, ma chère Amazili n'est plus. Elle n'est plus ! Et nous vivons ! Et les monstres qui l'ont réduite à se donner la mort !...*

Ah ! Nous la vengerons. Mon frère !

Mon ami ! Oui, nous la vengerons. C'est notre dernière espérance. »

À ces mots, pâles, frémissants, étouffés de sanglots, et inondés de larmes, ils s'embrassent l'un l'autre, ils se laissent tomber, ils se roulent sur la poussière, et leur douleur s'exhale par des frémissements qu'interrompt un affreux silence. Revenus à eux-mêmes, ils forment le projet de sortir, dès la nuit suivante, et de porter dans le camp ennemi l'effroi, le carnage et la mort. Hélas ! Vain projet ! La fortune, avant la fin du jour, eut tout changé sur ce rivage.

On vit les peuples des vallées d'Ica, de Pisco, d'Acari, accourir en foule au-devant des Espagnols, leur rendre hommage, et les engager à venir descendre au port de Rimac, sur ces bords où, dans peu, s'éleva la ville des rois. Cette révolution soudaine était l'ouvrage de Mango.

Pizarro en profite avec joie : il se rembarque avec les siens ; et les Mexicains, désolés de voir les castillans se dérober à leur vengeance, reprennent tristement le chemin des hautes montagnes, par les champs de Tumibamba.

Chapitre XLVII

Atahualpa, qui, depuis sa victoire, avait appris l'arrivée des Espagnols, laissait reposer son armée sur les bords du fleuve Zamore ; et alors, le soleil, au tropique du nord, ayant atteint cette limite qu'une loi éternelle a marquée à sa course, et que jamais il ne franchit, ce fut dans une vaste plaine, et au milieu d'un camp nombreux, que sa fête fut célébrée. Les peuples y vinrent en foule ; la cour de l'inca s'y rendit du palais de Riobamba, où ce prince l'avait laissée ; la plus chérie de ses femmes, la belle et tendre Aciloé, y vint, les yeux encore baignés des larmes que le souvenir de son fils lui faisait répandre, et que le temps ne pouvait tarir. Cora, dont les malheurs avaient sensiblement touché cette princesse, qui l'avait admise à sa cour, Cora l'accompagnait. Elle revit Alonso, glorieuse et charmée de porter dans son sein le gage de leur tendre amour.

Toutes les fêtes du soleil avaient un grand objet de morale publique. Celle-ci, la plus sérieuse et la plus imposante, était la fête de la mort. Ce qui distinguait cette fête de celles que l'on a décrites, c'était l'hymne qu'on y chantait. Le pontife, d'un air serein, et portant sur le front une majestueuse tranquillité, entonnait cette hymne funèbre ; les incas répondaient ; le peuple écoutait en silence, et méditait la mort.

« *Homme destiné au travail, à la peine et à la douleur, console-toi, car tu es mortel. Le matin, tu te lèves pour sentir le besoin ; tu te couches le soir, lassé, abattu de fatigue.*

Console-toi, car la mort t'attend, et dans son sein est le repos.

Tu vois une barque agitée par la tempête, gagner la rade paisible, et se sauver dans le port. Cette mer, sans cesse battue par la tourmente, c'est la vie ; ce port tranquille et sûr, d'où jamais les orages n'ont approché, c'est le tombeau.

Tu vois le timide enfant que sa mère a laissé loin d'elle, pour lui faire essayer ses forces. Il court à elle d'un pas chancelant, en lui tendant ses faibles bras ; il arrive, il se précipite dans son sein ; et il ne sent plus sa faiblesse. Cet enfant, c'est l'homme ; et cette mère tendre, c'est la nature, qu'en ce moment le vulgaire appelé la mort.

Homme fragile, pendant ta vie tu es l'esclave de la nécessité, le jouet des événements. La mort brisera tes liens : tu seras libre ; et il n'existera pour toi, dans l'immensité, que toi-même, et le dieu qui t'a fait.

Que ce dieu, qui anime le monde, laisse échapper un souffle ; c'est la vie. Qu'il le retire ; c'est la mort. Qu'a d'étonnant la vitesse d'un souffle, qui passe dans ton sein, comme le vent à travers le feuillage ? Le feuillage est-il étonné de n'avoir pu fixer le vent ?

Tu as vu expirer ton semblable ; ses convulsions t'ont fait peur ; et ces efforts de la douleur, au moment de lâcher sa proie, tu les attribues à la mort. La mort est impassible ; et au bord de la tombe est une digue où s'accumulent les restes des maux de la vie ; mais au-delà, c'est un calme éternel.

Ne trouves-tu pas que le temps est lent à s'écouler ? C'est que le temps amène la mort, et que la mort est le terme où tend la nature inquiète, et impatiente de la vie. Quel homme ne désire pas d'être à demain ? C'est qu'aujourd'hui c'est la vie, et que demain c'est la mort.

La vieillesse qui dénoue tous les liens de l'âme, l'alternative inévitable de la caducité ou du trépas, la douceur du sommeil, qui n'est que l'oubli de soi-même, l'ennui, ce sentiment pénible d'une existence froide et lente, tout nous dispose, nous invite, et nous habitue à la mort.

Homme, d'où te vient donc cette répugnance pour un bien vers lequel tu es entraîné par une pente invincible ? C'est que tu te crois plus sage que la nature, meilleur que le dieu qui t'a fait ; c'est que tu prends pour un abîme les ténèbres de l'avenir.

Et qui voudrait souffrir la vie, si le passage était moins effrayant ? La nature nous intimide afin de nous retenir. C'est un fossé profond qu'elle a creusé sur les confins de la vie et de la mort, pour empêcher la désertion.

S'il était un dieu assez inexorable pour vouloir désespérer l'homme, il le condamnerait à ne jamais mourir. Le dégoût, la tristesse affligeraient son âme ; et la nécessité de vivre, semblable à un rocher hérissé de pointes aiguës, l'écraserait incessamment. Le signe de la réconciliation entre le ciel et l'homme, c'est la mort.

Il n'est qu'un seul moyen de rendre la vie plus précieuse que la mort même : c'est de vivre pour sa patrie, fidèle à son culte, à ses lois, utile à sa prospérité, digne de sa reconnaissance ; et de pouvoir dire en mourant : je n'ai respiré que pour elle ; elle aura mon dernier soupir. »

Ainsi chantaient les enfants du soleil, et ces chants, qui retentissaient dans l'âme des jeunes guerriers, les élevaient au-dessus d'eux-mêmes.

Mais les femmes et les enfants, regardant leurs époux, leurs pères, avec des yeux où la tendresse et la frayeur étaient peintes, semblaient les conjurer d'aimer, ou du moins de souffrir la vie, et opposaient les mouvements les plus naïfs de la nature à cet enthousiasme qui défiait la mort.

Le monarque, après ce cantique, ayant fait, par tribus, l'éloge des braves Indiens qui avaient péri pour sa défense :

« *Nous avons pleuré sur les morts ; tout est consommé, reprit-il. Laissons le passé, qui n'est plus ; et ne pensons qu'à l'avenir, qui pour nous est un nouvel être. Des brigands, les fléaux des bords où ils descendent, viennent d'arriver à Tumbès. Je crois avoir mis cette ville en état de les occuper. Des héros la défendent ; mais ce n'est point assez : demain je vole à son secours.*

Peuples, c'est là que nous appellent des dangers dignes d'éprouver le plus intrépide courage. Vous allez voir des animaux rapides, porter l'homme dans les combats ; vous allez voir l'image du terrible illapa dans les armes de ces brigands. Ils ont su donner à la mort un appareil épouvantable. Mais ce n'est jamais que la mort ; et vous venez d'entendre si la mort est à craindre. Du reste, ces brigands sont périssables comme nous ; et ils sont en si petit nombre, que si vous les enveloppez, ils seront, au milieu de vous, comme les feuilles agitées par le tourbillon des tempêtes.

Voilà, poursuivit-il, en leur montrant Alonso, celui qui sait comment on peut les vaincre ; c'est à lui de vous commander. »

Chapitre XLVIII

Ainsi parlait Atahualpa ; et il inspirait son courage. Mais sur la fin du jour il voit arriver dans son camp les guerriers Mexicains, qui lui racontent leur disgrâce. Ils lui apprennent que Mango, réduit au désespoir, suppose, et fait répandre parmi les Indiens, un oracle du roi son père, lequel, en mourant, a prédit l'arrivée des castillans, et recommandé à ses peuples d'aller au-devant d'eux et de les adorer ; que Mango, à l'appui de cette opinion, a lui-même donné l'exemple, et envoyé une ambassade au général des castillans, pour implorer son assistance en faveur du roi de Cuzco, contre l'usurpateur du trône des incas, l'exterminateur de leur race, l'oppresseur de l'inca son frère, captif dans les murs de Cannare.

Les mêmes nouvelles arrivaient de tous côtés en même temps, et se répandaient dans l'armée ; l'inquiétude et la frayeur s'emparaient de tous les esprits, quand le cacique de Rimac vint remettre à l'inca des lettres dont le général Espagnol l'avait chargé pour Alonso. Pizarro, en lui envoyant la lettre de Las-Casas, lui écrit lui-même en ces mots :

« *Mon cher Molina, si vous aimez votre patrie, voici le moment de lui épargner des crimes. Si vous aimez les Indiens, voici le moment de leur épargner des malheurs. Vous n'avez pas connu l'ami que vous avez abandonné. Ce qui vous affligeait, m'affligeait encore plus moi-même.*

Mais sans titres et sans pouvoir pour me faire obéir et craindre, je dissimulais, malgré moi, ce que je ne pouvais punir. J'ai fait depuis un voyage en Espagne. J'en arrive enfin, revêtu de toute la puissance de notre invincible monarque. Ce jeune prince aime les hommes. Il veut qu'on use d'indulgence et de ménagement envers les Indiens. Il m'a recommandé pour eux les soins et la bonté d'un père. Heureux, si je remplis ses vues ! Soyez bien sûr que mon penchant est d'accord avec mon devoir. Mais vous savez combien l'autorité commise s'affaiblit dans l'éloignement, et avec quelle précaution je dois en user sur des hommes violents et déterminés. Dans le nombre il en est dont l'âme est désintéressée, le cœur sensible et généreux ; il est aisé de les conduire.

Mais la foule est aveugle, inquiète, et surtout avide ; et c'est elle, je vous l'avoue, que je crains de voir m'échapper. Mon ami, je n'en réponds plus, si les hostilités l'irritent. Un doux accueil de la part de vos peuples, est le seul moyen d'établir la concorde et l'intelligence. C'est à vous de me seconder, en y disposant les esprits. Je vois la moitié de l'empire empressé à s'unir à moi.

J'ai plus de force qu'il n'en fallait pour répandre ici le ravage ; mais sans vos bons offices, je n'en ai pas assez pour maintenir l'ordre et la paix. Je marche vers Cassamalca, où l'inca de Quito a, dit-on, rassemblé ses forces. On lui impute bien des crimes ; mais seriez-vous l'ami d'un tyran ? Je ne le puis penser ; et votre estime est son apologie. Venez au-devant de moi. Nous nous concerterons ensemble pour conquérir sans opprimer.

Las-Casas, votre ami, et je puis dire aussi le mien, le vertueux Las-Casas, que j'ai laissé mourant à l'île espagnole, a voulu vous écrire.

Je vous envoie sa lettre. Je crains bien, mon cher Alonso, que ce ne soit un dernier adieu. »

La douleur dont Alonso avait été saisi en lisant ces mots, redoubla, lorsqu'il jeta les yeux sur la lettre de Las-Casas.

« *Si vous vivez, mon cher Alonso, si vous êtes encore parmi nos Indiens, et si Pizarro vous retrouve sur les bords où il va descendre, recevez de sa main ce tendre et dernier gage d'une sainte amitié. Je suis mourant. Je n'ai vécu que pour gémir. Dieu a permis que, dans le court espace de ma vie, j'aie vu sous mes yeux tous les crimes et tous les malheurs rassemblés. Quel regret puis-je avoir au monde ?*

Je vous ai confié mes craintes sur l'entreprise de Pizarro. Elles viennent d'être calmées par les vertus de ce héros. Oui, mon ami, le ciel a touché sa grande âme. Pizarro pense comme nous. Il sent qu'il est plus beau d'être le protecteur et le père des Indiens, que leur vainqueur et leur tyran. Unissez-vous à lui, pour lui concilier leur estime et leur bienveillance : il en est digne comme vous.

Adieu. Je crois sentir que mon heure approche. Demain peut-être je serai devant le trône de mon juge ; et s'il m'est permis d'implorer sa clémence, ce sera pour ces Espagnols qui l'adorent, et qui l'outragent ; ce sera pour ces Indiens égarés dans l'erreur, mais simples, doux et bienfaisants, qu'il a créés, qu'il aime, et qu'il ne veut pas rendre éternellement malheureux.

Protégez-les, voyez en eux mes plus chers amis, après vous, que j'aimerai au-delà du tombeau. »

Cette lettre fut arrosée des larmes de l'amitié. Alonso la baisa cent fois avec un saint respect. Atahualpa ne put l'entendre sans partager l'émotion, l'attendrissement du jeune homme.

« Quel est donc, lui demanda-t-il, ce Las-Casas, cet homme juste ?

— Ah ! dit Alonso, demandez à ce cacique et à son peuple. »

Ce cacique était Capana. Il avait entendu la lettre de Las-Casas ; et appuyé sur sa massue, ses yeux baissés fondaient en pleurs.

« Ce n'est pas un homme, dit-il ; c'est un être céleste envoyé de son dieu, pour adoucir les tigres, et pour consoler les hommes. Nous l'aurions adoré, s'il nous l'avait permis. »

Ce témoignage, mais surtout celui d'Alonso, l'emporta sur les impressions terribles que l'exemple de Moctezuma et tous les malheurs du Mexique avaient pu faire sur l'âme d'Atahualpa.

« *Je m'abandonne à vous*, dit-il à son fidèle Alonso.

Allez au-devant de Pizarro ; assurez-vous de ses intentions ; et s'il est tel qu'on vous l'annonce, répondez-lui de la droiture et de la bonne-foi d'un prince votre ami, qui désire d'être le sien. »

Des Indiens chargés des plus magnifiques présents formaient le cortège d'Alonso ; et ces richesses disposèrent favorablement les esprits. Mais telle était la soif de l'or qui dévorait les castillans, que ce qui aurait dû l'apaiser, l'irritait, au-lieu de l'éteindre.

La conférence de Pizarro avec Alonso, fut l'épanchement de deux cœurs pleins de noblesse et de franchise. Des deux côtés l'état des choses fut exposé avec candeur. Pizarro ne vit dans l'inca de Cuzco qu'un excès d'orgueil sans prudence, et dans Atahualpa que la noble fierté d'un cœur sensible et généreux. De son côté, Alonso reconnut le danger d'irriter dans les castillans cette soif de l'or et du sang, qui n'était jamais qu'assoupie, et qu'un fanatisme barbare ne demandait qu'à rallumer. Il fut réglé que Molina précéderait Pizarro dans les champs de Cassamalca ; que le général Espagnol s'avancerait avec ses deux cents hommes, et qu'il laisserait en arrière les Indiens de son parti. Également sûrs l'un et l'autre de leur bonne-foi mutuelle, ils s'embrassèrent ; et Alonso retourna au camp indien.

Le roi de Quito l'attendait dans le trouble et l'impatience. Mais il fut bientôt rassuré ; et il assembla ses guerriers, pour leur faire part de sa joie. Les Péruviens se réjouirent ; mais les Mexicains, d'un air sombre, et l'œil attaché à la terre, écoutaient en silence les paroles de paix qu'apportait Alonso. Leur chef, qui croyait voir tomber l'inca dans un piège funeste, voulut l'en garantir.

« *Hé quoi, prince, lui dit-il, as-tu donc oublié le sort de Moctezuma et celui du Mexique ? Tu abandonnes ton pays à ces mêmes brigands qui ont désolé le nôtre, et qui l'ont inondé de sang ! Tu te livres aux mains qui ont enchaîné nos rois, qui les ont fait brûler vivants !*

Ah ! Que notre exemple t'éclaire et t'épouvante ! Trop averti par nos malheurs, sois sage à nos dépens. Ne vois-tu pas ici le même enchaînement dans les causes de ta ruine, que dans celles de notre perte ? Notre empire était divisé ; celui-ci l'est de même. Un oracle menteur nous faisait une loi honteuse de fléchir devant nos tyrans ; un même oracle vous l'ordonne. Notre roi, séduit et trompé par des apparences de paix, de bonne-foi, de bienveillance, se perdit, et perdit ses peuples ; et toi, malheureux prince, tu veux te livrer comme lui !

Ah ! Si Moctezuma avait eu cette âme ferme et courageuse que tu nous as fait voir, il aurait sauvé le Mexique. Pourquoi donc te laisser abattre, et te présenter sous le joug ? Es-tu sans espoir, sans ressource ? Éloigne-toi.

Laisse Palmore à la tête de ton armée. Qu'il fasse tête aux Indiens. Ces caciques et moi, avec nos deux mille hommes, nous chargerons les castillans ; et nous prendrons le chemin le plus court de la vengeance ou de la mort. »

Alonso crut devoir répondre.

« *Inca, dit-il, le caractère de ma nation est d'être fière et brave. Ce n'est un mal que pour ses ennemis. Sa passion est la soif de l'or ; et tu peux l'assouvir sans peine. Le reste est personnel : le vice et la vertu naissent dans les mêmes climats : le peuple, qui en est un mélange, devient méchant ou bon, suivant l'exemple qu'on lui donne. Son âme est celle du brigand, ou du héros qui le conduit. Cortés a détruit sa conquête et déshonoré ses exploits. Pizarro, plus humain, plus sincère, plus généreux, peut vouloir ménager, rendre heureux et paisible le monde qu'il aura soumis, et se faire une renommée sans reproches et sans remords.*

Pizarro est espagnol ; mais ne le suis-je pas moi-même ? Me connais-tu fourbe, avide et féroce ? Non, tu me crois sincère et bienfaisant.

Pourquoi donc ne croirais-tu pas qu'au moins Pizarro me ressemble ? Tu répondrais de moi ; je réponds de lui ; et j'en réponds sur la foi de Las-Casas, sur la foi de cet Espagnol, le plus vrai, le plus vertueux, le plus sensible des mortels, et surtout le meilleur ami que les Indiens aient au monde. Celui-là ne peut me tromper ; mais il peut se tromper lui-même ; on peut lui en avoir imposé. Sois donc prudent, sans être injuste. Tends les mains à la paix, sans toutefois quitter les armes ; et, au milieu d'un camp nombreux, ose recevoir deux cents hommes qui se présentent en amis. »

L'inca, plein de la confiance que lui inspirait Alonso, n'eût pas même voulu songer à se mettre en défense. Alonso prit soin d'y pourvoir. Il lui fit un cortège de huit mille Indiens, d'une valeur reconnue. À l'aile droite, et en avant des tentes de l'inca, il établit les Mexicains, avec la même troupe qu'ils avaient commandée. Les sauvages de Capana formaient l'aile opposée ; et Palmore, avec son armée, occupait le centre, et formait une enceinte autour du trône de son roi.

« Prince, je fais des vœux au ciel, dit le jeune homme, pour que la bonne foi préside à cette conférence, et forme, entre Pizarro et toi, les nœuds d'une solide paix.

Si je suis trompé dans mes vœux, si je le suis dans mon attente, je verserai pour toi mon sang. C'est tout ce que je puis. Je n'ai rien donné au hasard ; je ne me reprocherai rien. »

Chapitre XLIX

La nuit vint ; elle suspendit ce flux et ce reflux de craintes et d'espérances qu'une incertitude pénible et des pressentiments confus faisaient naître dans les esprits. Mais ces mouvements, apaisés par le sommeil, se renouvelèrent, lorsqu'aux premiers rayons du jour, on vit de loin la troupe de Pizarro qui s'avançait, et qu'il était aisé de reconnaître au brillant éclat de ses armes. Elle approche ; le roi l'attend, élevé sur son trône d'or que soutiennent douze caciques. Les Espagnols, déployés sur deux lignes, dont la cavalerie occupe les ailes, ayant à leur tête Pizarro, et vingt guerriers qui, comme lui, montent des coursiers belliqueux, s'avancent, d'un pas fier et grave, à la portée du javelot. Pizarro alors commande qu'on s'arrête ; et accompagné de Valverde et de six de ses lieutenants, il se présente, avec une noble assurance, devant le trône de l'inca.

On fait silence ; et du haut d'un coursier qui l'élève au niveau du trône, le héros castillan parle au roi en ces mots :

« *Grand prince, tu sais qui nous sommes. Et plût au ciel que le nom espagnol fût moins fameux dans ce nouveau monde, puisqu'il ne doit sa renommée qu'à d'horribles calamités ! Mais le reproche et la honte du crime ne doit tomber que sur le criminel ; et si la renommée l'a étendu sur l'innocent, elle est injuste ; et tu ne dois pas l'être. Si j'en croyais tes ennemis, je te regarderais comme le plus barbare des tyrans. Mais tes amis m'ont répondu de ton équité ; je les crois. Traite-nous de même ; ou du* moins, avant de nous juger, commence à nous connaître, et ne fais pas retomber sur nous les maux que nous n'avons pas faits.

Lorsque les incas tes aïeux ont fondé cet empire, et rangé sous leurs lois les peuples de ce continent, ils leur ont dit : nous vous apportons un culte, des arts et des lois, qui vous rendront meilleurs et plus heureux. Voilà le titre de leur conquête. Ce titre est le mien ; et comme eux je m'annonce par des bienfaits. Je n'aurai pas de peine à te persuader que nous sommes supérieurs, par l'industrie et les lumières, à tous les peuples de ce monde. Ce sont les fruits de trois mille ans de travaux et d'expérience, dont nous venons vous enrichir.

Dans vos lois, je ne changerai que ce que tu croiras toi-même utile d'y changer, pour le bien de tes peuples ; et ces lois, et l'autorité qui en est l'appui, resteront dans tes mains : tes peuples n'auront pas le malheur de perdre un bon roi. Protégé par le mien, tu seras son ami, son allié, son tributaire ; et ce tribut, léger pour toi, n'est que le partage d'un bien que vous prodigue la nature, et qu'elle nous a refusé. En échange de l'or, nous vous apportons le fer, présent inestimable, et pour vous mille fois plus utile et plus précieux. Nos fruits, nos moissons, nos troupeaux, ces richesses de nos climats ; des animaux, les uns délicieux au goût, servant de nourriture à l'homme, les autres à la fois robustes et dociles, faits pour partager ses travaux ; les productions de nos arts qui font le charme de la vie, des secrets pour aider nos sens, et pour multiplier nos forces, des secrets pour guérir ou pour soulager nos maux ; mille larcins que l'homme industrieux a faits à la nature, mille découvertes nouvelles pour subvenir à ses besoins, pour ajouter à ses plaisirs : voilà ce que je te promets, en échange de ce métal, de cette poussière brillante, dont vous êtes assez heureux pour ne pas sentir le besoin. Inca, tel est l'accord paisible, et le commerce mutuel, que mon maître Charles d'Autriche, puissant monarque d'orient, m'a chargé de t'offrir.

Atahualpa, le cœur rempli de joie et de reconnaissance, répondit à Pizarro qu'il justifiait bien l'opinion qu'on lui avait donnée de sa droiture et de sa générosité ; qu'à tout ce qu'il lui proposait, il ne voyait rien que de juste ; que les montagnes où germait l'or seraient ouvertes aux castillans ; et qu'il ne croirait pas assez payer encore l'amitié d'un peuple éclairé, qui lui apportait ses lumières, et l'alliance d'un grand roi.

« *La plus sublime de nos lumières*, reprit le héros castillan, *c'est la connaissance d'un dieu, dont la terre, le ciel, le soleil même sont l'ouvrage.*

Inca, ne t'en offense point : ce bel astre, dont tes aïeux se disaient les enfants, est sans doute la plus frappante des merveilles de la nature ; mais il est lui-même sorti des mains de l'être créateur ; et il ne fait que lui obéir, en donnant sa lumière au monde. C'est donc ce dieu, qui, d'un coup-d'œil, a prescrit au soleil sa course, à la mer ses limites, son repos à la terre, aux cieux leurs révolutions, à la nature entière ses mouvements divers, son ordre, ses lois éternelles, c'est lui seul qu'il faut adorer.

— *Le dieu que tu m'annonces, lui répondit l'inca, ne nous était pas inconnu : il a un temple parmi nous : ce temple est dédié à celui qui anime le monde. Mais pourquoi cet être sublime ne serait-il pas le soleil ? Cet éclat, cette majesté sont, je crois, bien dignes de lui.*

— *Inca, lui demanda Pizarro, si, d'une extrémité de ton empire à l'autre, je voyais, tous les ans, un voyageur aller et revenir, sans jamais ralentir sa course, sans se reposer un moment, sans jamais s'écarter d'un pas, le prendrais-je pour le roi du pays, ou pour un de ses messagers ? Le dieu de l'univers n'a point d'heure prescrite, ni d'espace déterminé ; il est sans cesse et partout présent. Celui qu'obscurcit un nuage, et qui ne saurait éclairer une moitié du globe, sans laisser l'autre dans la nuit, n'est point le dieu de l'univers.*

Autrefois, m'a-t-on dit, tes peuples adoraient la mer, les fleuves, les montagnes. Tout cela, comme le soleil, tient sa place dans la nature ; mais tout cela ne fait qu'obéir et servir. Adorons celui qui commande ; et pour en avoir une idée, infiniment trop faible encore, écoute ce que nos sages nous ont depuis peu révélé. Ces hommes, exercés à voir ce qui se passe dans les cieux, sont tous persuadés que le monde où nous sommes n'est pas le seul monde habité ; qu'il en est mille dans l'espace ; et que chacune des étoiles est un soleil plus éloigné de nous, fait pour éclairer d'autres mondes.

Laisse aller ta pensée dans cette immensité, et vois ces soleils et ces mondes tous soumis à la même loi. Celui qui les gouverne tous, à qui tous obéissent, est le dieu que j'adore. Juge combien ce dieu est encore au-dessus du tien.

— *Tu me confonds, mais tu m'éclaires, dit l'inca. Je commence à croire qu'on avait trompé mes aïeux. Dis-moi seulement si ton dieu est juste et bon, et si sa loi fait à l'homme un devoir de l'être ?*

— *Il est, lui répondit Pizarro, la justice et la bonté même ; et l'unique devoir de l'homme est de lui ressembler.*

— *Je ne te demande plus rien, reprit l'inca. Viens nous instruire, nous éclairer de ta raison, nous enrichir de ta sagesse ; et sois sûr de trouver des cœurs dociles et reconnaissants* »

Ainsi tout semblait s'aplanir, lorsque le fourbe et fougueux Valverde demande à parler à son tour.

« *Oui, prince, dit-il à l'inca, ce que tu viens d'entendre est vrai, mais d'une vérité sensible. Il s'agit à présent d'oublier ta propre raison, ou de l'humilier sous le joug de la foi. Voici ce que la foi t'enseigne.* »

Alors l'imprudent s'enfonça dans la profonde obscurité de nos redoutables mystères, au nombre desquels il comprit l'autorité d'un homme préposé par Dieu même pour commander aux rois, dominer sur les peuples, disposer des couronnes, comme de tous les biens des souverains et des sujets, et faire exterminer tous ceux qui ne lui seraient pas soumis.

Le monarque péruvien, étonné d'un langage si étrange pour lui, demande avec douceur à celui qui vient de parler, où il a pris toutes ces choses.

« *Dans ce livre, répond Valverde, d'un ton plein d'arrogance, dans ce livre inspiré, dicté par l'esprit saint lui-même.* »

L'inca, sans s'émouvoir, prit dans ses mains le livre, et après y avoir jeté les yeux :

« *Tout ce que Pizarro m'annonce, je le conçois, dit-il ; je le croirai sans nulle peine : mais ce que tu me dis, je ne saurais le concevoir ; et ce livre, muet pour moi, ne m'en instruit pas davantage.* »

Il ajouta, dit-on, quelques mots offensants pour cet homme qui s'arrogeait le droit de commander aux rois, et de disposer des empires ; et soit mépris ou négligence, en rendant le livre à Valverde, il le laissa tomber.

Il n'en fallut pas davantage. Le prêtre fanatique, transporté de fureur, se tourne vers les Espagnols, et se met à crier vengeance pour la religion, que ce barbare foule aux pieds.

À l'instant, par un feu rapide et meurtrier, l'arquebuse annonce la guerre, et donne le signal du plus noir des forfaits. Le bataillon s'ouvre ; et du centre, l'airain gronde et vomit la mort. Au bruit de ces volcans d'airain, qui s'embrasent et qui mugissent, au massacre imprévu que d'invisibles font devant le trône du roi, il se trouble ; il voit à ses pieds sa garde éperdue et tremblante, se serrer pour toute défense, et périr sous ses yeux, comme un troupeau timide, au milieu duquel le feu dévorant de la foudre serait tombé. L'inca leur avait défendu toute espèce d'hostilité ; et ils observaient sa défense.

Alonso, furieux, les presse de le suivre, et de fondre en désespérés sur cette troupe d'assassins.

« *Vengez-vous, vengez-moi des traîtres qui déshonorent ma patrie. Défendez, sauvez votre roi.* »

Le vaillant jeune homme, à ces mots, se sent blessé ; il tombe. L'inca le voit tomber, et pousse des cris lamentables.

« *C'est à nous, dit Orozimbo, d'exterminer ces monstres. Suivez-moi, mes amis, et emparons-nous de leurs foudres.* »

Il dit, et à la tête des princes de son sang et de ses deux mille Indiens, il marche, sans détour, vers ces bouches brûlantes qui tonnent devant lui ; il ne les entend point. Ses amis écrasés l'inondent de leur sang ; les lambeaux de leur chair, les débris de leurs os tombent sur lui de toutes parts ; sa fureur l'aveugle et l'emporte. Télasco lui reste, et le suit. Amis infortunés ! Ils vont tête baissée se jeter sur la batterie ; une explosion formidable les met en poudre ; ils disparaissent dans un tourbillon de fumée ; et de leur brave et malheureuse troupe le glaive castillan moissonne ce que le feu n'a pas détruit.

Ce désastre épouvantable, et aussi prompt que la pensée, ne décourage ni Palmore, ni Capana : tous deux s'avancent pour envelopper l'ennemi.

Mais c'est dans ce moment que partent, avec une fougue indomptable, les deux escadrons castillans. Les chefs, ne pouvant retenir la fureur du soldat, s'y laissent emporter. Ils volent à travers un nuage de flèches. Les chevaux en sont hérissés ; mais furieux comme leurs guides, ils enfoncent les bataillons, bondissent à travers les lances, écrasent une foule d'Indiens terrassés ; et le fer, trempé dans le sang, redouble cet affreux carnage.

De la garde d'Atahualpa, six mille hommes sont massacrés ; tout le reste va l'être. Ceux qui portent le trône ont à peine le temps de se succéder ; tous périssent ; et le mourant tombe soudain sur le mort qu'il a remplacé. Pizarro, qui, pour retenir une rage effrénée, s'était jeté à travers ses soldats, sans pouvoir ni se faire entendre, ni se faire obéir, ne voit plus qu'un moyen de sauver la vie à l'inca. Il se met lui-même à la tête des meurtriers, il les devance, pénètre, arrive jusqu'au trône, écarte d'une main le fer qui va frapper Atahualpa, et dont il est blessé lui-même ; de l'autre main saisit ce prince, l'entraîne, le jette à ses pieds, et, en le gardant, il s'écrie :

« *Qu'on le prenne vivant, pour avoir ses trésors.* »

Ce mot en impose à la rage. Pâle, troublé, hors de lui-même, le roi tombe, et se voit baigné dans des flots de sang indien. Il reconnaît les corps de ses amis, brisés, meurtris, percés de coups ; il les embrasse avec des cris si douloureux, que leurs bourreaux en sont émus. Dans la foule, il découvre Alonso.

« *Cher et funeste ami ! Tu m'as perdu, dit-il ; mais on t'a trompé : ton malheur est d'avoir eu l'âme d'un Indien.* »

À ces mots, s'étant aperçu qu'Alonso respirait encore :

« *Ah ! Cruel, dit-il à Pizarro, sauve du moins celui qui m'a livré à toi.* »

Pizarro les fait enlever l'un et l'autre ; il charge Fernand de les garder, d'en prendre soin ; et lui, s'élançant dans la plaine, il vole, et va sauver les déplorables restes de la légion de Palmore, sur laquelle on est acharné. Là, Valverde, au milieu du meurtre, une croix à la main, la bouche écumante de rage, criait :

« *Amis, chrétiens, achevez, achevez. L'ange exterminateur vous guide. Ne frappez que de pointe, pour ménager vos glaives ; plongez, trempez-les dans le sang.*

— *Éloigne-toi, monstre exécrable, lui dit Pizarro, éloigne-toi, ou je te fais vomir ton âme atroce.* »

Le monstre épouvanté s'éloigne en frémissant.

« *Arrêtez, cruels ! Arrêtez, crie alors Pizarro aux soldats, ou tournez contre moi vos armes.* »

Soit par respect, soit par épuisement de leur force et de leur fureur, ils obéissent ; et Pizarro les fait retourner sur leurs pas.

Dans ce jour d'horreurs et de crimes, l'humanité eut un moment. Capana, voyant le combat désespère, prenait la fuite avec un petit nombre de ses sauvages. Un escadron, qui le poursuit, va l'atteindre et l'envelopper. Le cacique désespère se tourne, tend son arc, et choisit d'un œil étincelant le chef de la troupe ennemie. C'était Gonsalve Davila. La flèche part ; et le jeune homme tombe mortellement blessé. On environne le cacique, on le saisit, et on le traîne aux pieds de Davila, pour le déchirer devant lui.

Gonsalve entr'ouvre un œil mourant, et reconnaît celui qui l'a tenu en son pouvoir, celui qui lui a laissé la vie, et lui a rendu la liberté.

« *Est-ce toi, généreux Capana, lui dit-il, en lui tendant ses bras tremblants ? Est-ce de ta main que je meurs ?*

Tu m'avais fait grâce une fois ; je respirais par ta clémence ; j'étais libre par ta bonté. J'en ai fait un cruel usage ! Le ciel est juste : il t'a choisi pour m'arracher tes propres dons.

Castillans, écoutez-moi, et redoutez, à mon exemple, la main du dieu qui m'a frappé. Je dois tout à cet indien ; laissez-moi m'acquitter. Qu'il vive, et qu'il soit libre avec les siens.

Viens, mon frère, mon bienfaiteur, mon meurtrier et mon ami, viens, qu'en expirant je t'embrasse.
Je devais apprendre de toi la justice et l'humanité. »

Ces mots furent bientôt suivis de son dernier soupir ; et Capana et ses sauvages allèrent chercher, au-delà des montagnes de l'orient, chez les moxes, libres encore, ou chez les féroces antis, qui s'abreuvaient du sang des hommes, un asile contre la rage d'un peuple encore plus inhumain.

Chapitre L

Les espagnols, fatigués de meurtre, et chargés des riches dépouilles qu'ils avaient enlevées du camp des Indiens, s'étaient presque tous rassemblés dans les murs de Cassamalca. Les uns, c'était le petit nombre, retirés en silence, honteux et consternés, se reprochaient le sang qu'ils venaient de répandre. D'abord, pour éviter la honte d'abandonner leurs compagnons, ils avaient cédé à l'exemple ; mais l'honneur satisfait les avait livrés au remords. Les autres, fiers et glorieux, s'applaudissaient d'avoir vengé la foi, et par un exemple terrible épouvanté ces nations.

Ce fut à ceux-ci que Valverde alla se plaindre de Pizarro, avec la violence d'un séditieux forcené.

« *Castillans, leur dit-il, vous venez de venger votre religion qu'avait outragée un barbare.*

Armez-vous de constance ; car ce zèle héroïque est mis au nombre des forfaits. Pizarro vous regarde comme des assassins, dignes du dernier supplice ; et s'il en avait le pouvoir, comme il en a la volonté, il vous y ferait traîner tous.

En se saisissant de ce roi, qu'il fait garder dans ce palais, il n'a fait que vous le soustraire ; il n'a voulu que le sauver. C'était par lui qu'il espérait se rendre indépendant et absolu. Le traître Alonso, leur agent mutuel, ménageait cette intelligence, et avait tramé ce complot. Vous n'avez pas entendu Pizarro parler à ce sauvage ; vous en auriez frémi. Charles paraissait suppliant devant Atahualpa. Au-lieu d'une conquête c'était une alliance, un commerce au-lieu d'un tribut, qu'il sollicitait humblement. Et la religion !...

C'est là ce qui vous aurait révoltés. Pizarro en a parlé comme font les impies. Il n'osait exposer la foi ; il rougissait de nos mystères ; lui-même, aux yeux des infidèles, il n'osait paraître chrétien.

Indigné, j'ai pris la parole ; j'ai élevé ma voix ; j'ai dit ce qu'un chrétien ne peut ni déguiser ni taire. Vous avez vu par quel outrage Atahualpa m'a répondu. Et c'est là ce que son ami, son allié, son protecteur vous reproche d'avoir puni. Pour moi, je lui suis odieux ; et je me console de l'être. J'ai vu fouler aux pieds le dépôt sacré de la foi, et je vous ai crié vengeance : voilà mon crime. Il eût fallu dissimuler le sacrilège, applaudir au blasphème, et trahir la religion en faveur de l'impiété ; je ne l'ai pas fait, et j'attends sans me plaindre les humiliations, les opprobres, l'exil, peut-être le martyre !... »

À peine il achevait, cent voix s'élèvent et répondent qu'il sera protégé, défendu, révéré comme le vengeur de la foi.

Ce soulèvement des esprits s'accrut encore à l'arrivée de Pizarro. Rangés sur son passage, ses soldats ne lui marquent ni crainte ni confusion ; ils le regardent d'un œil fixe, prêts à se révolter s'il lui échappe un mot de colère et d'emportement. Plus loin, Valverde, environné de séditieux fanatiques, lui montre encore plus d'assurance ; et d'un front où l'audace est peinte, soutient ses regards menaçants. Pizarro traverse la foule, en gardant un morne silence. Il demande où est Atahualpa. On le conduit à sa prison ; et là, autour de ce malheureux prince, il voit un petit nombre de ses castillans, qui, les yeux fixés à la terre, ressemblent moins à des vainqueurs qu'à des criminels condamnés.

Atahualpa, dans son malheur, gardait encore assez de fermeté pour n'avoir pas daigné se plaindre.

Mais lorsqu'il voit entrer Pizarro, il se renverse, et détournant les yeux avec horreur, il le repousse, et se refuse à ses embrassements.

« *Tu me crois perfide et parjure, lui dit Pizarro ; mais regarde, regarde cette main déchirée et sanglante, qui t'a sauvé le coup mortel. Est-ce la main d'un ennemi ? Je t'ai enlevé de ce trône, où vingt glaives t'allaient percer ; je t'ai pris pour te dérober à des furieux, que je n'avais pu désarmer, que je n'aurais pu retenir. Demande à ces guerriers, si, durant ce massacre horrible, je n'ai pas fait, pour l'arrêter, les plus incroyables efforts. Que veux-tu ? Que peut un seul homme ? On m'a désobéi ; on fera plus encore : tout me l'annonce, et je m'y attends.*

Mais, jusque-là, sois sûr, malheureux prince, que je protégerai tes jours, même aux dépens des miens. »

À ces mots, l'inca le regarde avec des yeux où la colère fait place à l'attendrissement ; et il laisse échapper des larmes.

« *En te voyant, je t'ai aimé, lui dit-il ; et mon âme, asservie à la tienne, t'a soumis jusqu'à ma pensée et jusqu'à ma volonté. Pourquoi donc m'aurais-tu trahi ?*

Pourquoi aurais-tu voulu voir massacrer des hommes paisibles, qui te recevaient comme un dieu ? Non, non, tu ne l'as pas voulu. Tu pleures !

Viens, embrasse-moi. Ta pitié soulage le cœur d'un malheureux qui t'aime encore. Mais dis-moi : tout est-il détruit ? En est-ce fait de mon armée ?

— *J'ai sauvé tout ce que j'ai pu, lui répondit le héros.*

— *S'il est possible, reprit l'inca, tire-moi des mains de ces traîtres : leurs cris de joie me déchirent ; leur approche me fait horreur. Épargne-moi l'affreux supplice de les entendre et de les voir. Rassasiés de sang, ils sont affamés d'or ; je veux bien les en assouvir. Je m'engage, pour ma rançon, d'en remplir l'enceinte où nous sommes, jusqu'à la hauteur où tu vois que mon bras s'étend. Qu'ils emportent ces richesses pernicieuses, et qu'ils nous laissent vivre en paix.*

— *Ta cause est la mienne, lui dit Pizarro ; et je ferai pour toi tout ce qu'on peut attendre du zèle d'un ami. Donnons à la fureur le temps de s'apaiser ; et armons-nous, toi de constance, et moi de résolution. Je te laisse. Je vais prendre soin d'Alonso, dont l'état m'afflige et m'alarme. »*

Pizarro, en sortant de la prison d'Atahualpa se sentait le cœur déchiré ; mais un spectacle plus cruel encore l'attendait dans le lieu où expirait Alonso.

Avant que ce jeune homme fût revenu de la défaillance mortelle où il était tombé, on avait pansé sa blessure. Mais la douleur l'ayant ranimé, il s'était vu au milieu d'une foule de castillans, encore fumants de carnage. Il en frémit d'horreur ; et ramassant un reste de force :

« *Barbares, leur dit-il, osez-vous m'approcher et me rappeler à la vie ? Vous me l'avez rendue affreuse. Il est bien temps de vous montrer compatissants et secourables, après vingt mille assassinats commis sur la foi de la paix ! Les voilà, ces héros chrétiens, teints de sang, haletants de rage. Ô monstres fanatiques ! Le ciel, le juste ciel ne laissera pas sans vengeance un si exécrable attentat. Ce n'est pas au remords, c'est à votre furie que je vous dévoue en mourant.*

Je vous connais. Je vois l'orgueil et l'avarice allumer entre vous les feux d'une haine infernale.

Armés l'un contre l'autre, vous vous déchirerez comme des bêtes carnassières. Vous vous arracherez ces entrailles avides, et ces cœurs altérés de sang, que n'ont jamais pu émouvoir ni les larmes de l'innocence, ni les cris de l'humanité.

Retirez-vous, brigands infâmes, lâches meurtriers, laissez-moi, laissez-moi mourir. »

Et à ces mots, arrachant l'appareil de sa plaie, il la déchira de ses mains. Pizarro le trouva baigné dans son sang ; et les castillans, indignés, s'éloignèrent à son approche. Alonso lui tendit les mains, leva les yeux au ciel, comme pour implorer le pardon de sa violence et rendit le dernier soupir.

À l'instant Gonzale Pizarro vint parler en secret au général.

« *Que fais-tu là, lui dit-il ? On conspire, on va se révolter, et nommer un chef à ta place. Parais, dissipe ce complot, calme et ramène les esprits, ou nous sommes perdus.* »

Pizarro vit les deux écueils qu'il fallait éviter dans ce pas dangereux, la violence et la faiblesse. Il se montra aux portes du palais, y fit assembler ses soldats, et portant sur le front une tristesse majestueuse, il leur dit :

« *Castillans, vous venez d'égorger un peuple innocent et paisible, qui se livrait à vous, qui vous comblait de biens, qui rêverait en vous ses hôtes, et qui, renonçant à son culte, ne demandait qu'à s'éclairer, pour embrasser le culte et la loi des chrétiens. Son roi lui avait interdit toute hostilité envers vous. Loin d'en commettre aucune, il s'est vu massacrer sans avoir tiré une flèche, et avant d'avoir répandu une goutte de votre sang.*

Il est couché sur la poussière, à la face du ciel, du ciel votre juge et le sien. Le massacre de vingt mille hommes, fût-ce vingt mille criminels, serait affreux à voir ; combien plus il doit l'être, quand ce sont vingt mille innocents ? Leur roi vous demande pour eux la sépulture.

Accordez-leur cette marque d'humanité. On ne la refuse pas même à ses plus cruels ennemis. »

Au-lieu des plaintes, des reproches, des menaces qu'on attendait d'un chef justement irrité, ce langage si modéré fit une impression profonde.

Les soldats répondirent qu'ils ne refusaient pas d'ensevelir les morts, si ce qui restait d'Indiens dans les villages d'alentour, voulaient s'y employer avec eux.

« *Ils vous aideront, dit Pizarro : demain, dans ces plaines sanglantes, ils seront assemblés au point du jour. Allez-vous reposer : vous devez être fatigués de meurtre.* »

Dès ce moment, tous les esprits, frappés de ce tableau funèbre, se sentirent glacés d'horreur. La nature insensiblement reprit ses droits ; et le remords se saisit du cœur des coupables.

Il ne restait dans les villages que des vieillards, des femmes, des enfants. Pizarro leur fit commander de venir, dès l'aube du jour, aider à inhumer les morts. Tous ces malheureux obéirent. Dès que la lumière naissante put éclairer les travaux de la sépulture, les castillans virent ces femmes, ces enfants, ces vieillards, consternés et tremblants, se rendre à ce triste devoir. Leur douleur profonde et muette, leur pâleur, leur abattement portèrent la compassion dans les âmes les plus farouches. Mais, lorsque leurs yeux reconnurent, dans la foule des morts, ceux qui leur étaient chers, qu'on les vit se jeter, avec des cris perçants, sur ces corps sanglants et glacés, les serrer dans leurs bras, les arroser de leurs larmes, coller leurs bouches sanglotantes, tantôt sur les lèvres livides, tantôt sur la plaie entr'ouverte d'un époux, d'un père ou d'un fils, les meurtriers ne purent soutenir ce spectacle, sans jeter eux-mêmes des cris de douleur et de repentir. L'assassin du père embrassait les enfants ; des mains trempées dans le sang du fils et de l'époux, retiraient l'épouse et la mère de la fosse où elles voulaient s'ensevelir avec eux.

C'est ainsi que fut varié, durant ce jour lamentable, le long supplice du remords.

De retour à Cassamalca, les castillans, le front baissé, les yeux attachés à la terre, le cœur abattu et flétri, se présentent devant Pizarro.

« *En est-ce fait, demanda-t-il ? Et cette malheureuse terre a-t-elle caché dans son sein jusqu'aux traces de nos fureurs ?*

— *Oui, c'en est fait.*

— *Hé bien, reprit le général, hommes insensés et cruels, vous l'avez donc vu, ce carnage, dont la nature a dû frémir ? C'est vous qui l'avez fait ... Mais non, s'écria-t-il, ce crime abominable, le plus noir et le plus atroce qu'ait jamais inspiré la rage des enfers, ce n'est pas vous que j'en accuse ; en voilà l'exécrable auteur. C'est lui, c'est ce tigre affamé, cette âme hypocrite et féroce, c'est Valverde, qui, par vos mains, a versé des torrents de sang. Apprenez qu'au moment qu'il vous criait vengeance au nom d'un dieu qu'on outrageait, disait-il ; ce peuple et son roi l'adoraient avec nous, ce dieu, et tressaillaient en écoutant les merveilles de sa puissance. Je vous le jure, et j'en atteste ces guerriers qui m'accompagnaient. Ils ont entendu quel hommage lui rendait le vertueux prince que ce fourbe a calomnié. Chargez-le donc seul des forfaits dont son imposture est la cause ; et, comme une victime impure, qu'il aille, loin de nous, dans quelque île déserte, expier, s'il le peut, vingt mille assassinats dont le traître a souillé vos mains. Que les vautours et les vipères rongent ce cœur dénaturé, ce cœur digne de les nourrir. »*

Valverde alors voulut parler, et se défendre.

« *Misérable ! Lui dit Pizarro, en le saisissant avec force, et en le traînant à ses pieds, viens, parle, et dis si tu espérais qu'un roi qui ne t'a jamais vu, comprît ce que toi-même tu ne saurais comprendre, et que, sur ta parole, il crût aveuglément ce qui confondait sa raison.*

Ton livre était sacré pour toi ; mais comment aurait-il pu l'être pour celui qui ne sait ni quel est, ni d'où vient, ni ce que renferme ce livre ?

Il le laisse tomber ; et pour cet accident, hélas ! Peut-être involontaire, tu fais égorger tout un peuple ! Et je t'entends, au milieu du carnage, crier, qu'il n'en échappe aucun ! Va, monstre, je te laisse, pour ton supplice, une vie odieuse ; mais va la traîner loin de nous, en horreur au ciel, à la terre, et à toi-même, s'il te reste un cœur capable de remords. »

À ces mots prononcés du ton d'un juge inexorable, les plus hardis des amis de Valverde n'osèrent prendre sa défense. On le saisit pâle et tremblant ; et l'ordre à l'instant fut donné pour s'en délivrer à jamais.

« *Enfin, reprit le général, nous voilà rendus à nous-mêmes ; et la raison, l'humanité, la gloire, vont présider à nos conseils. Le roi demande à payer sa rançon ; et vous serez épouvantés du monceau d'or qu'il offre de faire accumuler dans la prison qui le renferme.*

Castillans, je vous l'ai promis : vos vaisseaux s'en retourneront chargés de richesses immenses.

Mais, au nom du dieu qui nous juge, au nom du roi que nous servons, plus de cruautés : faisons grâce au moins à des peuples soumis. »

Dès-lors, on ne fut occupé que des promesses d'Atahualpa. Ce roi, conservant dans les fers une égalité d'âme qui tenait le milieu entre l'orgueil et la bassesse, commandait à ses peuples du fond de sa prison ; et ses peuples lui obéissaient, comme s'il eût été sur le trône. De toutes parts on les voyait arriver à Cassamalca, les uns courbés sous le poids de l'or, dont ils avaient dépouillé les palais et les temples ; les autres, portant dans leurs mains les grains de ce métal qu'ils avaient amassés, et dont leurs femmes et leurs enfants se paraient aux jours solennels. Sur le seuil du palais où leur roi était enfermé, ils quittaient leurs sandales, ils baisaient la poussière à la porte de sa prison ; et en déposant leur fardeau, ils se prosternaient à ses pieds, et ils les arrosaient de larmes. Il semblait que le malheur même le leur eût rendu plus sacré.

On avait tracé une ligne à la hauteur des murs où devait s'élever le monceau d'or qu'il avait promis ; et quelque amas qu'on en eût fait, il s'en fallait encore que l'espace ne fût comblé. Le roi s'aperçut des murmures que l'avarice impatiente laissait échapper devant lui. Il représenta qu'il était impossible de faire plus de diligence ; que l'éloignement de Cuzco était la cause inévitable des lenteurs dont on se plaignait ; mais que cette ville avait seule de quoi acquitter sa promesse. On y envoya deux castillans, pour savoir s'il en imposait ; et ce fut dans cet intervalle qu'une révolution funeste acheva de précipiter les Indiens dans le malheur, et les castillans dans le crime.

Chapitre LI

Diego de Almagro, avec de nouvelles forces, venait de Panama au secours de Pizarro. En débarquant, il avait appris le désastre des Indiens ; et tels qu'on voit les restes d'une meute affamée, au son du cor qui leur annonce que le cerf est aux abois, oublier la fatigue et redoubler leur course, haletants de joie et d'ardeur ; tels, pour avoir part à la proie, Almagro et ses compagnons s'avançaient vers Cassamalca. Sur sa route, il rencontre ce fourbe fanatique, Valverde, qu'une sûre escorte ramenait au port de Rimac.

L'état où il le voyait réduit excita sa compassion ; et il lui demanda quel crime avait pu causer sa disgrâce. « *Le zèle qui fait les martyrs,* » répondit le perfide, avec cet air simple et tranquille qui annonce la paix du cœur. Il ajouta que si Diego de Almagro voulait l'entendre, il le prenait pour juge, bien sûr d'être innocent et même louable à ses yeux.

Impatient d'en tirer des lumières utiles à ses intérêts, Almagro demanda, et il obtint sans peine, qu'on permît à ce malheureux de lui parler un moment sans témoins ; et tandis que l'escorte et la nouvelle troupe se livraient à la joie de se trouver ensemble dans un pays dont la conquête les enrichirait à jamais, Valverde, assis auprès de Almagro, sous l'ombrage d'un vieux cyprès, lui communiquait en ces mots le poison des furies, dont lui-même il était rempli.

« *Fidèle et généreux ami du plus ambitieux des hommes, ses succès et sa gloire, et son élévation, et l'autorité qu'il exerce, et la faveur dont il jouit,* il vous doit tout : votre fortune s'est épuisée à lui armer des flottes ; votre courage a soutenu, a relève le sien, que lassaient les obstacles, et que rebutait le malheur. Nous vous avons vu, à travers les tempêtes et les écueils, passer, repasser sans relâche du port de Panama sur ces bords dangereux, où, sans vous, il allait périr ; et par des secours imprévus, nous rendre à tous la vie et l'espérance. Sans vous, il n'eût été célèbre que par une imprudence aveugle, ou plutôt il serait encore dans sa première obscurité.

Vous allez voir quelle reconnaissance il réserve à tant de bienfaits. Il a été à la cour d'Espagne ; il a obtenu de l'empereur les grâces les plus signalées, les titres les plus éclatants ; mais pour qui ? Pour lui seul. Avez-vous vu ses titres ? Y êtes-vous seulement nommé ? A-t-il pensé à demander son ami, son associé, le créateur de sa fortune, au moins pour commander sous lui ? Ce n'est pas oubli ; non, Pizarro ne vous a point oublié ; il vous a craint. Il veut régner ; et un lieutenant tel que vous eût gêné son ambition, et peut-être obscurci sa gloire. Apprenez ce qu'il a grand soin de dérober à tous les yeux, mais ce que j'ai su découvrir. L'étendue de sa puissance, dans ces climats, n'est pas sans bornes ; et ses titres ne lui accordent que la moitié de cet empire, coupé en deux par l'équateur.

La ville impériale, la superbe Cuzco, est au-delà de ses limites ; et le premier qui oserait lui en disputer la conquête, y aurait autant de droits que lui. Pizarro l'a prévu ; et sur le vain prétexte de la rançon d'un roi son allié, qu'il feint de tenir prisonnier dans les murs de Cassamalca, il fait enlever de Cuzco tous les trésors qu'elle renferme.

Allez, Diego de Almagro, allez le trouver ; mais surtout gardez-vous de lui rappeler ni vos bienfaits, ni ses promesses ; gardez-vous de prétendre au partage de l'or qu'il fait accumuler : c'est la rançon d'un Indien, que, sans vous, on a fait captif : vous n'avez point droit au partage ; et Pizarro l'a déclaré. »

À ces mots, l'orgueil et l'envie s'allumèrent dans le cœur d'Almagro. Mais il feignit de douter encore que son ami pût être ingrat.

« Comment ne trahirait-il pas l'amitié, la reconnaissance, reprit le fourbe ? Il trahit bien son roi, sa patrie et son dieu. »

Alors il répéta toutes les calomnies dont il avait chargé le héros castillan.

« Et savez-vous, ajouta-t-il, quel est ce roi, l'ami, l'allié de Pizarro ? Un usurpateur, un perfide, qui a fait égorger sans pitié toute la race des incas, qui s'est baigné dans le sang des peuples de Cuzco, a chassé son frère du trône, l'a fait charger de chaînes, et le tient enfermé dans la plus étroite prison. C'est là ce que nous ont appris les Indiens de ces vallées, qui, sous le joug d'Atahualpa, pleurent le malheur de leur roi.

— Et où est la prison de ce roi ? lui demanda l'ambitieux Almagro.

— Elle est, répond Valverde, dans le fort de Cannare, ville située sur la route de Quito à Cassamalca.

— Allez, c'est assez, dit Almagro : rendez-vous au port de Rimac. Vous n'en partirez point, sans y avoir reçu des marques de reconnaissance d'un homme qui hait les ingrats, et qui ne le sera jamais. »

Diego de Almagro, qui, dès ce moment, devint le plus mortel ennemi de Pizarro, vit que la délivrance de l'inca de Cuzco était pour lui un moyen sûr et prompt de se faire un parti puissant, et d'enlever à son rival la plus belle moitié de sa conquête. Il prit sa route vers Cannare, où la nouvelle du massacre des Indiens avait répandu la terreur. Il voit les peuples, à son approche, s'enfuir épouvantés ; il attaque le fort, et menace de ravager, d'exterminer tout sans pitié, si l'on refuse, à l'instant même, de lui livrer l'inca, roi de Cuzco, qu'il prend, dit-il, sous sa défense.

Quoique réduit au désespoir, l'intrépide Corambé répond, avec fierté, qu'Atahualpa respire encore, et qu'il n'obéira qu'à lui.

Alors on fit tonner l'artillerie, et les portes de la citadelle commencèrent à s'ébranler. À ce bruit, à l'effroi qu'il répand dans les murs, le farouche Huascar s'écrie, transporté de joie et de rage :

« Les voilà, mes vengeurs ! Qu'il meure, au prix de ma couronne, qu'il meure, le perfide, le sanguinaire Atahualpa. »

Corambé l'entendit ; et rendu furieux par l'excès du malheur :

« Toi, qui préfères, lui dit-il, l'oppression de ces brigands à l'amitié de ton frère, et la ruine de ton pays à la paix qui l'aurait sauvé, cruel, tu ne jouiras point de ton implacable vengeance. »

À ces mots, de la hache, dont il était armé, il lui porta le coup mortel.

À peine il eut frappé, que, voyant Huascar se débattre à ses pieds, et se rouler dans une sanglante poussière, il s'effraya du crime qu'il venait de commettre. Éperdu, égaré, il s'éloigne, il commande à ses Indiens de le suivre, et se jette en désespère dans le bataillon ennemi. Il fut bientôt percé de coups ; mais, en cherchant la mort, il s'ouvrit un passage, et le plus grand nombre des siens put s'échapper. Quelques-uns furent pris vivants.

Almagro, impatient d'enlever Huascar, se jeta dans le fort ; il y trouva ce roi massacré, baigné dans son sang, luttant contre une mort cruelle, et qui, par des rugissements de douleur et de rage, lui demandait vengeance. Il le vit expirer ; il en fut outré de douleur ; et perdant l'espérance de diviser l'empire, il résolut, dès ce moment, d'ôter à son rival l'appui d'Atahualpa, l'appui d'un roi, qui, dans les fers, commandait encore à ses peuples. Il fit donc enlever et porter à sa suite le corps de l'inca de Cuzco, et se rendit à Cassamalca.

Pizarro le reçut avec l'empressement de l'amitié reconnaissante. Mais à ce mouvement de joie succède un mouvement d'horreur, lorsqu'au milieu des castillans, aux yeux d'Atahualpa lui-même, Almagro fait lever le voile qui couvre le corps d'Huascar.

« Le reconnais-tu ? lui dit-il, du ton d'un juge menaçant. »

Atahualpa regarde ; il frémit, il recule épouvanté ; et jetant un cri de douleur :

« Ô mon frère ! dit-il, le glaive impitoyable n'a donc rien épargné ! Ils massacrent les rois ! »

À ces mots, soit par tendresse, soit par retour sur lui-même, et pressentiment de son sort, il ne peut retenir ses larmes ; les sanglots lui étouffent la voix

« Tu le pleures, lui dit Almagro, après l'avoir assassiné !

— Moi !

— Toi-même, perfide, et par la main d'un traître qui, poursuivi par les remords, est venu tomber sous nos coups. Pizarro, ajouta-t-il, vous l'avez oublié, ce roi, dont les sujets fidèles étaient venus jusqu'à Tumbès vous implorer ; et cependant son ennemi, le meurtrier de sa famille et de ses peuples, du fond de sa prison, l'a fait assassiner.

J'ai su le danger qu'il courait, et j'ai volé à sa défense. Je n'ai fait que hâter sa perte ; et le barbare Atahualpa n'a été que trop bien servi.

— Ô céleste justice ! s'écrie Atahualpa, révolté de se voir chargé d'un parricide. Moi ! L'assassin d'un frère !

Ah ! Cruels ! C'est à vous que sont réservés ces grands crimes. C'est pour vous que rien n'est sacré. Il ne vous manquait plus que ce dernier trait de noirceur. Vous m'avez lâchement trompé ; vous m'avez attiré dans un piège effroyable ; vous avez violé la bonne foi, la paix, l'hospitalité, l'amitié, tout ce qu'il y a de plus saint, même parmi les plus cruels des hommes ; vous avez égorgé mes peuples ; vous m'avez chargé de liens ; vous avez mis à prix ma liberté, mes jours ; n'en est-ce point assez ? Ni les pleurs, ni le sang, ni l'or, rien n'assouvit donc votre rage ! Pour me porter un coup plus cruel que la mort, vous m'accusez d'un parricide !

Hé, grand dieu ! Que vous ai-je fait, que du bien, dans le moment

même que vous nous accabliez de maux ? Que me demandez-vous encore ? Est-ce mon sang que vous voulez ? Il est à vous. Trempez-y vos mains, j'y consens ; mais qu'avez-vous besoin de me trouver coupable ? Je suis faible ; je suis enchaîné, sans défense, abandonné du monde entier ; nous n'avons que le ciel pour juge ; et le ciel me laisse accabler. Frappez.

Vous n'avez ni témoins ni vengeurs à craindre.

Frappez. Terminez mes malheurs ; mais épargnez mon innocence. Percez ce cœur sans l'outrager. »

Ces mots, entrecoupés de larmes, avaient ému les castillans, lorsqu'Almagro fit avancer les Indiens qu'on avait pris, et qui attestaient le parricide. Ces malheureux tremblaient ; ils gardaient le silence ; ils ne savaient s'ils devaient dire ou taire ce qu'ils avaient vu ; mais, forcés par leur roi lui-même de parler sans déguisement, ils avouèrent que leur chef, le lieutenant d'Atahualpa, et le gardien d'Huascar, se voyant pressé de le rendre, l'avait tué de sa main. Il n'en fallut pas davantage ; et la calomnie, appuyée des apparences d'un complot, fit croire ce qu'elle voulut. Intimidés par les menaces, ces mêmes Indiens laissèrent échapper quelques mots que l'on expliqua dans le sens le plus odieux ; et d'un soupçon d'intelligence entre les Indiens de Cannare et leur roi, on fit une preuve certaine de la plus noire trahison.

Atahualpa fut convaincu, dans l'esprit de la multitude, d'avoir conspiré sourdement contre les castillans eux-mêmes ; et cent voix s'élevèrent pour demander sa mort.

Pizarro, qui voyait, à travers ces nuages, l'innocence d'Atahualpa, eut encore, avec ses amis, le courage de le défendre ; mais la haine et l'envie en prirent avantage pour réveiller dans les esprits les soupçons que Valverde avait déjà fait naître ; et dans ce zèle généreux, on crut voir l'intérêt se déceler lui-même, et l'ambition se trahir.

À la tête des factieux était Alfonce de Requelme, fanatique sombre et farouche, de meilleure foi que Valverde, mais non moins violent que lui.

Diego de Almagro, plus dissimulé, ne se déclarait pas de même. Il gémissait avec Pizarro du trouble qu'il avait causé, et se reprochait, disait-il, une imprudence malheureuse.

Mais Pizarro, à travers sa dissimulation, s'aperçut trop bien que le fourbe triomphait au fond de son cœur.

Cependant le trouble, en croissant, allait allumer la discorde. Atahualpa lui-même en excitait les feux par la fierté de sa défense et l'amertume des reproches dont il accablait ses tyrans. Cruellement blessé, son cœur avait repris le ressort que donne au courage l'injure portée à l'excès. Il n'écoutait plus ses amis, qui l'exhortaient à la patience.

« *Ah ! J'ai trop souffert, disait-il ; et pourquoi dissimulerais-je ? Si la douceur pouvait toucher ces cœurs farouches, ne seraient-ils pas amollis ? Pizarro, ils veulent que je meure ; ils veulent perdre ton ami : je le vois.*

Mais il est indigne de la vertu calomniée de baisser un front suppliant. »

Trop faible, au milieu d'une troupe de factieux déterminés, pour imposer par la menace, Pizarro se faisait violence à lui-même ; et semblable au pilote surpris par la tempête, dans un détroit semé d'écueils, tantôt cédant, tantôt résistant à l'orage, il évitait de se briser. La hauteur ferme et courageuse d'Atahualpa, et plus encore l'imprudente chaleur dont le jeune Fernand embrassait la défense de ce malheureux prince, ne faisaient qu'aigrir les esprits. Pizarro commença par éloigner Fernand. Ce fut lui qu'il choisit pour aller en Espagne porter la rançon de l'inca. Le partage en fut annoncé ; et il fallut savoir si la troupe de Diego de Almagro serait admise à ce partage. Pizarro le propose. Une rumeur s'élève ; et on déclare hautement, que, n'ayant pas contribué à la conquête, il n'est pas juste qu'elle en vienne usurper les fruits.

Almagro vit qu'il allait perdre ses nouveaux partisans, s'il disputait la proie.

« *Dissimulons, dit-il aux siens, car c'est un piège qu'on nous tend.* »

Aussitôt il prit la parole, et dit qu'ils venaient partager des travaux, non pas des dépouilles ; et que dans un pays immense où germait l'or, l'or ne méritait pas de diviser des hommes que l'estime, l'honneur, le devoir unissaient. Le perfide, avec ce langage, eut l'art de tout pacifier. Il s'attacha de plus en plus, par sa modération feinte, un parti nombreux et puissant ; et Pizarro, perdant l'espoir de l'affaiblir, chercha, mais inutilement, à le gagner par des largesses.

Il fit peser l'or et l'argent qu'on avait entassés, il les distribua ; son armée en fut enrichie. La part qu'il avait réservée à l'empereur, fut envoyée au port, où Fernand devait s'embarquer ; et Fernand, pressé de s'y rendre, vint, la tristesse dans l'âme, prendre congé d'Atahualpa.

Il avait conçu pour l'inca cette amitié noble et tendre que la vertu, dans le malheur, inspire aux âmes généreuses : doux appui que le ciel ménage quelquefois à l'homme juste qu'on opprime, pour l'aider à porter le poids de l'accablante adversité.

« *Je viens te dire adieu ; l'on m'envoie en Espagne : mon devoir m'éloigne de toi, lui dit-il ; mais j'emporte avec moi l'espérance de te servir,* de te revoir, libre, justifié, rétabli sur le trône, et d'y embrasser un héros que j'ai respecté dans les fers.

— Ah ! Généreux ami ! lui dit Atahualpa, en l'enveloppant dans ses chaînes, et en le serrant dans ses bras, vous me quittez ! Je suis perdu.

— Hé quoi, lui dit Fernand, mes frères, nos amis !

— Ils n'auront pas votre courage ; et Pizarro, pour me sauver, ne s'exposera pas à se perdre avec moi. Voyez, ajouta-t-il, cet homme arrogant et superbe, qui paraît engraissé de sang ; (c'était Alfonce de Requelme) et cet autre qui d'un œil morne nous observe ; (c'était Diego de Almagro) ils n'attendent que votre absence pour me faire périr. Nous ne nous verrons plus.

Adieu, pour la dernière fois. »

Chapitre LII

Après de si tristes adieux, Fernand se rendit à Rimac. Il y trouva l'implacable Valverde, qui, sous les dehors d'une humilité volontaire, déguisait sa honte et sa rage. Il parut aux yeux de Fernand.

« *Trop de zèle a pu m'égarer, lui dit-il ; je dois expier tous les maux dont je suis la cause ; et quand vous m'aurez exposé, dans une île déserte, aux animaux voraces, je ne serai pas trop puni. Que le ciel me donne la force d'expirer sans me plaindre ; et je vous bénirai. Mais si cette force me manque, et si le désespoir se saisit de mon âme, elle est perdue. Ah ! Laissez-moi la sauver par la pénitence.*

Qu'avez-vous à craindre de moi ? Proscrit, abandonné, quand je serais méchant, j'ai perdu le pouvoir de nuire. La grâce que j'implore, est d'expier mon crime par les plus pénibles travaux ; d'aller parmi les Indiens les plus sauvages de ces bords, répandre au moins quelque lumière, quelque semence de la foi. Je ne veux que mourir martyr. »

À ces mots, de perfides larmes coulaient de ses yeux hypocrites.

Le jeune homme, simple et crédule, comme tous les cœurs généreux, se laissa toucher et séduire. Il lui rendit la liberté ; et le tigre, en rompant sa chaîne, frémit de joie et de fureur.

Les richesses prodigieuses que l'on venait de partager n'étaient qu'une faible partie de la rançon d'Atahualpa. Pour remplir sa promesse, on allait enlever cet amas incroyable d'or que la florissante Cuzco avait vu, pendant onze règnes, s'accumuler dans les palais des rois et dans le temple du soleil. Almagro en frémissait de rage.

Cette ville superbe, sur laquelle est fondée son espérance ambitieuse, sera ruinée à jamais ; et quand la rançon de l'inca n'épuiserait pas ces richesses, Pizarro en disposerait seul, tant que ce roi serait vivant. Ce fut là le grand intérêt qui fit solliciter sa perte, et la presser avec ardeur.

D'abord, par de feintes promesses d'user d'indulgence envers lui, on voulut l'engager à faire l'aveu de son crime, pour en obtenir le pardon.

Mais ce malheureux prince, conservant dans les fers la noble fierté de son sang :

« *C'est aux criminels qu'on pardonne, dit-il ; et je suis innocent.* »

On lui parla de la clémence du prince au nom duquel on allait le juger.

« *Il en aura besoin, dit-il, pour pardonner ma mort à mes accusateurs ; mais envers un roi, son égal, qui ne l'a jamais offensé, sa clémence lui est inutile. Qu'il soit juste ; et je ne crains rien.* »

À des esprits frappés de la persuasion que son crime était manifeste, cet orgueil parut révoltant. On s'écria qu'il fût jugé, puisqu'il avait l'audace de demander à l'être ; et ce fut alors que Pizarro fit les plus généreux efforts pour le sauver. Il exposa que le conseil établi dans son camp n'était pas fait pour juger les rois ; qu'un lieutenant d'Atahualpa avait pu croire le servir, en se chargeant pour lui, d'un parricide, sans que ce prince en fût instruit, sans qu'il y eût donné son aveu ; qu'on avait pu de même, à son insu, vouloir tenter sa délivrance ; et que, loin d'être criminel, ce zèle était juste et louable ; que la conduite de l'inca, pleine de dignité, de candeur, de droiture, ne laissait aucune apparence aux soupçons qui l'avaient noirci ; mais que, fût-il coupable, c'était à l'empereur qu'il était réservé de lui donner des juges ; et qu'il réclamait en son nom ce privilège auguste et saint. Il ajouta que dans ses lettres à l'empereur, il l'informait de tout ce qui s'était passé ; qu'il lui déférait cette cause ; qu'il attendrait sa volonté ; et que tout serait suspendu jusqu'au retour de Fernand.

Requelme alors prit la parole.

« *Vous allez informer l'empereur, lui dit-il ; et de quoi ? De votre opinion, sans doute, et de celle d'un petit nombre de vos amis, qui, comme vous, ont pu se laisser abuser ?*

Est-ce donc ainsi, Pizarro, que doit s'instruire une si grande cause ? Et moi, je demande que le conseil entende et juge Atahualpa, et que le procès, revêtu de l'authenticité des lois, soit déféré au tribunal suprême, où sera décidé le sort de cet usurpateur, que vous appelez roi. »

Cet avis parut sage et modéré au plus grand nombre ; et Pizarro, voyant que ses amis eux-mêmes penchaient à le suivre, y céda. Mais comme il avait éprouvé que la nature avait encore des droits sur les cœurs qu'il voulait fléchir, il pensa qu'il fallait d'abord les émouvoir ; et sous un prétexte apparent de prudence et de sûreté, il fit venir de Riobamba la famille du roi captif, pour les rassembler tous dans la même prison.

Ce fut un spectacle, en effet, bien digne de compassion, que de voir ces enfants, ces femmes arriver, chargés de liens, au palais de Cassamalca. L'innocence dans le malheur est toujours si intéressante ! Mais lorsque, sur le front des malheureux, il reste quelque trace de gloire, et qu'on voit dans l'abaissement les objets de l'hommage et de la vénération des mortels, le malheur paraît plus injuste, parce qu'il est plus accablant. Aussi la première impression de la pitié, à cette vue, fut-elle sensible et profonde dans l'esprit de la multitude.

On les voyait, ces illustres captifs, tristes, abattus, gémissants, les yeux baissés et pleins de larmes ; on les voyait s'avancer à pas lents dans ces campagnes désolées, et toutes fumantes encore du sang qu'on y avait répandu. La compagne d'Aciloé, Cora, ne pleurait point : une pâleur mortelle était répandue sur son visage ; et le feu sombre et dévorant dont ses yeux étaient allumés, avait tari la source de ses larmes. Ses regards, tantôt fixes et tantôt égarés, cherchaient, dans ces plaines funèbres, l'ombre errante de son époux.

« Où est-il mort ? En quel lieu repose mon cher Alonso, disait-elle ? En quel lieu s'est fait le carnage de ceux qui gardaient notre roi ? »

Un indien lui répondit :

« Vous y touchez. C'est là, dans ce lieu même, qu'était le trône de l'inca ; c'est là qu'autour de lui tous ses amis sont morts ; c'est là qu'ils sont ensevelis. Alonso était à leur tête ; et cette petite éminence que vous voyez, c'est son tombeau. »

À ces mots, qui percent le cœur de la tendre épouse d'Alonso, un cri déchirant part du fond de ses entrailles. Elle se précipite, elle tombe égarée sur cette terre humide encore, que l'herbe n'avait pas couverte ; elle l'embrasse avec l'amour dont elle eût embrassé le corps de son époux ; elle résiste au soin qu'on prend de l'arracher de ce tombeau : et lorsqu'on veut lui faire violence, il semble, à ses cris douloureux, qu'on va lui déchirer le cœur. Enfin l'excès de la douleur rompant les nœuds dont la nature retenait encore dans ses flancs le fruit d'un malheureux amour, elle expire en devenant mère. Mais cet accès de désespoir n'a pas été mortel pour elle seule ; et l'enfant qu'elle a mis au monde en est frappé. Il s'éteint, sans ouvrir les yeux à la lumière, sans avoir senti ses malheurs.

La constance d'Atahualpa avait, jusque-là, dédaigné d'adoucir ses persécuteurs ; mais cette âme, que l'infortune avait élevée, affermie, et dont la tranquille fierté défiait les revers, s'abattit tout-à-coup, lorsque, dans sa prison, il vit ses femmes, ses enfants, chargés de chaînes comme lui, se jeter dans ses bras, tomber en foule à ses genoux. Il se trouble ; ses yeux se remplissent de larmes ; il reçoit dans son sein, avec une douleur profonde, ses épouses et ses enfants ; il les presse contre son cœur ; il mêle ses soupirs à leurs plaintes ; il oublie que sa faiblesse a pour témoins ses ennemis ; ou plutôt il ne rougit point de se montrer époux et père.

Pizarro, observant dans les yeux de ses compagnons attendris la même compassion qu'il éprouvait lui-même, s'en applaudit, et d'autant plus, qu'il voyait aussi tomber l'orgueil d'Atahualpa ; mais, pour donner à son courage le temps de s'amollir encore, il ordonna qu'on le laissât seul avec ses femmes et ses enfants.

Ce fut alors que la nature abandonnée à elle-même, donna un libre cours à tous les mouvements de la douleur et de l'amour. Baigné d'un déluge de larmes, Atahualpa voit ses enfants l'environner, baiser ses chaînes, demander quel mal ils ont fait ?

Quel est le crime de leurs mères ? Et si c'est pour mourir ensemble qu'on les a réunis ? Tendre époux et bon père, il jette un regard languissant sur sa famille désolée ; et son cœur oppressé de douleur, de pitié, de crainte, ne répond que par des sanglots.

Chapitre LIII

Le jour fatal arrive, et le conseil est assemblé. Il était formé des plus anciens et des plus élevés en grade parmi les guerriers castillans. Pizarro y présidait ; mais Almagro et Requelme étaient assis à ses côtés.

Un silence terrible régnait dans l'assemblée. On fait paraître Atahualpa ; on l'interroge ; et il répond avec cette noble candeur qui accompagne l'innocence. On lui rappelé le massacre de la famille des incas ; on lui oppose les témoins du meurtre du roi de Cuzco, et du projet formé pour l'enlever lui-même du palais de Cassamalca. La vérité fait sa défense. Il leur expose en peu de mots la cause et les malheurs de la guerre civile ; ce qu'il a fait pour désarmer l'inflexible orgueil de son frère ; ce qu'il a fait pour l'apaiser, même depuis qu'il l'a vaincu.

« *Si j'avais pu vouloir sa mort, dit-il, c'est lorsqu'il soulevait ses peuples contre moi, et que, du fond de sa prison, il rallumait encore les feux de la guerre ; c'est alors que ce crime, utile à ma grandeur et au repos de cet empire, aurait dû me tenter. Je n'ai point méconnu mon sang ; je n'ai point voulu le répandre ; et si, dans les combats, sans moi, loin de moi, malgré moi, l'aveugle ardeur de mes soldats n'a rien épargné, c'est le crime de celui qui, pour ma défense, m'a forcé de leur mettre les armes à la main.*

Castillans, ma victoire m'a coûté plus de larmes que tous les malheurs que j'éprouve ne m'en feront jamais verser. Voyez, poursuivit-il, *si j'ai* rendu mon règne odieux à mes peuples. Je suis tombé du trône ; mon sceptre est brisé ; tous mes amis sont morts ; je suis seul dans les chaînes, avec des femmes et des enfants ; on n'a plus rien à craindre, à espérer de moi. C'est là, c'est dans l'extrémité du malheur et de la faiblesse, qu'on peut discerner un bon roi d'avec un tyran ; c'est alors qu'éclate la haine publique, ou que se signale l'amour.

Voyez donc ce que j'ai laissé dans les cœurs, et si c'est ainsi qu'on traite un méchant, un coupable. Ce respect si tendre et si pur, cette fidélité constante, cette obéissance à la fois si profonde et si volontaire ; enfin cet amour de mes peuples envers un malheureux captif, voilà mes témoignages contre la calomnie ; et je vous demande à vous-mêmes si ce triomphe est réservé pour le crime ou pour la vertu ? Ce moment, juge de ma vie, est sous vos yeux ; et j'en appelé à lui. Non, quoi que l'on vous dise, vous ne croirez jamais que celui qui, de sa prison, dans l'indigne état où je suis, fait encore adorer sa volonté sans force, et voit ses peuples prosternés, venir, en lui obéissant, arroser ses chaînes de larmes, ait été sur le trône injuste et sanguinaire. Vous m'avez connu dans les fers tel que l'on m'a vu sur le trône, simple et vrai, sensible à l'injure, mais plus sensible à l'amitié. On m'accuse d'avoir tenté ma délivrance, et voulu soulever mes peuples contre vous ! Je n'en ai pas eu la pensée ; mais, si je l'avais eue, m'en feriez-vous un crime ?

Regardez ces plaines sanglantes ; voyez les chaînes dont vous avez flétri les mains innocentes d'un roi ; et jugez si, pour me sauver, tout n'eût pas été légitime. Ah ! Vous n'avez que trop justifié vous-mêmes ce que le désespoir aurait pu m'inspirer. Cependant j'atteste le ciel, que, Pizarro m'ayant donné sa parole et la vôtre de m'accorder la vie, de me rendre la liberté, de faire épargner ma famille, et de laisser en paix le reste de mes peuples infortunés, j'ai mis en lui mon espérance, et ne me suis plus occupé qu'à faire amasser l'or promis pour ma rançon.

Mon dieu, qui sans doute est le vôtre, lit dans mon cœur, et m'est témoin que je vous dis la vérité. Mais, si c'est peu de l'innocence pour vous toucher, voyez mes malheurs. Je suis père, je suis époux, et je suis roi. Jugez des peines de mon cœur. Vous m'avez voulu voir suppliant ; je le suis, et j'apporte à vos pieds les larmes de mes peuples, de mes faibles enfants, de leurs sensibles mères. Ceux-là du moins sont innocents. »

Ce langage simple et touchant attendrit quelques-uns des juges ; et Pizarro ne douta point qu'il ne les eût persuadés. On fit sortir Atahualpa ; et les juges s'étant levés, on recueillit les voix ... Quelle fut la surprise de Pizarro et de ses amis, en entendant que le plus grand nombre opinait à la mort ! Aussitôt ils réclamèrent contre cette sentence inique, et ils rappellent au conseil la parole qu'il a donnée de renvoyer la cause, après l'avoir instruite, au tribunal de l'empereur. Requelme l'avait proposé ; tout le conseil y avait souscrit ; aucun n'osait désavouer ce consentement unanime ; et Atahualpa condamné, avait du moins l'espérance de passer en Espagne, et d'y être entendu et jugé par un roi. Mais la noire furie qui poursuivait ses jours, n'eut garde de lâcher sa proie.

Valverde, échappé de sa chaîne et mis en liberté, revient, la rage au fond du cœur, se déguise, et entre, inconnu, au milieu d'une nuit obscure, dans les murs de Cassamalca. C'était l'heure où Almagro, avec ses partisans, formait ses complots ténébreux. Le fourbe paraît à leur vue.

« *Amis, dit-il, reconnaissez la fidélité des promesses de celui qui a dit au juste : tu fouleras aux pieds l'aspic et le lion. Vous m'avez vu chargé de chaînes, proscrit, envoyé sur la flotte, pour être abandonné dans quelque île déserte, où je serais la proie des animaux voraces ; me voilà au milieu de vous. Dieu a rompu les pièges du méchant ; il s'est joué des conseils de l'impie ; il a tendu la main au faible, innocent et persécuté.*

Mais vous, guerriers, qu'il a choisis pour défendre sa cause, et qu'il a revêtus de force et de courage pour le venger, que faites-vous ? Vous consentez que Pizarro envoie en Espagne un tyran, son ami, votre accusateur, celui qui peut, par ses richesses, gagner la cour et le conseil ; celui qui, s'il est écouté, vous dénoncera tous comme de vils brigands, comme de lâches assassins, faits pour le meurtre et la rapine ; sans foi, sans pudeur, sans pitié, indignes du nom d'hommes et du nom de chrétiens ! Y pensez-vous ?

Et de quel droit dérober le crime au supplice ?

Cet usurpateur, ce tyran, ce parricide est convaincu ; il est jugé ; pourquoi ne pas exécuter la sentence qui le condamne ? Qu'il meure ; et tout est consommé. »

L'atrocité de ce conseil étonna les plus intrépides. Mais Valverde, sans leur donner le temps de balancer :

« *Il y va, leur dit-il, et de la vie et de l'honneur. Il y va de bien plus, il y va de la gloire de la religion, des intérêts du ciel ; et le dieu vengeur qui m'envoie, vous défend de délibérer. Pizarro dort ; tout est tranquille ; et Requelme, par qui le procès est instruit, a droit de voir Atahualpa, de l'interroger à toute heure ; qu'il me fasse ouvrir la prison. Je ne veux, avec lui et moi, que deux hommes déterminés.* »

L'importance du crime en fit surmonter l'horreur ; et par un silence coupable, on consentit, en frémissant, à ce qu'on n'osait approuver. Alors, d'une voix radoucie, Valverde reprit la parole.

« *En ôtant la vie à un infidèle, dit-il, ne perdons pas de vue le soin de son salut. Je veux, en le purifiant dans les eaux saintes du baptême, lui rendre à lui-même sa mort précieuse autant qu'elle est juste, et sanctifier l'homicide qui nous est prescrit par la loi.* »

La famille d'Atahualpa, les yeux épuisés de larmes, et le cœur lassé de sanglots, dormait alors autour de lui. Mais ce prince, agité de funestes pressentiments, n'avait pu fermer la paupière. Il entend ouvrir sa prison. Il voit entrer Requelme, et avec lui trois hommes enveloppés de longs manteaux, qui ne laissent voir que leurs yeux, dont le regard lui semble atroce. Un mouvement d'effroi le saisit ; il se lève ; et surmontant cette faiblesse, il vient au-devant d'eux.

« *Inca, lui dit Requelme, éloignons-nous ; n'éveillons point ces femmes et ces enfants. Il est bien juste que l'innocence repose en paix. Écoutez-nous. Vous êtes jugé, condamné ; le feu serait votre supplice, suivant la rigueur de la loi. Mais il dépend de vous de vous sauver des flammes ; et cet homme religieux, que vous allez entendre, vient vous en offrir un moyen.* »

Le prince l'écoute, et pâlit.

« *Je sais, dit-il, que le conseil m'a jugé ; mais ne doit-on pas m'envoyer à la cour d'Espagne, et réserver à votre roi un droit qui n'appartient qu'à lui ?*

— *Croyez-moi, les moments sont chers, poursuivit Requelme : écoutez cet homme vertueux et sage, qui s'intéresse à vos malheurs.* »

Valverde alors prit la parole.

« *Ne voulez-vous point, lui dit-il, adorer le dieu des chrétiens ?*

Assurément, dit le malheureux prince, si ce dieu, comme on nous l'annonce, est un dieu bienfaisant, un dieu puissant et juste, si la nature est son ouvrage, si le soleil lui-même est un de ses bienfaits, je l'adore avec la nature.

Quel ingrat, ou quel insensé peut lui refuser son amour ?

— *Et vous désirez d'être instruit, lui demande encore le perfide, des saintes vérités qu'il nous a révélées, de connaître son culte, et de suivre sa loi ?*

— *Je le désire avec ardeur, répond l'inca : je vous l'ai dit. Impatient d'ouvrir les yeux à la lumière, que l'on m'éclaire, et je croirai.*

— *Grâces au ciel, reprit Valverde, le voilà disposé comme je le souhaitais. Implorez-le donc à genoux, ce dieu de bonté, de clémence ; et recevez l'eau salutaire qui régénère ses enfants.* »

L'inca, d'un esprit humble et d'une volonté docile, s'incline et reçoit à genoux l'eau sainte du baptême.

« *Le ciel est ouvert, dit Valverde, et les moments sont précieux.* »

À l'instant il fait signe à ses deux satellites ; et le lien fatal étouffe les derniers soupirs de l'inca.

Ce fut par les cris lamentables de ses enfants et de leurs mères, que la nouvelle de sa mort se répandit au lever du jour. Quelques Espagnols en frémirent ; mais la multitude applaudit à l'audace des assassins ; et l'on crut faire assez que de laisser la vie aux femmes et aux enfants de ce malheureux prince, abandonnés, dès ce moment, à la pitié des Indiens.

Pizarro, indigné, rebuté, las de lutter contre le crime, après avoir chargé de malédictions ces exécrables assassins et leurs partisans fanatiques, se retira dans la ville des rois, qui commençait à s'élever. La licence, le brigandage, la rapacité furieuse, le meurtre et le saccagement furent sans frein ; l'on ne vit plus, sur la surface de ce continent, que des peuplades d'Indiens tomber, en fuyant, dans les pièges et sous le fer des Espagnols. Des bords du Mexique arriva ce même Alvarado, cet ami de Cortés, ce fléau des deux Amériques. Rival des nouveaux conquérants, il vint se jeter sur leur proie, et s'assouvir d'or et de sang. Dans toute l'étendue de cet empire immense, tout fut ravagé, dévasté. Une multitude innombrable d'Indiens fut égorgée ; presque tout le reste enchaîné, alla périr dans les creux des mines, et envia mille fois le sort de ceux qu'on avait massacrés.

Enfin, quand ces loups dévorants se furent enivrés du carnage des Indiens, leur rage forcenée se tourna contre eux-mêmes. Le cri du sang d'Atahualpa s'était élevé jusqu'au ciel. Presque tous ceux qui avaient contribué au crime de sa mort, en portèrent la peine ; et tandis que les uns, pris par les Indiens dans des lieux écartés, expiraient sous le nœud fatal, les autres, justes une fois, s'égorgèrent entr'eux. L'exécrable Valverde, en menant une bande de ces brigands à la poursuite des Indiens qui s'étaient sauvés dans les bois, tombe aux mains des anthropophages ; et brûlé, déchiré vivant, dévoré par lambeaux avant que d'expirer, il meurt le blasphème à la bouche, dans la rage et le désespoir. Parjure et traître envers Pizarro, Almagro fut puni du plus honteux supplice ; et sa lâcheté mit le comble au juste opprobre de sa mort. Pizarro, dont le crime était d'avoir ouvert la barrière à tant de forfaits, Pizarro, trahi par les siens, mourut assassiné.

Accablé sous le nombre, il succomba, mais en grand homme, qui dédaignait la vie et qui bravait la mort. La guerre, après lui, s'alluma entre ses rivaux et ses frères. Cuzco, saccagée et déserte, vit ses plaines jonchées des corps de ses tyrans.

Les flots de l'Amazone furent rougis du sang de ceux qu'elle avait vus désoler ses rivages ; et le fanatisme, entouré de massacres et de débris, assis sur des monceaux de morts, promenant ses regards sur de vastes ruines, s'applaudit, et loua le ciel d'avoir couronné ses travaux.

Copyright © 2022 par Alicia Éditions
Credits Images : www.canva.com
Images libres de droits issus de Wikipedia Commons
Chapitre I : Georg Braun; Frans Hogenberg: Civitates Orbis Terrarum, Band 1, 1572 (Ausgabe *Beschreibung vnd Contrafactur der vornembster Stät der Welt*, Köln 1582; [VD16-B7188])
Universitätsbibliothek Heidelberg ; http://diglit.ub.uni-heidelberg.de/diglit/braun1582bd1
Chapitre XXVII : Images issues du Rijksmuseum : Représentations de cérémonies religieuses chez les Incas, Bernard Picart (atelier de), d'après Bernard Picart, 1723 ; http://hdl.handle.net/10934/RM0001.COLLECT.309407
Création graphique Alicia ÉDITIONS
Modernisation du texte : Alicia Éditions
Tous droits réservés